Aktuelles Recht
für die Praxis

Mobbing

Arbeits- und Haftungsrecht

von

Dr. Martina Benecke
Privatdozentin an der Universität Göttingen

Verlag C.H.Beck München 2005

Verlag C. H. Beck im Internet:
beck.de

ISBN 3 406 52971 2

Wilhelmstraße 9, 80801 München
Druck und Bindung: Nomos Verlagsgesellschaft
In den Lissen 12, 76547 Sinzheim

Satz: jürgen ullrich typosatz, 86720 Nördlingen

Gedruckt auf säurefreiem, alterungsbeständigem Papier
(hergestellt aus chlorfrei gebleichtem Zellstoff)

Vorwort

„Der Staat, der Mobbing in seinen Dienststellen und in der Privatwirtschaft zulässt oder nicht ausreichend sanktioniert, kann sein humanitäres Wertesystem nicht glaubwürdig an seine Bürger vermitteln und gibt damit dieses Wertesystem langfristig dem Verfall preis. Entsprechend dem Verfassungsauftrag des Art. 1 Abs. 1 GG muss die Rechtsprechung […] gegenüber Mobbing ein klares Stop-Signal setzen.“

So lautet der erste Leitsatz einer aufsehenerregenden Entscheidung der Fünften Kammer des LAG Thüringen aus dem Jahr 2001. Die Rechtsprechung und Rechtswissenschaft haben in den letzten Jahren das der Verhaltensforschung schon lange bekannte Phänomen des „Mobbings“ am Arbeitsplatz entdeckt und diskutieren intensiv und auch emotional die rechtlichen Konsequenzen. Dieses Buch zieht eine sachliche erste Bilanz der Reaktionen des Arbeits- und Haftungsrechts auf diese neuen Herausforderungen, untersucht die Rechtsprechung und die Entwicklung der Wissenschaft.

Das Buch ist hervorgegangen aus meinem Habilitationsvortrag vor der Juristischen Fakultät der Georg-August-Universität Göttingen (NZA-RR 2002, 225). Entstanden ist es überwiegend in der Zeit meiner Lehrstuhlvertretung an der Universität Augsburg. Mein Dank gilt den wissenschaftlichen Mitarbeitern Michael Pils und Harald Hegen für kompetente und engagierte Mitarbeit sowie stud. jur. Jana Gelfert für manche Anregungen. Für die Betreuung des Manuskripts schulde ich Frau Brigitte Bradatsch besonderen Dank.

Augsburg/Göttingen, im April 2005 *Martina Benecke*

Inhaltsüberblick

Inhaltsverzeichnis

Abkürzungsverzeichnis

Abs.	Absatz, Absätze
AcP	Archiv für die civilistische Praxis
ADG	Antidiskriminierungsgesetz
a. F.	alte Fassung
AiB	Arbeitsrecht im Betrieb, Zeitschrift
AnwKomm	Anwaltskommentar
AP	Arbeitsgerichtliche Praxis – Nachschlagewerk des Bundesarbeitsgerichts
ArbG	Arbeitsgericht
ArbGG	Arbeitsgerichtsgesetz
AR-Blattei	Arbeitsrecht-Blattei, Handbuch für die Praxis
ArbSchG	Arbeitsschutzgesetz
ArbZG	Arbeitszeitgesetz
Art., Artt.	Artikel
ArztR	Arztrecht, Zeitschrift
AT	Allgemeiner Teil
AuA	Arbeit und Arbeitsrecht, Zeitschrift
AuA-PP	Arbeit und Arbeitsrecht Personal-Profi, Zeitschrift
Aufl.	Auflage
BAG	Bundesarbeitsgericht
BAGE	Entscheidungen des Bundesarbeitsgerichts, amtliche Sammlung
BB	Betriebs-Berater, Zeitschrift
BBiG	Berufsbildungsgesetz
BeschSchG	Beschäftigtenschutzgesetz
BetrVG	Betriebsverfassungsgesetz 2001
BGB	Bürgerliches Gesetzbuch
BGBl.	Bundesgesetzblatt
BGH	Bundesgerichtshof
BGHZ	Entscheidungen des Bundesgerichtshofs in Zivilsachen
BPersVG	Bundespersonalvertretungsgesetz
BSG	Bundessozialgericht
BT-Drucks.	Bundestagsdrucksache
BVerfG	Bundesverfassungsgericht
BVerfGE	Entscheidungen des Bundesverfassungsgerichts, amtliche Sammlung
BVerwG	Bundesverwaltungsgericht
DB	Der Betrieb, Zeitschrift
DKK	Däubler/Kittner/Klebe
DRdA	Das Recht der Arbeit
Dr. Ouv.	Droit ouvrier
EGBGB	Einführungsgesetz zum Bürgerlichen Gesetzbuche
ErfKomm	Erfurter Kommentar
ES	Entscheidungssammlung
EWiR	Entscheidungen zum Wirtschaftsrecht, Zeitschrift
EzA	Entscheidungssammlung zum Arbeitsrecht

EzA-SD	Entscheidungssammlung zum Arbeitsrecht Schnelldienst
f., ff.	folgend (e/er)
FA	Fachanwalt Arbeitsrecht, Zeitschrift
FAZ	Frankfurter Allgemeine Zeitung
GG	Grundgesetz für die Bundesrepublik Deutschland
GK	Gemeinschaftskommentar
HAG	Heimarbeitsgesetz
JR	Juristische Rundschau, Zeitschrift
JZ	Juristen-Zeitung
KR	Kündigungsrecht
KSchG	Kündigungsschutzgesetz
KSchR	Kündigungsschutzrecht
LAG	Landesarbeitsgericht
Ls.	Leitsatz
MDR	Monatsschrift für deutsches Recht, Zeitschrift
MRK	Menschenrechtskonvention
MünchHdb ArbR	Münchener Handbuch zum Arbeitsrecht
MünchKomm	Münchener Kommentar
m. w. N.	mit weiteren Nachweisen
n. F.	neuer Fassung
NJW	Neue Juristische Wochenschrift, Zeitschrift
NJW-RR	Neue juristische Wochenschrift Rechtsprechungs-Report
n. v.	nicht veröffentlicht
NVwZ-RR	Neue Zeitschrift für Verwaltungsrecht Rechtsprechungs-Report
NZA	Neue Zeitschrift für Arbeitsrecht
NZA-RR	Neue Zeitschrift für Arbeitsrecht Rechtsprechungs-Report
o. ä.	oder ähnliches
OHG	Oberster Gerichtshof (Österreich)
OLG	Oberlandesgericht
PersR	Der Personalrat, Zeitschrift
pVV	positive Vertragsverletzung
RdA	Recht der Arbeit, Zeitschrift
Rn.	Randnummer, Randnummern
s. a.	siehe auch
S.	Seite, Seiten
SG	Sozialgericht
SGB	Sozialgesetzbuch
SozG	Sozialgericht
SprAuG	Sprecherausschussgesetz
StGB	Strafgesetzbuch
u. a.	unter anderem
VersR	Versicherungsrecht, Zeitschrift
z. B.	zum Beispiel
ZPO	Zivilprozessordnung
ZIP	Zeitschrift für Wirtschaftsrecht
ZPO	Zivilprozessordnung
ZTR	Zeitschrift für Tarif-, Arbeits- und Sozialrecht des öffentlichen Dienstes

Literaturverzeichnis

Anwaltskommentar, Dauner-Lieb/Heidel/Lepa/Reing (Hrsg.), Anwaltskommentar. Schuldrecht Bonn 2002

Ascheid/Preis/Schmidt, Kündigungsrecht, München, 2. Aufl. 2004

Backmeister/Trittin/Mayer, Kündigungsschutzgesetz mit Nebengesetzen: Kommentar zum Kündigungsschutzgesetz und weiteren wichtigen Vorschriften des Kündigungsrechts, München, 3. Aufl. 2004

Bamberger/Roth, Kommentar zum Bürgerlichen Gesetzbuch, hg. v. Bamberger und Roth, Bd. 2, München, 2003

Brinkmann, Mobbing, Bullying, Bossing, Heidelberg 1995

Brox/Rüthers/Henssler, Arbeitsrecht, 16. Aufl., Suttgart, Berlin, Köln 2004

Däubler/Kittner/Klebe, Betriebsverfassungsgesetz mit Wahlordnung, §§ 121–128 InsO und EBR-Gesetz; Kommentar für die Praxis, Frankfurt/Main, 9. Aufl. 2004

Dütz, Arbeitsrecht, München, 9. Aufl. 2004

Erfurter Kommentar zum Arbeitsrecht, begründet von T. Dieterich u. a., hg. v. T. Dieterich, München, 5. Aufl. 2005

Erman, Handkommentar zum Bürgerlichen Gesetzbuch mit Einführungsgesetz (teilkommentiert), Münster, 11. Aufl. 2004

Esser/Wolmerath, Mobbing. Der Ratgeber für Betroffene und ihre Interessenvertretung, Frankfurt/Main, 5. Aufl. 2004

Fitting, Betriebsverfassungsgesetz: Handkommentar, neu bearbeitet von G. Engels, München, 22. Aufl. 2004

Galperin/Löwisch, Kommentar zum Betriebsverfassungsgesetz, Heidelberg, 6. Aufl. 1982

Gemeinschaftskommentar BetrVG, Betriebsverfassungsgesetz: Gemeinschaftskommentar F. Fabricius, mitbegründet von W. Thiele, Gesamtredaktion G. Wiese, Neuwied, 7. Aufl. 2002 (H. Oetker)

Germelmann/Matthes/Prütting, Arbeitsgerichtsgesetz, Kommentar, München, 5. Aufl. 2004

Grünwald/Hille, Mobbing im Betrieb: Abwehrstrategien und Handlungsmöglichkeiten, Ursachen – Psychologie – Betriebspraxis – Recht – Arbeitshilfen, München, 2003

Hess/Schlochauer/Worzalla/Glock, Kommentar zum Betriebsverfassungsgesetz, München, 6. Aufl. 2003

Hromadka/Maschmann, Arbeitsrecht Band 1, Individualarbeitsrecht, Berlin, 2. Aufl. 2002

Junker, Grundkurs Arbeitsrecht, München, 4. Aufl. 2004

Kittner/Däubler/Zwanziger, Kündigungsschutzrecht, Kommentar für die Praxis zu Kündigungen und anderen Formen der Beendigung des Arbeitsverhältnisses, Frankfurt/Main, 6. Aufl. 2004

Kollmer, Mobbing im Arbeitsverhältnis, Heidelberg, 3. Aufl. 2003

KR, Gemeinschaftskommentar zum Kündigungsschutzgesetz und zu sonstigen kündigungsschutzrechtlichen Vorschriften, mitbegründet von F. Becker, München, 7. Aufl. Mai 2004

Küttner, Personalbuch 2004: Arbeitsrecht, Lohnsteuerrecht, Sozialversicherungsrecht, hg. v. W. Küttner, bearbeitet v. D. Bauer, München, 11. Aufl. 2004

Larenz/Wolff, Allgemeiner Teil des Bürgerlichen Rechts, München, 9. Aufl. 2004

Leymann, Hans, Mobbing. Psychoterror am Arbeitsplatz und wie man sich dagegen wehren kann, Reinbeck, 1993 (Nachdruck 2001)

Münchener Handbuch zum Arbeitsrecht, hg. v. R. Richardi, München, 2. Aufl. 2001

Münchener Kommentar Bürgerliches Gesetzbuch, hg. v. W. Krüger; Bd. 2: München 4. Aufl. 2001; Bd. 2a: München 4. Aufl. 2004; Bd. 4: München 3. Aufl. 1997; Bd. 5: München 4. Aufl. 2004

Otto, Arbeitsrecht, Berlin, 3. Aufl. 2003

Otto/Schwarze, Die Haftung des Arbeitnehmers, Karlsruhe 3. Aufl. 1998

Palandt, Bürgerliches Gesetzbuch, Kommentar, München, 64. Aufl. 2005

Richardi, Betriebsverfassungsgesetz, Kommentar, München, 9. Aufl. 2004

Ruberg, Schikanöse Weisungen. Psychosoziale Gefährdung am Arbeitsplatz im Blickfeld der Gerichte für Arbeitssachen – nicht nur! – bei „Mobbing“, Münster 2004

Schaub, Arbeitsrechts-Handbuch: systematische Darstellung und Nachschlagewerk für die Praxis, München, 11. Aufl. 2005

Schwickerath, (Hrsg.), Mobbing am Arbeitsplatz. Grundlagen, Beratungs- und Behandlungskonzepte, Lengerich 2004

Staudinger, Kommentar zum Bürgerlichen Gesetzbuch mit Einführungsgesetzen und Nebengesetzen, Einleitung zu §§ 241 ff., §§ 241–243, Berlin, 13. Bearbeitung 1995 (G. Schiemann, J. Schmidt); §§ 255–304, Berlin, Neuberarbeitung 2004 (M. Löwisch); §§ 611–615, Berlin, 13. Bearbeitung 1999 (R. Richardi); §§ 616–630, Berlin, Neubearbeitung 2002 (D. Neumann, H. Oetker, U. Preis); §§ 823–825, Berlin, 13. Bearbeitung 1999 (J. Hager)

Wolmerath, Mobbing im Betrieb: Rechtsansprüche und deren Durchsetzbarkeit, Baden-Baden, 2. Aufl. 2004

Zöller, Zivilprozessordnung, Köln, 25. Aufl. 2005

1. Teil: Grundlagen

A. Einführung

I. Entstehung und Entwicklung des Begriffs „Mobbing" im Arbeitsrecht

1 Der Begriff „Mobbing" stammt aus der **Verhaltensforschung:** *Konrad Lorenz* umschrieb damit ein Vorgehen schwächerer Tiere, die in der Gruppe angreifen, um einen stärkeren Gegner zu verscheuchen.[1] Der schwedische Arbeitswissenschaftler *Hans Leymann* umschreibt seit den 1970er Jahren mit diesem Begriff Vorgänge in der **Arbeitswelt.**[2] Er unterschied **45 Mobbinghandlungen,** die er in fünf Kategorien einteilte:
- Angriffe auf die Möglichkeit, sich mitzuteilen (z. B. Anschreien, Unterbrechen),
- Angriffe auf die sozialen Beziehungen (z. B. Ignorieren, „Schneiden"),
- Angriffe auf das soziale Ansehen (z. B. Gerüchte verbreiten, lächerlich machen),
- Angriffe auf die Qualität der Berufs- und Lebenssituation (z. B. Zuweisung sinnloser, über- oder unterfordernder Aufgaben),
- Angriffe auf die Gesundheit (z. B. gewalttätige oder sexuelle Handgreiflichkeiten).[3]

2 Von Schweden ausgehend, ist das Phänomen des Mobbings am Arbeitsplatz seit den 1990er Jahren zunehmend in das Bewusstsein gelangt und Gegenstand zahlreicher soziologischer und psychologischer Untersuchungen.[4] Diese machen eine erhebliche **praktische Bedeutung** deut-

---

[1] Dazu *Wolmerath,* Mobbing im Betrieb, Rn. 3 ff.; MünchHbd ArbR/*Blomeyer* § 53 Rn. 28; *Smutny/Hopf* DRdA 2003, 110 (112). Der Begriff „Mobbing" leitet sich von dem englischen Verb „to mob" ab, das man mit „über jemanden herfallen, ihn anpöbeln, angreifen" übersetzen kann. Das Substantiv „Mob" hat seinen Ursprung im Lateinischen: „mobile vulgus" umschreibt eine wankelmütige, aufgewiegelte Volksmasse.

[2] *Leymann* Mobbing S. 33 f.

[3] *Leymann* Mobbing S. 33 f.; dazu *Wolmerath,* Mobbing im Betrieb, Rn. 32; erweiterter Katalog *Esser/Wolmerath* Mobbing S. 26 ff.

[4] Beispielsweise *Brinkmann, Ralf D.,* Mobbing, Bullying, Bossing, Heidelberg 1995; *Diergarten, Eckhard,* Mobbing – wenn der Arbeitsalltag zum Alptraum wird …, Köln 1994; *Huber, Brigitte,* Mobbing: Psychoterror am Arbeitsplatz, Niedernhausen/Ts. 1994; *Neuberger, Oswald,* Mobbing, Übel mitspielen in Organisationen München u. a. 1999; *Schwickerath, Josef* et. al. (Hrsg.), Mobbing am Arbeitsplatz, Grundlagen, Beratungs- und Behandlungskonzepte, 2004;

lich: Die Zahl der Mobbingopfer in Deutschland wird mit 1,5 Millionen angegeben, der volkswirtschaftliche Schaden mit etwa 25 Mrd. DM/ 12,5 Mrd. €.[5] Nach dem 2002 erschienenen „Mobbing-Report" der Bundesanstalt für Arbeitsschutz und Arbeitsmedizin sind 2,7% der Arbeitnehmer von Mobbing konkret betroffen; 5,5% waren einmal betroffen.[6]

3 Seit Mitte der 1990er Jahre befasst sich auch die **Arbeitsrechtswissenschaft** mit dem Begriff „Mobbing". 1993–1998 erschienen erste Beiträge, in denen meist die Beschreibung des Phänomens, der dahinterstehenden psychologischen und soziologischen Mechanismen, im Vordergrund stand. Außerdem wurden erste Überlegungen zu Ansprüchen der Betroffenen und Möglichkeiten des Betriebsrats unternommen.[7]

Am 1. April 1994 trat in Schweden eine Verordnung in Kraft, die als erste gesetzliche Regelung Maßnahmen gegen Mobbing vorsieht.[8] Bis heute ist nur Frankreich diesem Beispiel gefolgt: Der französische Code du travail enthält seit Januar 2002 einen Abschnitt „Kampf gegen Mobbing".[9] Dem **deutschen Gesetzesrecht** ist der Begriff „Mobbing" dagegen unbekannt. Es gibt kein „Mobbinggesetz" oder „Mobbingrecht"; auch bei der Reform des Schadensrechts vom Juli 2002 und in den Entwürfen zu einem Antidiskriminierungsgesetz spielt der Begriff keine

---

Schlaugat, Kerstin, Mobbing am Arbeitsplatz: eine theoretische und empirische Analyse München u.a. 1999; *Zuschlag, Berndt,* Mobbing: Schikane am Arbeitsplatz, Göttingen 2001.

[5] MünchHdb ArbR/*Blomeyer* § 53 Rn. 28; MünchHdb ArbR/*Berkovsky* § 137 Rn. 234 geht von 1,27 Mio. Opfern aus; wie *Blomeyer* LAG Thüringen 10. 4. 2001 – 5 Sa 403/00, ArbuR 2001, 274 (276); *Esser/Wolmerath* Mobbing S. 17; *Hartmann* AuA-PP 11/2003, 8 (10) mit Berechnungsbeispielen. In der FAZ vom 2. 10. 2004, S. 55, ist sogar von Mobbingschäden in Höhe von 25 Mrd. € die Rede; das mag allerdings ein Redaktionsversehen sein. Ausführlich zur Statistik *Nürnberger* AiB 2004, 632.

[6] *Meschkutat, Bärbel/Stackelbeck, Martina/Langenhoff, Georg,* Der Mobbingreport – Eine Repräsentativstudie für die Bundesrepublik Deutschland, 3. Aufl., Bremerhaven 2003, dazu Bundesarbeitsblatt 7/8-2002, S. 18; abrufbar auch unter www.bma.bund.de.

[7] Beispielsweise *Bieler/Heilmann* ArbuR 1996, 430; *Däubler* BB 1995, 1347; *Dieball* BB 1996, 483; *Gralka* BB 1995, 2651; *Grunewald* NZA 1993, 1071; *Hage/Heilmann* BB 1998, 742; *Haller/Koch* NZA 1995, 356; *Schimmelpfennig/Schimmelpfennig* PersR 1998, 260, 299; *Schneider* AuA 1994, 180; *Skowronek* AiB 1998, 270; *Teppert-Neumann/Wolmerath* PersR 1998, 355, *Warschkow/Erdmann* AiB 1995, 509; *Wilhelm* AuA 1995, 234. 1997 erschien die erste Auflage von *Kollmer,* Mobbing im Arbeitsverhältnis.

[8] Zum Inhalt der Verordnung *Bieler/Heilmann* ArbuR 1996, 430 (431); s. auch *Smutny/Hopf* DRdA 2003, 110 (115f.).

[9] Lutte contre le harcèlement moral au travail, Text s. www.sudmondor.org/ fichier/loi/harcelement.htm, dazu Sonderheft Droit Ouvrier Juin 2002, insb. *Bocquillon* Dr. Ouv. 2002, 278 und Sonderheft Revue Pratique de Droit Social (RPDS) Septembre 2003, 273–292; aus der deutschen Literatur *Gruber* RdA 2002, 250; *Kerst-Würkner* ArbuR 2001, 251 (259).

Rolle.[10] Ein ähnliches Bild zeigt sich im anglo-amerikanischen Raum[11] und in den übrigen Mitgliedsstaaten der EU: Zwar gibt es in den meisten Ländern Gesetze, die die Persönlichkeitsrechte von Arbeitnehmern schützen sollen, aber kaum spezielle Regelungen zum Thema „Mobbing“.[12]

II. Mobbing in der arbeitsgerichtlichen Praxis

Dessen ungeachtet beschäftigt das Phänomen des Mobbings seit einigen Jahren die **arbeitsrechtliche Praxis.** Betraf die erste Entscheidung des Bundesarbeitsgerichts zu diesem Bereich noch eine Schulungsveranstaltung für Betriebsratsmitglieder zum Thema „Mobbing“,[13] stehen seit dem Jahr 2000 bei einer erheblichen Anzahl praktischer Fälle die individualrechtlichen Folgen des Mobbings im Vordergrund. So machen Betroffene vor Arbeitsgerichten Ansprüche auf Schadensersatz und Schmerzensgeld geltend oder wehren sich gegen Kündigungen im Zusammenhang mit Mobbinghandlungen.[14] Die Schilderung einiger dieser 4

---

[10] Zweites Gesetz zur Änderung schadensrechtlicher Vorschriften vom 19. 7. 2002, BGBl. I, 2674, dazu *Grobys* NJW-Editoral, Heft 40/2002. Zum Gemeinschaftsrecht *Smutny/Hopf* DRdA 2003, 110 (113 f.). Der Gesetzentwurf für ein Antidiskriminierungsgesetz ist abrufbar unter www.spdfraktion.de/rs_datei/0,,4395,0.pdf. Die gesetzgeberischen Pläne zur Antidiskriminierung erfassen zwar auch die „Belästigung“, knüpfen aber dabei an das Motiv der Diskriminierung aus bestimmten Gründen, vor allem der ethnischen Herkunft, an. Diskriminierungen aus anderen Gründen werden nicht erfasst, im Einzelnen unten Rn. 445 ff.

[11] Daher irrt das LAG Berlin, das in seinem Urteil vom 1. 11. 2002 – 19 Sa 940/02, NZA-RR, 2003, 232, „Mobbing“ „ebenso wie ‚Corporate Governance‘“ „aus dem anglo-amerikanischen Rechtsraum“ herleiten will. Im Gegenteil ist sogar der Begriff im anglo-amerikanischen Sprachraum weitgehend unbekannt; hier ist eher von „abuse“ oder „harrasment“ die Rede; so auch *Wolmerath,* Mobbing im Betrieb, Rn. 3; *ders.* PersR 2004, 327 (330).

[12] Ausführlich zur Rechtslage in den EU-Staaten und geplanten Neuregelungen *Kollmer,* Mobbing im Arbeitsverhältnis, Rn. 183 a ff. Zum arbeitsrechtlichen Umgang mit Mobbing in Österreich *Smutny/Hopf* DRdA 2003, 110 zu OGH 17. 10. 2002 – 8 ObA 196/02 k, DRdA 2003, 175.

[13] BAG 15. 1. 1997 – 7 ABR 14/96, AP BetrVG 1972, § 37 Nr. 118 = NZA 1997, 781.

[14] Landesarbeitsgerichtliche Entscheidungen seit 2001 beispielsweise: LAG Thüringen 15. 2. 2001 – 5 Sa 102/00, NZA-RR 2001, 577; LAG Hessen 23. 3. 2001 – 9/2 Sa 761/00, NZA-RR 2002, 581; LAG Thüringen 10. 4. 2001 – 5 Sa 403/00, NZA-RR 2001, 347; LAG Baden-Württemberg 27. 7. 2001, 5 Sa 72/01, n. v. (Kurzwiedergabe in PersR 2002, 9); LAG Rheinland-Pfalz 16. 8. 2001 – 6 Sa 415/01, NZA-RR 2002, 121; LAG Schleswig-Holstein 12. 2. 2002 – 5 Sa 409c/01, DB 2002, 1056 (Ls.); LAG Schleswig-Holstein 19. 3. 2002 – 3 Sa 1/02, NZA-RR 2002, 457; LAG Hamm 25. 6. 2002 – 18 (11) Sa 1295/01, AP BGB § 611 Mobbing Nr. 3 = NZA-RR 2003, 8; LAG Nürnberg 2. 7. 2002 – 6

praktischen Fälle macht deutlich, wie unterschiedlich die Fälle und die juristischen Ausgangspunkte sein können.

1. Prozessuale Ausgangslagen und Folgen

5 Die **Methoden des Mobbings** und ihr Ausmaß verdeutlichen zwei Fälle aus Thüringen und Rheinland-Pfalz, deren Sachverhalte sich gleichen.[15] Betroffen waren ältere leitende Angestellte von Banken, die von ihren Vorgesetzten aus dem Vorstand schikaniert wurden. So wurden ihnen Arbeitsplätze und Aufgaben zugewiesen, die ihrer Qualifikation bei weitem nicht entsprachen. In einem Fall wurde dem Betroffenen sein Tätigkeitsbereich entzogen, gleichzeitig aber halbstündige Tätigkeitsnachweise verlangt. Der andere erhielt einen Arbeitsplatz in der Schalterhalle. Anweisungen erfolgten in beleidigendem Tonfall. Einer der Betroffenen klagte u. a. auf Schmerzensgeld, der andere auf Unterlassung.

6 Auch **Kündigungsschutzklagen** sind in Mobbingfällen unter unterschiedlichen Aspekten möglich. So ist – wieder in Thüringen – dem Abteilungsleiter einer Fleischerei außerordentlich gekündigt worden, nachdem ein ihm unterstellter Fleischergeselle einen Selbstmordversuch unternommen hatte. Der Kläger hatte diesen seit seinem Dienstantritt beschimpft und gedemütigt und ihm nicht gestattet, seine Pausenzeiten auszuschöpfen. Die Kündigungsschutzklage hatte keinen Erfolg.[16] Der österreichische OGH gab dagegen der Kündigungsschutzklage einer Angestellten statt.[17] Ihr Vorgesetzter hatte ihr bereits vor einiger Zeit mitgeteilt, sie käme zu teuer. In der Folgezeit wurden ihr Unterlagen nicht übermittelt, sie wurde falsch informiert oder es wurden ungeeignete Weisungen erteilt. Als sie sich brieflich bei der Geschäftsführung beschwerte, wurde ihr wegen „erheblicher Ehrverletzung" gekündigt.

7 Entsprechend weitgehend waren die **Folgen,** die sich nach einigen der ersten Gerichtsentscheidungen aus Mobbing am Arbeitsplatz ergeben sollen. Ansprüche auf Schadensersatz und Schmerzensgeld können da-

(3) Sa 154/01, NZA-RR 2003, 121; LAG Bremen 17. 10. 2002 – 3 Sa 78/01, NZA-RR 2003, 234; LAG Berlin 1. 11. 2002 – 19 Sa 940/02, NZA-RR 2003, 232; LAG Berlin 17. 1. 2003 – 6 Sa 1735/02, EZA-SD 2003, Nrn. 6, 10; LAG Hessen 21. 2. 2003 – 12 Sa 561/02, NZA-RR 2004, 356; LAG Berlin 6. 3. 2003 – 18 Sa 2299/02, MDR 2003, 881; LAG Rheinland-Pfalz 19. 2. 2004 – 2 Ta 12/04, NZA-RR 2004, 232; zur Substantiierung von Mobbingvorwürfen BAG 20. 3. 2003 – 8 AZN 27/03, n. v. (redaktioneller Leitsatz JR 2004, 218); LAG Thüringen 10. 6. 2004 – 1 Sa 148/01, ZTR 2004, 596. Zu den unterschiedlichen prozessualen Ausgangslagen ausführlich *Ruberg,* Schikane am Arbeitsplatz – Abhilfe nicht in Sicht, in *Schwickerath* S. 116 ff.

[15] LAG Thüringen 10. 4. 2001 – 5 Sa 403/00, NZA-RR 2001, 347–363; LAG Rheinland-Pfalz 16. 8. 2001 – 6 Sa 415/01, NZA-RR 2002, 121.

[16] LAG Thüringen 15. 2. 2001 – 5 Sa 102/00, NZA-RR 2001, 577.

[17] OGH 17. 10. 2002 – 8 ObA 196/02k, DRdA 2003, 175.

nach nicht nur gegen den mobbenden Kollegen gerichtet werden, sondern auch gegen den Arbeitgeber. Mobbing soll eine außerordentliche Kündigung ohne vorherige Abmahnung rechtfertigen, und zwar auch dann, wenn jedes einzelne Vorkommnis per se noch keinen Kündigungsgrund darstellt. Nach zwei Entscheidungen des LAG Thüringen aus dem Jahr 2001 gelten dabei zugunsten des Mobbingopfers in mehrfacher Hinsicht Beweiserleichterungen.[18]

Was in diesen Fällen nachvollziehbar ist, lassen andere **fraglich** erscheinen. So mußte sich eine Altenpflegerin vom LAG Schleswig-Holstein belehren lassen, ein Schmerzensgeld stünde ihr nicht bereits zu, weil – unter anderem – ihr Geburtstagskuchen in eine Ecke gestellt worden und vertrocknet sei.[19] In einer Entscheidung des LAG Berlin wird ausgeführt, der Klagantrag eines angeblich gemobbten Arbeitnehmers, der auf Unterlassung der Übersendung von Glückwünschen gerichtet sei, weise „starke querulatorische Züge" auf.[20] In einem Urteil des LAG Bremen wurde die klagende Arbeitnehmerin darauf hingewiesen, dass noch kein Telefonterror vorliege, wenn bei ihr in einem Zeitraum von einem Jahr sieben Telefonanrufe eingingen, bei denen sich niemand meldete.[21]

2. Rechtsfragen in der Praxis

Die unterschiedlichen Fälle zeigen die Fragen und Unsicherheiten im 8
Zusammenhang mit Mobbing. Selbst innerhalb desselben Gerichts werden unterschiedliche Ansatzpunkte vertreten. So hatte die Fünfte Kammer des **LAG Thüringen** in den bereits erwähnten Urteilen aus dem Jahr 2001 „gegenüber Mobbing ein klares Stop-Signal" gefordert und in umfangreichen Leitsätzen Grundsätze für Mobbingfälle aufgestellt.[22] Nach einem Urteil der Ersten Kammer desselben Gerichts aus dem Jahr 2004 kommt es für Mobbingfälle auf den konkreten Sachverhalt an; der Eindruck, den die Urteile der Fünften Kammer erweckt hätten, sei „für die streitentscheidende Aufgabe der Gerichte nicht hilfreich".[23]

---

[18] LAG Thüringen 15. 2. 2001 – 5 Sa 102/00, NZA-RR 2001, 577; LAG Thüringen 10. 4. 2001 – 5 Sa 403/00, NZA-RR 2001, 347; ausdrücklich a. A. ArbG München 25. 9. 2001 – 8 Ca 1562/01, NZA-RR 2002, 123; im Einzelnen unten Rn. 319 ff.

[19] LAG Schleswig-Holstein 19. 3. 2002 – 3 Sa 1/02, NZA-RR 2002, 457.

[20] LAG Berlin 14. 11. 2002 – 16 Sa 970/02, NZA-RR 2003, 523 (Leitsätze 1–3 in NZA 2003, 1206).

[21] LAG Bremen 17. 10. 2002 – 3 Sa 78/02, NZA-RR 2003, 234.

[22] LAG Thüringen 15. 2. 2001 – 5 Sa 102/00, NZA-RR 2001, 577; LAG Thüringen 10. 4. 2001 – 5 Sa 403/00, NZA-RR 2001, 347.

[23] LAG Thüringen 10. 6. 2004 – 1 Sa 148/01, ZTR 2004, 596; dazu: „LAG Thüringen zweiter Akt: Das Imperium schlägt zurück", *Grobys* NJW-Editoral Heft 47/2004.

9 So unterschiedlich und auch emotionsgeladen diese Ansätze scheinen, sind die Unterschiede innerhalb der Rechtsprechung bei der rechtlichen Beurteilung von Mobbing relativ gering. So besteht insbesondere Einigkeit, dass der Begriff des Mobbings als solcher **keine Anspruchsgrundlage** darstellt.[24] Die Gerichte lösen die Fälle auf Grundlage der allgemeinen Regeln, insbesondere der deliktischen und vertraglichen Schadensersatzansprüche des BGB.

10 Dennoch beginnt sich eine selbständige Bedeutung des Mobbings im Arbeitsrecht herauszukristallisieren. Sie ergibt sich vor allem aus der Tatsache, dass Mobbing gerade deshalb so belastend ist, weil es als **Prozess** erfolgt und damit die Situation des Arbeitsverhältnisses ausnutzt.[25] Gerichte betrachten daher bei den Fragen, ob ein Schadensersatzanspruch begründet ist oder ein Kündigungsgrund vorliegt, nicht die einzelnen Akte isoliert, sondern den gesamten Prozess. Für eine selbständige Bedeutung ist jedoch eine Definition und Abgrenzung erforderlich, um Mobbing von anderem Verhalten zu unterscheiden.

11 Umstritten und für die Praxis besonders wichtig ist vor allem, ob in Mobbingfällen zugunsten des Opfers **Beweiserleichterungen** gelten sollen. Das Bedürfnis danach kann sich beispielsweise ergeben, wenn Mobbinghandlungen bewusst so vorgenommen werden, dass es keine Zeugen gibt. Auch die Kausalität des Mobbings für eine Erkrankung ist schwer zu beweisen. Wie erwähnt, gewährt die Fünfte Kammer des LAG Thüringen Mobbingopfern Beweiserleichterungen; in den meisten Urteilen werden dagegen die allgemeinen Regeln angewandt.[26]

---

[24] So ausdrücklich LAG Berlin 1. 11. 2002 – 19 Sa 940/02, NZA-RR 2003, 232.

[25] Das räumt auch die Erste Kammer des LAG Thüringen ein, LAG Thüringen 10. 6. 2004 – 1 Sa 148/01, ZTR 2004, 596 (597).

[26] Ausführlich unten Rn. 319 ff.

B. Mobbing: Begriff und Definition

Auch wenn der Begriff „Mobbing“ selbst keine Anspruchsgrundlage darstellen soll und auch keine konkreten Rechtsfolgen hat, haben sich nicht nur die Literatur, sondern vor allem auch die Rechtsprechung vielfach bemüht, eine nähere **Definition für „Mobbing“** zu finden. Dabei muss einerseits die Gefahr eines Ausuferns vermieden werden, um nicht einen ungenauen Begriff durch andere zu ersetzen. Andererseits darf die Begriffsbestimmung auch nicht zu eng werden, weil Mobbing in unterschiedlichen Ausgangssituationen, durch verschiedene Verhaltensweisen und mit unterschiedlichen Folgen vorkommen kann.[1] 12

Mobbing am Arbeitsplatz kann durch den Arbeitgeber oder seine Vertreter, übergeordnete oder gleichgestellte Kollegen oder – allerdings selten – durch Untergebene erfolgen. Es kann sich **arbeitsrechtlicher Mittel** bedienen, z.B. unberechtigter Abmahnungen, übertriebener Kontrolle sowie Weisungen, die den Betroffenen unter- oder überfordern. In anderen Fällen liegt der Schwerpunkt auf dem **zwischenmenschlichen Bereich,** wenn Arbeitnehmer körperlich angegriffen werden, verleumdet, beleidigt oder auch schlicht ignoriert. Folge von Mobbing sind oft psychosomatische Gesundheitsschäden bis hin zum Suizid; aber Mobbing kann z.B. auch zu Einkommenseinbußen nach einer Kündigung des Betroffenen führen. 13

In der Literatur werden gelegentlich neben Mobbing noch **„Bullying“**, **„Bossing“** oder andere Begriffe verwendet.[2] Bullying wird dabei weitgehend synonym für Mobbing gebraucht, Bossing umschreibt das Mobbing von oben nach unten; für das „Mobbing gegen den Chef“ wird auch der Begriff **„Staffing“** verwendet. Diese Begriffe sind oft mehrdeutig und stellen vor allem auf die psychologischen Unterschiede in den jeweils beschriebenen Fällen ab. Für die juristische Bedeutung des beschriebenen Handelns sind sie dagegen nur von beschränkter Bedeutung und haben sie sich in der deutschen Arbeitsrechtswissenschaft und Rechtsprechung auch nicht durchgesetzt. Hier soll daher ebenfalls ausschließlich der Begriff des Mobbings verwendet werden.[3] 14

---

[1] Dazu *Mühlig-Seel* AuA 2002, 499 (502); *Schneppendahl* AiB 2002, 302; auch LAG Thüringen 10. 4. 2001 – 5 Sa 403/00, NZA-RR 2001, 347; *Kollmer* AR-Blattei ES, 1215 Mobbing Nr. 3 (S. 32).

[2] Insbesondere *Brinkmann,* Mobbing, Bullying, Bossing, S. 9ff.; 78f.

[3] Ebenso *Kollmer,* Mobbing im Arbeitsverhältnis, Rn. 14.

I. Definitionen in Rechtsprechung und Literatur

15 In der Literatur bis zum Jahr 2000 finden sich zahlreiche Definitionen von Mobbing, die umfassend oder knapp sein können und von denen sich einige an die Begriffe der Verhaltensforschung anlehnen, andere die Willensrichtung des Täters oder die Empfindung des Opfers in den Vordergrund stellen.[4] Viele **Definitionsversuche** sind sehr emotional auf die schwerwiegenden Folgen des Mobbings ausgerichtet, wenn behauptet wird, Mobbing erfülle den „Tatbestand der Folter und unangemessenen Behandlung i.S.v. Art. 3 MRK".[5] Sie suggerieren damit weitgehende Rechtsfolgen des Mobbings und eignen sich nicht für das Arbeits- und Haftungsrecht, das – beispielsweise beim Kündigungsschutz – regelmäßig eine umfassende Interessenabwägung verlangt.

1. Begriffsbestimmung in der Praxis

16 Für die Praxis kommt es vor allem darauf an, auf welche Weise die **Rechtsprechung** die Begriffsbestimmung von Mobbing vornimmt. Das **Bundesarbeitsgericht** definierte „Mobbing" kurz in der bereits erwähnten Entscheidung zu einer Schulungsveranstaltung für Betriebsratsmitglieder aus dem Jahr 1997. Danach ist Mobbing „das systematische Anfeinden, Schikanieren oder Diskriminieren von Arbeitnehmern untereinander oder durch Vorgesetzte". Die Schwierigkeiten lägen in dem Erkennen von Mobbing, der Beurteilung der Glaubwürdigkeit der Betroffenen und der Abgrenzung gegenüber sozial anerkannten Verhaltensweisen am Arbeitsplatz.[6]

17 Eine ausführlichere Definition findet sich in einer der ersten landesarbeitsgerichtlichen Entscheidungen zu diesem Thema. Das LAG Thürin-

---

[4] Ausführlich *Kollmer,* Mobbing im Arbeitsverhältnis, Rn. 7ff.; Rn. 9ff. zu den Definitionen der Literatur; s. auch *Wolmerath,* Mobbing im Betrieb, Rn. 6ff.

[5] So *Etzel* Anm. zu LAG Thüringen 15. 2. 2001 – 5 Sa 102/00, ArbuR 2002, 230 unter Verweisung auf eine Definition nach einer Resolution der Bundesarbeitsgemeinschaft kritischer Polizisten. Darin wird Mobbing bezeichnet als „Methode des Psychoterrors oder der Psychofolter, die geeignet ist, die Psyche des Opfers erheblich zu verletzen und hierdurch schwere Krankheitsbilder [...] hervorzurufen und das Opfer bis in den Suizid zu treiben. Dabei können sowohl kurzzeitige als auch über Monate währende Zeiträume Mobbing darstellen und diese Krankheitsbilder auslösen. Mobbing erfüllt damit den Tatbestand der Folter und unangemessenen Behandlung i.S.v. Art. 3 MRK".

[6] BAG 15. 1. 1997 – 7 ABR 14/96, AP BetrVG 1972 § 37 Nr. 118 = NZA 1997, 781 (781); ebenso LAG Thüringen 10. 6. 2004 – 1 Sa 148/01, ZTR 2004, 596 (597).

gen bestimmte 2001 **Mobbing im arbeitsrechtlichen Verständnis** als „fortgesetzte, aufeinander aufbauende oder ineinander übergreifende, der Anfeindung, Schikane oder Diskriminierung dienende Verhaltensweisen […], die nach ihrer Art und ihrem Ablauf im Regelfall einer übergeordneten, von der Rechtsordnung nicht gedeckten Zielsetzung förderlich sind und jedenfalls in ihrer Gesamtheit das allgemeine Persönlichkeitsrecht, die Ehre oder die Gesundheit des Betroffenen verletzen".[7] Diese Definition wurde in mehreren landesarbeitsgerichtlichen Entscheidungen übernommen.[8]

Das LAG Schleswig-Holstein verwandte 2002 eine **ähnliche Definition,** die von *Wolmerath* stammt. Danach beschreibt der Begriff des Mobbings „eine konfliktbelastete Kommunikation am Arbeitsplatz unter Kollegen oder zwischen Vorgesetzten und Untergebenen, bei der die angegriffene Person unterlegen ist und von einer oder einigen Personen systematisch, oft oder während einer längeren Zeit mit dem Ziel oder dem Effekt des Ausstoßens aus dem Arbeitsverhältnis direkt oder indirekt angegriffen wird und dies als Diskriminierung empfindet".[9] Diese Definition übernahm 2004 auch das LAG Rheinland-Pfalz.[10] 18

2. Gemeinsamkeit bei der Begriffsbildung

Aus allen Formulierungen lassen sich dieselben wesentlichen Bestandteile des Mobbingbegriffs ableiten. Erstens liegt die Besonderheit von Mobbing in einem **systematischen Vorgehen:** Mehrere Akte sind durch einen Gesamtzusammenhang miteinander verbunden.[11] Zweitens muss Mobbing geeignet sein zur Verletzung eines **Rechtsguts;** insbesondere des Persönlichkeitsrechts oder der Gesundheit. Damit scheiden solche Sachverhalte aus, bei denen besondere Rechtsfolgen von vornher- 19

---

[7] LAG Thüringen 15. 2. 2001 – 5 Sa 102/00, NZA-RR 2001, 577.

[8] LAG Thüringen 10. 4. 2001 – 5 Sa 403/00, NZA-RR 2001, 347 (Ls. 5); LAG Rheinland-Pfalz 16. 8. 2001 – 6 Sa 415/01, NZA-RR 2002, 121 = EWiR § 847 BGB 1/02, 373 *(Range-Ditz)*; LAG Hamm 25. 6. 2002 – 18 (11) Sa 1295/01, NZA-RR 2003, 8 (9) = AP BGB § 611 Mobbing Nr. 3; LAG Bremen 17. 10. 2002 – 3 Sa 78/02, NZA-RR 2003, 234.

[9] LAG Schleswig-Holstein 19. 3. 2002 – 3 Sa 1/02, NZA-RR 2002, 457; *Wolmerath,* Mobbing im Betrieb, Rn. 7; ähnlich auch *Hüske-Wagner/Wagner* AIB 2004, 89 (90).

[10] LAG Rheinland-Pfalz 19. 2. 2004 – 2 Ta 12/04, NZA-RR 2004, 232 mit Hinweis auf *Leymann* (falsch zitiert als „Arbeitsgericht" in ArbuR 2004, 275).

[11] *Kollmer* AR-Blattei ES, 1215 Mobbing Nr. 3 (S. 35); *Lorenz* PersR 2002, 65 (66); *Rieble/Klumpp* FA 2002, 307 (308); *Ruhberg* ArbuR 2002, 201 (201 f.); zur Abgrenzung LAG Hamm 25. 6. 2002 – 18 (11) Sa 1295/01, AP BGB § 611 Mobbing Nr. 3 = NZA-RR 2003, 8; LAG Thüringen 10. 6. 2004 – 1 Sa 148/01, ZTR 2004, 596 (597). Anders für Mobbing als Kündigungsgrund Ascheid/Preis/Schmidt/*Dörner,* Kündigungsrecht, § 626 BGB Rn. 238 e f.

ein ausgeschlossen sind.[12] Zuletzt verlangt Mobbing drittens eine **eindeutige Täter-Opfer-Konstellation.**[13]

20 Nach der Definition der LAG Schleswig-Holstein und einem Teil der Literatur[14] ist zusätzlich ein Ausstoß oder ein **Ausgrenzen aus dem Arbeitsverhältnis** erforderlich. Dieses Kriterium ist nicht arbeitsrechtlich in dem Sinne zu verstehen, dass Ziel oder Effekt des Mobbings die Beendigung des Arbeitsvertrages durch Kündigung oder ähnliches sein müsse, sondern im Sinne einer tatsächlichen Ausgrenzung des Mobbingopfers. Auch in diesem Sinne ist diese Definition allerdings zu eng, da Mobbing durchaus durch reine Herrschsucht oder Sadismus motiviert sein kann und zwar oft, aber nicht immer zu einer Ausgrenzung führen muss: Wenn in einem Kleinbetrieb der Meister einen Gesellen schikaniert, kann das durchaus Mobbing sein, auch wenn seine beiden Kollegen ihn nicht ausgrenzen. Dieses Kriterium ist daher nicht zwingend, kann aber hilfreich sein, um die Täter-Opfer-Konstellation festzustellen.

21 Weitere Definitionen berücksichtigen **vergleichbare Kriterien** oder greifen einzelne heraus. So definierte der Bundesgerichtshof in einer Entscheidung zur Amtshaftung Mobbing als „systematisches und fortgesetztes Schikanieren und Beleidigen".[15] Nach einem Urteil des Bundessozialgerichts zur Opferentschädigung ist unter Mobbing „ein über längere Zeit sich hinziehender Konflikt zu verstehen, in dessen Verlauf das Opfer verbal attackiert, in seinen Möglichkeiten zur Kommunikation eingeschränkt, in seinen sozialen Beziehungen angegriffen und in seinem Ansehen herabgesetzt wird.[16]

Das LAG Berlin erläuterte Mobbingfälle als solche, in denen „dem Arbeitgeber durch fortlaufende Handlungen den Arbeitnehmer kausal schädigende und schuldhafte Ehr-, Gesundheits- und Pflichtverletzungen vorgenommen werden".[17] Nach dem österreichischen OGH sind typische Mobbinghandlungen dadurch gekennzeichnet, dass sie geeignet sind, die Betroffenen „systematisch auszugrenzen, ihre Stellung im Betrieb zu untergraben und sie aus dem Arbeitsverhältnis zu drängen".[18]

---

[12] MünchHdb ArbR/*Blomeyer* § 53 Rn. 29; *Range-Ditz* EWiR § 847 BGB 1/02, 373 (374) verlangt sogar einen medizinischen Befund.

[13] LAG Thüringen 10. 4. 2001 – 5 Sa 403/00, NZA-RR 2001, 347 (Ls. 5); *Hüske-Wagner/Wagner* AIB 2004, 89 (91); *Rieble/Klumpp* ZIP 2002, 369 (370).

[14] Grundlegend *Wolmerath,* Mobbing im Betrieb, Rn. 20; s. auch *Esser/Wolmerath,* S. 20ff.

[15] BGH 1. 8. 2002 – III ZR 277/01, NZA 2002, 1214.

[16] BSG 14. 2. 2001 – B 9 VG 4/00, AP BGB § 611 Mobbing Nr. 1.

[17] LAG Berlin 1. 11. 2002 – 19 Sa 940/02, NZA-RR 2003, 232 (233).

[18] OGH 17. 10. 2002 – 8 ObA 196/02k, DRdA 2003, 175; dazu *Smutny/Hopf* DRdA 2003, 110.

II. Elemente des Mobbingbegriffs

Gemeinsam sind also allen Definitionen des Begriffs „Mobbing“ **drei Elemente:** systematisches Vorgehen, Rechtsgutsverletzung und Täter-Opfer-Konstellation. Auch wenn sie im Grundsatz weitgehend unbestritten sind, ist ihre genaue Bedeutung, Funktion und Abgrenzung in den bisherigen Urteilen nicht im Einzelnen geklärt. 22

1. Systematisches Vorgehen

a) Zusammenfassung mehrerer Einzelakte. Nach herrschender Auffassung ist für Mobbing die **Systematik** des Vorgehens in besonderer Weise charakteristisch: Mobbing liegt nur dann vor, wenn es um mehrere Akte geht, die durch einen Gesamtzusammenhang miteinander verbunden sind. Die Fünfte Kammer des LAG Thüringen hat darauf in ihrer Entscheidung aus dem Jahr 2001 „die juristische Bedeutung der durch den Begriff ‚Mobbing‘ gekennzeichneten Sachverhalte“ zurückgeführt. Sie liege darin, durch Zusammenfassung zu einem **Gesamtkomplex** „der Rechtsanwendung Verhaltensweisen zugänglich zu machen, die bei isolierter Betrachtung der einzelnen Handlungen die tatbestandlichen Voraussetzungen von Anspruchs-, Gestaltungs- und Abwehrrechten nicht oder nicht in einem der Tragweite des Falles angemessenen Umfang erfüllen können“.[19] 23

Die **Zusammenfassung mehrerer Handlungen** wurde in Rechtsprechung und Literatur fast allgemein übernommen.[20] Auch das Urteil der Ersten Kammer des LAG Thüringen aus dem Jahr 2004, dessen Begründung sich ansonsten kritisch zum Mobbingbegriff äußert, stützt sich darauf, dass es im Entscheidungsfall an der „systematischen, prozesshaften Beeinträchtigung“ fehle, aus der sich „die arbeitsrechtliche Relevanz des Mobbings“ ergebe. Missverständlich ist allerdings, wenn ein Teil der Rechtsprechung das systematische Vorgehen bei Mobbing als **„Fortsetzungszusammenhang“** bezeichnet – obwohl dieses Rechtsinstitut für Strafrecht und Vertragsstrafe von der Rechtsprechung aufgegeben wur- 24

---

[19] LAG Thüringen 15. 2. 2001 – 5 Sa 102/00, NZA-RR 2001, 577; LAG Thüringen 10. 4. 2001 – 5 Sa 403/00, NZA-RR 2001, 347; insoweit ebenso LAG Thüringen 10. 6. 2004 – 1 Sa 148/01, ZTR 2004, 596 (597).

[20] LAG Rheinland-Pfalz 16. 8. 2001 – 6 Sa 415/01, NZA-RR 2002, 121; LAG Berlin 6. 3. 2003 – 18 Sa 2299/02, MDR 2003, 881 verlangt einen „roten Faden“; BSG 14. 2. 2001 – B 9 VG 4/00, AP BGB § 611 Mobbing Nr. 1 lehnt gerade deshalb einen Anspruch auf Opferentschädigung ab; zur „Nadelstichtaktik“ auch BSG 21. 10. 2003 – B 7 AL 92/02 R, AP SGB III § 144 Nr. 2; *Kollmer* AR-Blattei SD, 1215 Mobbing S. 35; *Wickler* DB 2002, 477 (480f.); schon zuvor *Esser/Wolmerath* Mobbing S. 23ff.

de.[21] Anders als im Strafrecht gibt es im Arbeits- und Haftungsrecht keine besondere Handlungslehre, sondern der Handlungsbegriff dient lediglich der Abgrenzung von unbewusstem Tun wie z. B. Reflexbewegungen.[22]

25 Demgegenüber lehnt *Dörner* für das Kündigungsrecht die Zusammenfassung mehrerer Einzelakte unter Mobbingaspekten ab. Es sei kein nachvollziehbarer Grund ersichtlich, weshalb Einzelakte, die für sich genommen die Grenze der Sozialadäquanz nicht überstiegen, kündigungsrechtlich relevant sein sollten.[23] Diese Auffassung verkennt jedoch, dass Mobbing gerade die **Besonderheiten des Arbeitsverhältnisses** ausnützt. Das Arbeitsverhältnis ist ein Dauerschuldverhältnis, es bildet zeitlich und auf das Selbstverständnis bezogen den Lebensmittelpunkt der meisten Menschen. Häufig wiederholte und oder immer neue Unhöflichkeiten und ausgrenzendes Verhalten haben daher eine ganz andere Wirkung als in anderen Lebensbereichen. Wer beim Einkaufen von mehreren Verkäufern unfreundlich behandelt wird, kann sich über den Verfall der Sitten ärgern – wer dagegen andauernd von seinen Kollegen ausgegrenzt wird, wird um seine Existenz fürchten und seinen beruflichen Wert in Frage stellen.

26 Beim Mobbing besteht die schädigende Wirkung gerade in einem Prozess, der sich mit einer schleichenden Vergiftung durch im Einzelnen unschädliche Dosen vergleichen lässt. Wird jemand einmal übersehen oder geneckt, liegt darin im Regelfall weder eine Verletzung des Persönlichkeitsrechts, noch können psychosomatische Störungen ausgelöst werden. Anders ist es, wenn der Betroffene über Wochen, Monate und Jahre ignoriert oder abwertend behandelt wird. Gerade diese **Nadelstichtaktik** macht Mobbing besonders perfide und besonders wirkungsvoll. Es wäre daher nicht interessengerecht, bei der Frage nach den Rechtsfolgen des Mobbings den Blick nur isoliert auf die Einzelakte zu richten.

27 Mit der herrschenden Auffassung können also auch unter dem Begriff „Mobbing" auch solche Geschehensabläufe zusammengefasst und rechtlich erfasst werden, bei denen jeder Einzelakt für sich ohne rechtliche Bedeutung ist. Damit sollen aber keineswegs die besonders **schweren Fälle** ausgegrenzt werden, bei denen bereits jeder Einzelakt Rechtsgüter verletzt und ebensowenig die häufigen **„Mischfälle"** – eine Mischung aus „Nadelstichen" und drastischerem Vorgehen gegen das Mobbingopfer. Auch hier sind bei der rechtlichen Beurteilung die Einzelakte zusammenzufassen und können beispielsweise eine außerordentliche Kün-

---

[21] Vgl. *Rieble/Klumpp* ZIP 2002, 369 (370f.); *dies.* FA 2002, 307 (308); LAG Schleswig-Holstein 19. 3. 2002 – 3 Sa 1/02, NZA-RR 2002, 457; zu einem Amtshaftungsanspruch OLG Stuttgart 28. 7. 2003 – 4 U 51/03, NVwZ-RR 2003, 715, zusammengefasst bei *Wagner/Bergmann* AIB 2004, 103 (110) und auch LAG Thüringen 10. 6. 2004 – 1 Sa 148/01, ZTR 2004, 596.

[22] Ausführlich MünchKomm/*Mertens* § 823 Rn. 19.

[23] Ascheid/Preis/Schmidt/*Dörner* Kündigungsrecht § 626 BGB Rn. 238e f.

digung rechtfertigen, wenn sie für sich gesehen nur einen Grund für eine ordentliche Kündigung bilden würden.

b) Abgrenzung von einmaligen Vorkommnissen. In einem Fall des Reichsgerichts, der oft als erster Mobbingfall erwähnt wird, liegt demgegenüber streng genommen kein Mobbing vor. 1921 hatte sich das RG mit dem Fall eines Prokuristen zu befassen, der in Folge einer heftigen Auseinandersetzung mit seinem Juniorchef eine Gallenkolik erlitt.[24] Es handelte sich hier nur um einen **einmaligen Akt.** Ein solcher kann zwar eine Verletzung darstellen, die zum Schadensersatz verpflichtet, aber kein Mobbing sein. In gleicher Weise lehnte das LAG Thüringen in der bereits erwähnten Entscheidung aus dem Jahr 2004 das Vorliegen von Mobbing ab, da es im Entscheidungsfall nur in einer psychisch bedingten Konfliktsituation zu einer – einmaligen – Eskalation gekommen war. Im Einzelnen ging es um die Suspendierung von der Arbeitsleistung mit nachfolgender Versetzung eines Arbeitnehmers.[25] 28

Die **Erforderlichkeit** einer Abgrenzung des Mobbings von einmaligen Vorkommnissen zeigt sich praktisch am Ergebnis einer Internet-Umfrage.[26] Hier hatten 22,6% der Beklagten erklärt, von ihrem Arbeitgeber bereits einmal geschnitten worden zu sein, 18,9% hatten Aufgaben übernehmen müssen, die unter ihrer Qualifikation lagen, 14,6% waren wichtige Informationen vorenthalten worden und 13,5% hatten Erfahrungen mit Gerüchten gemacht, die über sie verbreitet wurden. Die Autoren hatten diese Zahlen einfach zusammengerechnet und kamen so zu dem Ergebnis, 69,9% aller Arbeitnehmer seien „bereits mindestens einmal" gemobbt worden. 29

Wie diese Zahl verdeutlicht, würde die Aufnahme von Einzelakten zu einem Ausufern des Mobbingbegriffs führen. Es ist auch kein besonderer rechtlicher Schutz vor derartigen **Einzelakten** erforderlich, da sie von den allgemeinen Regeln des Schadensersatz- oder Kündigungsschutzrechts erfasst werden. Damit können sie für Mobbingbetroffene von grundlegender Bedeutung sein, weil sich angesichts der erwähnten Beweisprobleme oft nur einzelne Mobbinghandlungen nachweisen lassen. Der Betroffene kann dann zumindest dafür Schadensersatz oder Schmerzensgeld fordern; möglicherweise ergibt sich auch ein Kündigungsgrund.[27]

c) Begriffsbestimmung im Einzelnen. Auch wenn die Definition von Mobbing als systematisches Handeln ganz herrschender Auffassung ent- 30

---

[24] Dazu *Kollmer* AR-Blattei SD Nr. 1215 Rn. 67, 149 mit Nachweis auf *Däubler* BB 1995, 1348.

[25] LAG Thüringen 10. 6. 2004 – 1 Sa 148/01, ZTR 2004, 596.

[26] Vgl. http://www.aus-portal.de/aktuell/nachrichten/01/index_919.htm.

[27] Vgl. *Kollmer,* Mobbing im Arbeitsverhältnis, Rn. 20ff.; im Einzelnen unten Rn. 286ff.

spricht, sind im Einzelnen **Abgrenzungen** erforderlich. So stellt sich die Frage nach einer Mindestzahl oder Mindestdauer von Mobbingakten, ebenso nach einer zeitlichen Obergrenze. Insbesondere ist fraglich, durch welche objektiven Kriterien sich der Gesamtzusammenhang feststellen lässt und ob subjektiv ein Gesamtvorsatz erforderlich ist.

31 **aa) Ober- und Untergrenzen. (1)** In der ersten Entscheidung des LAG Thüringen zu Mobbing aus dem Jahr 2001 wird der Mobbingbegriff ausdrücklich dahingehend präzisiert, dass eine bestimmte **Mindestlaufzeit** oder wöchentliche **Mindestfrequenz** der Mobbinghandlungen nicht erforderlich sei.[28] Damit setzte sich die Urteilsbegründung von der ursprünglichen Begriffsbestimmung *Leymanns* ab, wonach die Angriffe mindestens einmal wöchentlich erfolgen müßten.[29] *Leymann* erkannte später selbst die Untauglichkeit dieser Einschränkung, da damit beispielsweise ein Außendienstmonteur nicht erfasst wird, der nur zweimal im Monat in den Betrieb kommt, dabei aber regelmäßig schikaniert wird.[30] In der Tat können solche Grenzen nicht festgelegt werden, da es auf den Effekt des Mobbings ankommt, der eine Einzelfallbetrachtung erforderlich macht.

32 Keine Aussagen finden sich in dem erwähnten Urteil der Fünften Kammer des LAG Thüringen zu der Frage, ob es für den erforderlichen Mobbingkomplex insgesamt eine **Mindestanzahl von Einzelakten** geben muss. Nach einer Entscheidung des LAG Hamm fehlt bei „kurzfristigen Konfliktsituationen mit Vorgesetzten oder Arbeitskollegen in der Regel schon die notwendige systematische Vorgehensweise" – im Entscheidungsfall ging es um 4–5 Einzelakte in einen Zeitraum von zwei Monaten.[31] Die Erste Kammer des LAG Thüringen bezweifelte Mobbing bei einem Zeitraum von 1½ Monaten mit allerdings sehr schwerwiegenden Vorfällen.[32] Angesichts der Tatsache, dass das Opfer in diesem Zeitraum zu einem Suizidversuch gebracht wurde, ist das allerdings fraglich. Entscheidend für das systematische Vorgehen sind daher weniger konkrete Zahlen, sondern es kommt darauf an, ob sich die Einzelakte bereits zu einem Gesamtzusammenhang mit mobbingtypischen Effekten zusammenfassen lassen.

33 Allerdings wird man bei zwei bis drei Einzelakten nur dann von Mobbing sprechen können, wenn sie im Gesamtzusammenhang entsprechend

---

[28] LAG Thüringen 15. 2. 2001 – 5 Sa 102/00, NZA-RR 2001, 577 (Ls. 8); ebenso *Schneppendahl* AiB 2002, 302 (303); auch *Esser/Wolmerath* Mobbing S. 35.

[29] *Leymann* Mobbing S. 22; so auch *Brinkmann,* Mobbing, Bullying, Bossing, S. 13 und auch noch *Kollmer,* Mobbing im Arbeitsverhältnis, Rn. 10.

[30] Dazu *Wolmerath,* Mobbing im Betrieb, Rn. 18.

[31] LAG Hamm 25. 6. 2002 – 18 (11) Sa 1295/01, AP BGB § 611 Nr. 3 = NZA-RR 2003, 8.

[32] LAG Thüringen 10. 6. 2004 – 1 Sa 148/01, ZTR 2004, 596.

schwerwiegend sind, insbesondere Furcht vor Wiederholung schüren. Das gilt insbesondere dann, wenn der Betroffene tätlich angegriffen, verleumdet oder nicht unerheblich bestohlen wird. Wenige Einzelakte können auch genügen, wenn ihre Auswirkungen auf das Arbeitsverhältnis erheblich sind, wenn also beispielsweise der Tätigkeitsbereich des Betroffenen sukzessive geändert wird. Bei Mobbing im kommunikativen Bereich – z.B. „Schneiden" – reichen wenige Einzelakte dagegen in der Regel nicht aus.

(2) Die **zeitliche Obergrenze** für einen Gesamtzusammenhang war Gegenstand einer Entscheidung des LAG Bremen. Die Klägerin hatte für einen Zeitraum von 3 ½ Jahren neun Vorfälle vorgetragen. Nach der Urteilsbegründung genügte das nicht für einen „mobbingtypischen Geschehensablauf".[33] Diese Aussage kann jedoch nicht verallgemeinert werden, da sie nicht Mobbing definitorisch eingrenzen wollte, sondern als Ausgangspunkt die Frage hatte, ob der Geschehensablauf einen prima-facie-Beweis ermögliche.[34] Darüber hinaus waren die im Entscheidungsfall geltend gemachten Vorfälle vergleichsweise trivial und teilweise durch das Vorverhalten der Klägerin provoziert worden. 34

Der Entscheidung des LAG Bremen kann also die Grundregel entnommen werden, dass der erforderliche Gesamtzusammenhang immer weniger naheliegt, je größer der zeitliche Abstand zwischen den einzelnen Handlungen wird. Auch hier ist jedoch eine **Einzelfallbetrachtung** erforderlich, bei der vor allem berücksichtigt werden muss, wie schwerwiegend die jeweiligen Einzelakte sind und wie sie sich einzeln und im Gesamtzusammenhang ausgewirkt haben.

bb) Gesamtzusammenhang. (1) Entscheidend für das Vorliegen von Mobbing ist also das systematische Vorgehen, das das im Urteil der Fünften Kammer des LAG Thüringen als Gesamtzusammenhang bezeichnet wird. Dabei stellt sich die Frage, wie und aus wessen Sicht ein solcher **Gesamtzusammenhang** festgestellt und von einer zufälligen Häufung negativer Ereignisse abgegrenzt werden soll. Es ist kaum möglich, Mobbing allein aufgrund objektiver Kriterien zu bestimmen. Ein irgendwie gearteter sachlicher Zusammenhang wird meist schon wegen des Bezuges zum Arbeitsverhältnis bestehen. Der negative Effekt von Mobbing liegt auch kaum in den objektiven Folgen der Einzelakte, sondern vor allem darin, dass bei dem Betroffenen der Eindruck entsteht, man wolle ihn an seinem Arbeitsplatz „nicht mehr haben". 35

Ausgangspunkt für die Feststellung des Gesamtzusammenhangs muss also grundsätzlich die Sicht des **Betroffenen** sein. Das dient bereits der negativen Abgrenzung: Was nicht als Mobbing empfunden wird, muss auch keine entsprechenden Rechtsfolgen haben. Wie einige der eingangs 36

---

[33] LAG Bremen 17. 10. 2002 – 3 Sa 78/01, NZA-RR 2003, 234.

[34] Zum prima-facie-Beweis unten Rn. 336.

geschilderten Fälle gezeigt haben, darf es dabei aber auch nicht auf eine besondere Empfindlichkeit des Betroffenen ankommen.[35] Entscheidend ist daher eine objektivierte Sicht, also die Frage, ob ein durchschnittlich empfindlicher Mensch in der Lage des Betroffenen einen Gesamtzusammenhang zwischen den einzelnen Handlungen empfinden muss.[36]

37 Zusammenfassend kommt es darauf an, ob aus der objektivierten Sicht des Betroffenen
- ein **Zusammenhang** vorliegt,
- der sich negativ auf sein Arbeitsverhältnis auswirkt.

Beide Kriterien sind dabei weit zu verstehen. Der Zusammenhang kann sich aus Aspekten des Arbeitsverhältnisses, aber auch aus menschlichen Kriterien ergeben – meist wird beides nebeneinander vorliegen. Es ist auch gleichgültig, ob die Mobbinghandlungen von einem einzelnen oder von einer Gruppe vorgenommen werden. Die negative Auswirkung kann darin bestehen, den Betroffenen aus dem Arbeitsverhältnis zu drängen, aber z. B. auch darin, ihn von einer Beförderung zu verdrängen oder ihn am Arbeitsplatz zu demütigen.

38 **(2)** Nur wenige Aussagen finden sich zur subjektiven Seite von Mobbing aus der Sicht des oder der **„Täter"**. Grundsätzlich kommt es darauf an, welche Rechte von dem Mobbingopfer jeweils geltend gemacht werden. Daraus ergibt sich, welche subjektiven Voraussetzungen die jeweilige Anspruchsgrundlage hat und von wem diese zu beweisen sind.[37] Es fragt sich aber, ob auch die – eben erwähnte – Zusammenfassung der Einzelakte von subjektiven Voraussetzungen getragen sein muss, ob der „Täter" also einen „Mobbingplan" haben muss oder ob es genügt, wenn ihm zumindest ansatzweise klar ist, dass sein Vorgehen als systematisch empfunden werden muss.

39 Nach einer Entscheidung der Fünften Kammer des LAG Thüringen aus dem Jahr 2001 ist **kein vorgefasster Plan** erforderlich, es genüge eine Fortsetzung des Verhaltens unter Ausnutzung der Gelegenheiten.[38] Daraus ergibt sich zweierlei: Es ist weder Vorsatz im Sinne von § 276 BGB, noch ein vorheriger Plan erforderlich. Das Wort „ausnutzen" enthält jedoch die Voraussetzung eines zumindest bewussten Vorgehens. Entscheidend ist also, dass sich der oder die Täter über den Zusammenhang und den negativen Einfluss auf das Arbeitsverhältnis des Betroffenen zumindest im Klaren sind.[39] Wenn Herr X Frau Y gelegentlich nicht

---

[35] Vgl. oben Rn. 7.

[36] Hier gilt dasselbe wie bei der Abgrenzung zum normalen Umgang; im Einzelnen unten Rn. 45 ff.

[37] Zur Beweislast unten Rn. 308 ff.

[38] LAG Thüringen 10. 4. 2001 – 5 Sa 403/00, NZA-RR 2001, 347.

[39] Ähnlich das OLG Stuttgart 28. 7. 2003 – 4 U 51/03, NVwZ-RR 2003, 715, Zusammenfassung bei *Wagner/Bergmann* AiB 2004, 103 (110), wo ein

grüßt, kann das Gedankenlosigkeit sein. Mobbing liegt nur vor, wenn er sie – als Vorgesetzter oder Teil einer Gruppe – bewusst schneidet.

Durch dieses Erfordernis wird auch die **Beweisnot** des Betroffenen nicht unerträglich. Erstens wird bei einer Vielzahl von Ereignissen meist der prima-facie-Beweis für ein entsprechendes Bewusstsein sprechen. Zweitens wird man es in extrem gelagerten Fällen genügen lassen, wenn dem „Täter" die Folgen seines Verhaltens vielleicht nicht positiv bewusst sind, aber zumindest bewusst sein müßten.

2. Rechtsgutsverletzung

Nach den herrschenden Definitionen scheidet Mobbing bei einem folgenlosen Verhalten aus, das Verhalten muss also zumindest zu einer **Verletzung eines Rechtsguts** des Betroffenen geeignet sein.[40] Dieses Merkmal grenzt Mobbing von anderem menschlichen Verhalten ab, das von dem Betroffenen als negativ empfunden wird, beispielsweise bloßer Unhöflichkeit oder berechtigter Kritik an mangelhafter Arbeitsleistung. **40**

Gleichzeitig werden damit solche Sachverhalte ausgeschieden, bei denen eine besondere **Rechtsfolge** nicht in Betracht kommt: Wer kein Rechtsgut verletzt, macht sich grundsätzlich nicht schadensersatzpflichtig und liefert keinen Kündigungsgrund. Jedoch bedeutet dieses Merkmal keineswegs, dass bei definitorischem Vorliegen von Mobbing regelmäßig bestimmte Rechtsfolgen eintreten. So kann ein bestimmtes Verhalten das allgemeine Persönlichkeitsrecht verletzen, aber durch Interessen des „Täters" gerechtfertigt sein.[41] Andererseits kann eine Vertragsverletzung eine Kündigung rechtfertigten, auch wenn damit keine konkrete Rechtsgutsverletzung verbunden ist – dann liegt aber kein Mobbing vor. **41**

Verletztes Rechtsgut in Mobbingfällen sind insbesondere **Gesundheit und Körper** – so bei psychosomatischen Erkrankungen oder auch bei tätlichen Übergriffen. Eine besondere Rolle spielt daneben das **Allgemeine Persönlichkeitsrecht,** das bei Beleidigungen und Demütigungen regelmäßig verletzt ist. Ferner kommen Verletzungen des Eigentums – z.B. durch Diebstahl oder Sachbeschädigung – in Betracht. Beim Verlust des Arbeitsplatzes entsteht in der Regel ein Vermögensschaden.[42] **42**

Das Merkmal der Rechtsgutsverletzung ist im Zusammenhang mit den anderen Merkmalen der Definition von Mobbing zu sehen. So dient es **43**

„Schikanewille" verlangt wurde. Hintergrund war ein Amtshaftungsanspruch auf Schadensersatz und Schmerzensgeld gegen einen Polizeibeamten.

[40] Zur Rechtsprechung oben Rn. 16ff.; aus der Literatur ausdrücklich MünchHdb ArbR/*Blomeyer* § 53 Rn. 29; *Range-Ditz* EWiR § 847 BGB 1/02, 373 (374) verlangt sogar einen medizinischen Befund.

[41] Dazu im Einzelnen unten Rn. 105, 156ff.

[42] Zum deliktischen Schutz des „Recht am Arbeitsplatz" und weiteren Schutzgütern unten Rn. 105ff.

zur Bestimmung der **Täter-Opfer-Konstellation.** Insbesondere kommt es aber auch für die Bestimmung der Rechtsgutsverletzung auf das systematische Vorgehen an, den **Gesamtzusammenhang.** Wie erwähnt, folgt die belastende und verletzende Wirkung von Mobbing gerade daraus, dass der Betroffene dauerhaft ungewöhnlich negativ behandelt wird.

44 Wenn sich bereits **Einzelakte** des Mobbings gegen Rechtsgüter des Betroffenen richten – beispielsweise Körperverletzungen, Beleidigungen oder Verleumdungen und Diebstähle – sind diese also in der juristischen Bewertung insgesamt zu betrachten. Außerdem besteht die Besonderheit von Mobbing darin, dass Handlungen, die für sich gesehen keine Rechtsgutsverletzungen enthalten, zu psychosomatischen Gesundheitsschäden führen oder das allgemeine Persönlichkeitsrecht der Betroffenen verletzen können.

45 Für die Bestimmung einer Rechtsgutsverletzung durch Mobbing ist also entscheidend, ob sich die Handlungen in ihrer Gesamtheit vom **normalen Umgang und Verhalten abgrenzen** lassen. In Rechtsprechung und Literatur besteht Einigkeit, dass diese Abgrenzung erstens objektiv und zweitens im jeweiligen Einzelfall zu erfolgen hat.

46 **a) Objektive Betrachtungsweise.** Für das Vorliegen von Mobbing ist nach der Literatur nicht auf das subjektive Empfinden des Opfers abzustellen, sondern auf eine **objektive Betrachtungsweise.**[43] Daran ist richtig, dass besondere Empfindlichkeit oder ein besonderes Bedürfnis nach Respekt grundsätzlich nicht schutzbedürftig sind. Allerdings kann Mobbing auch gezielt Situationen ausnutzen, in denen Betroffene – z.B. wegen Krankheit oder Verlust eines Angehörigen – besonders belastet sind. Bei der objektiven Betrachtung muss daher auch die individuelle Situation des Betroffenen berücksichtigt werden.

47 Ein Urteil des LAG Berlin scheint allerdings in die entgegengesetzte Richtung zu gehen. In der Entscheidung wurden Ersatzansprüche der Klägerin wegen behaupteter Verletzungshandlungen abgelehnt, da die Verletzungen nach ihrer Erkrankung stattgefunden hätten und die Klägerin außerdem unstreitig „unter dem Tod ihrer Mutter […] und dem Tod ihres Neffen litt“.[44] In dieser Entscheidung ging es allerdings vor allem um den Nachweis der **Kausalität** der Mobbinghandlungen für die Erkrankung der Klägerin. Auch unter dieser Prämisse ist sie jedoch zweifelhaft, da auch ein arbeitsunfähig erkrankter Mensch sich in aller Regel seinem Arbeitsplatz verbunden fühlt und daher unter arbeitsplatzbezogenen Maßnahmen wie Abmahnungen leiden kann. Im Gegenteil ist es besonders wirkungsvoll, perfide und in der Praxis nicht selten, wenn Mob-

---

[43] *Schneppendahl* AiB 2002, 302 (303) m.w.N.; zum Persönlichkeitsrecht *Rieble/Klumpp* ZIP 2002, 369 (372).

[44] LAG Berlin 1. 11. 2002 – 19 Sa 940/02, NZA-RR 2003, 232 (234).

bing auch und gerade nach einer Erkrankung des Betroffenen fortgesetzt wird.

b) Einzelfallbetrachtung. Bei der Einzelfallbetrachtung kommt es auf die **Art des Betriebes** und den üblichen Umgang an. So mag es in einigen Betrieben beispielsweise üblich sein, nicht zu grüßen. Ein Boxhieb in die Rippen kann in einer Kfz-Werkstatt freundschaftlicher Umgang sein, in einer Bank eine Demütigung. Anhaltspunkte geben Listen wie die von *Leymann* erstellte Liste der 45 Mobbinghandlungen.[45] Jedoch ermöglichen sie keine eindeutige Abgrenzung, da nicht alle beschriebenen Handlungen zwingend eine feindliche oder auch nur negative Einstellung dem Betroffenen gegenüber zum Ausdruck bringen und erst recht nicht alle zur Verletzung eines Rechtsgutes führen. 48

Gegenstand von Gerichtsentscheidungen war bereits mehrfach die Frage, ob **arbeitsrechtliche Maßnahmen** wie Versetzungen, Abmahnungen und insbesondere Weisungen Mittel des Mobbings sein können. Während das nach einem der Urteile der Fünften Kammer des LAG Thüringen aus dem Jahr 2001 grundsätzlich möglich ist,[46] finden sich in anderen Gerichtsentscheidungen restriktivere Aussagen. 49

So geht ein Urteil des LAG Nürnberg davon aus, auch fehlerhafte Weisungen seien nicht pflichtwidrig und damit keine Maßnahme des Mobbings; der Arbeitgeber sei auch nicht aus Gründen der Fürsorgepflicht gehalten, seine Weisungen zu überprüfen.[47] In einer Entscheidung des LAG Schleswig-Holstein wird betont, bei Konflikten zwischen Mitarbeitern stehe dem Arbeitgeber ein Ermessensspielraum zu, wie er reagieren will.[48] Nach einem Urteil des Arbeitsgerichts Lübeck aus dem Jahr 2000 können arbeitsrechtlich zulässige Maßnahmen wie Versetzungen grundsätzlich nicht Gegenstand eines Schmerzensgeldanspruchs sein.[49]

Diese Zurückhaltung ist berechtigt; sie ergibt sich aus dem **Weisungsrecht des Arbeitgebers.** Ein Arbeitgeber muss beispielsweise Versetzungen auch versuchen dürfen und zwar u. U. auch mehrfach. Ähnliches 50

---

[45] Dazu oben Rn. 1; eine ähnliche, ausführlichere Liste findet sich bei *Esser/Wolmerath* Mobbing S. 26ff.

[46] LAG Thüringen 10. 4. 2001 – 5 Sa 403/00, NZA-RR 2001, 347.

[47] LAG Nürnberg 2. 7. 2002 – 6 (3) Sa 154/01, NZA-RR 2003, 121; ähnlich ArbG Duisburg 29. 6. 2000 – 1 Ca 1152/00, NZA-RR 2001, 304 zur Zuweisung eines anderen Arbeitsortes.

[48] LAG Schleswig-Holstein 12. 2. 2002 – 5 Sa 409c/01, DB 2002, 1056. Im Entscheidungsfall ging es um eine Umsetzung als Reaktion auf immer wiederkehrende Auseinandersetzungen zwischen Mitarbeitern.

[49] ArbG Lübeck 7. 9. 2000 – ÖD 2 Ca 1850 b/00, AuA 2001, 138. Das Arbeitsgericht nennt als weitere Beispiele Abmahnungen und das Versagen beruflicher Fortbildung. In dieser Allgemeinheit ist die Entscheidung deutlich zu restriktiv. Restriktiv dagegen aus nachvollziehbaren Gründen LAG Berlin 14. 11. 2002 – 16 Sa 970/02, NZA-RR 2003, 523 (525).

gilt für Abmahnungen oder Kündigungen.[50] Wenn jede rechtswidrige Maßnahme den Arbeitgeber automatisch unter Mobbingverdacht bringt, würde daraus eine zusätzliche Rechtmäßigkeits- und u. U. sogar Zweckmäßigkeitskontrolle der Weisungen folgen, und bei Irrtümern des Arbeitgebers über die Rechtslage könnten die betroffenen Arbeitnehmer regelmäßig Unterlassungs- und Schadensersatzansprüche geltend machen.

Im Urteil der Fünften Kammer des LAG Thüringen wird danach abgegrenzt, ob eine „von der Rechtsordnung nicht gedeckte Zielsetzung" vorliegt, die insbesondere dann vorhanden sein soll, wenn Weisungen o. ä. zielgerichtet als Mittel eingesetzt werden, um den Arbeitnehmer „selbst zur Aufgabe seines Arbeitsplatzes zu bringen".[51] Problematisch an dieser Abgrenzung ist, dass sie vorrangig auf den Willen des Mobbingtäters abstellt, der kaum beweisbar und für den Effekt auf den Betroffenen nicht entscheidend ist. Überdies kann Mobbing auch andere Ziele haben, z. B. das Verhindern einer Beförderung.

51 Besser zur Abgrenzung geeignet ist eine Formulierung aus einer Entscheidung des LAG Berlin. Danach muss für einen Schadensersatzanspruch wegen Mobbings erkennbar sein, „dass Maßnahmen des Arbeitgebers [...] gegen die Person des Arbeitnehmers gerichtet waren und nicht bloß den Inhalt oder den Bestand des Arbeitsverhältnisses betrafen".[52] Einen Anhaltspunkt für die Abgrenzung bietet die Überlegung, ob der Maßnahme nach den Umständen eine **Symbolwirkung** zukommt, die den Niedergang, die Ausgrenzung oder Demütigung des Betroffenen zum Ausdruck bringt oder der Zermürbung dient.[53] Beispiele aus der Praxis bilden die Zuweisung eines Arbeitsplatzes in der Schalterhalle für einen Bankdirektor,[54] die tägliche Zustellung verschiedener Abmahnungen während einer schweren Erkrankung des Betroffenen[55] sowie allgemein unnötig beleidigende Wortwahl oder das „Herunterputzen" vor anderen.

52 **c) Beispiele aus der Rechtsprechung.** Weitere Beispiele aus der Rechtsprechung können Anhaltspunkte für die Abgrenzung von normalem Verhalten und Rechtsgutsverletzung durch Mobbing geben.[56] Die Reihenfolge richtet sich nach dem Entscheidungsdatum.

---

[50] *Rieble/Klumpp* ZIP 2002, 369 (373, 374 f.).

[51] LAG Thüringen 10. 4. 2001 – 5 Sa 403/00, NZA-RR 2001, 347.

[52] LAG Berlin 17. 1. 2003 – 6 Sa 1735/02, EZA-SD 2003 Nr. 6, 10.

[53] LAG Schleswig-Holstein 12. 2. 2002 – 5 Sa 409c/01, DB 2002, 1056; *Hahn* Anm. zu LAG Rheinland-Pfalz 16. 8. 2001 – 6 Sa 415/01, AiB 2002, 641 (644 f).

[54] So im Sachverhalt von LAG Rheinland-Pfalz 16. 8. 2001 – 6 Sa 415/01, NZA-RR 2002, 121.

[55] Allerdings nicht, wenn dem tatsächliche Pflichtverletzungen zugrunde liegen, so LAG Berlin 1. 11. 2002 – 19 Sa 940/02, NZA-RR 2003, 232 (234).

[56] Zu weiteren Beispielen *Wagner/Bergmann* AiB 2004, 103 und insbesondere aus der österreichischen Rechtsprechung *Smutny/Hopf* DRdA 2003, 110 (117 ff.).

Sachverhalte, die für Mobbing sprechen: 53

- Serienabmahnungen (hier neun Abmahnungen innerhalb von neun Tagen).[57]
- Veröffentlichung (wahrer) Informationen über ein Disziplinarverfahren, ohne dass ein überwiegendes Informationsbedürfnis bestand.[58]
- Beleidigung mit Kraftausdrücken und körperliche Misshandlungen (Schläge, Zwang, Kaffee heiß zu trinken).[59]
- Wiederholte verbale Beleidigungen, Beschimpfungen und Demütigungen („Sie lahmes Arschloch", „Können Sie denn überhaupt nichts richtig machen"). Verstärkt durch (1) Anwesenheit von anderen, (2) die Tatsache, dass das Opfer dem Mobbingtäter als Vorgesetztem zur Ausbildung anvertraut war und (3) die Fortführung der Attacken nach Rückkehr von streßbedingter Krankheit.[60]
- Totalentzug der Beschäftigung oder nicht arbeitsvertragsgemäße Beschäftigung, eingesetzt als Mittel der Zermürbung. Nicht entscheidend ist, ob der Betroffene dadurch einen finanziellen Nachteil erleidet.[61]
- Häufig wiederholte Besprechungen zur Kontrolle der Arbeit, die nicht aus sachlichen Gründen gerechtfertigt sind; Ausschreibung der Stelle der Betroffenen am schwarzen Brett, demonstratives Zuhalten der Nase und Wegschauen beim Vorübergehen.[62]
- Wechsel von monatelanger Nichtbeschäftigung und dem Erfordernis ständiger Tätigkeitsnachweise; Weisung, permanent Mitarbeiterschulungen durchzuführen, die dann auf Video aufgezeichnet werden; Arbeitsplatz in der Schalterhalle für Bankdirektor, beleidigende schriftliche Beurteilungen.[63]
- Ehrverletzende Behandlung, indem der Untergebene körperlich in eine gebückte Haltung gezwungen und dabei mit angeblichen Fehlern konfrontiert wird.[64]

---

[57] ArbG Kiel 16. 1. 1997 – 5d Ca 2306/96, n. v. (s. *Smutny/Hopf* DRdA 2003, 110 [118]; *Wagner/Bergmann* AiB 2004, 103 [105f.]).

[58] Österreichischer OGH 25. 6. 1997 – 8 ObA 187/97a, DRdA 1998, 58.

[59] LAG Sachsen-Anhalt 27. 1. 2000 – 9 Sa 473/99, n. v. (s. AiB 2004, 105; *Smutny/Hopf* DRdA 2003, 110 [118]).

[60] LAG Thüringen 15. 2. 2001 – 5 Sa 102/00, NZA-RR 2001, 577.

[61] LAG Thüringen 10. 4. 2001 – 5 Sa 403/00, NZA-RR 2001, 347; s. auch ebendort S. 277, wo obiter mögliche Mobbinghandlungen aufgezählt werden.

[62] LAG Baden-Württemberg 27. 7. 2001 – 5 Sa 72/91, n. v. (s. PersR 2002, 9 und *Smutny/Hopf* DRdA 2003, 110 [118f.]); ähnlich auch LAG Thüringen 10. 4. 2001 – 5 Sa 403/00, NZA-RR 2001, 347 und LAG Rheinland-Pfalz 16. 8. 2001 – 6 Sa 415/01, NZA-RR 2002, 121 zugrundeliegende Sachverhalt.

[63] LAG Rheinland-Pfalz 16. 8. 2001 – 6 Sa 415/01, NZA-RR 2002, 121.

[64] BVerwG 11. 6. 2002 – 2 WD 38/01, NVwZ-RR 2002, 851 (Kurzwiedergabe in AiB 2004, 111). Hintergrund des Urteils war das Dienstvergehen eines vorgesetzten Soldaten.

- Fortgesetzte anstößige Beleidigungen einer Untergebenen.[65]
- Nichtübermittlung von Unterlagen, Falschinformation, Erteilung ungeeigneter Weisungen.[66]
- Diskreditieren vor Dritten; dem Arbeitnehmer wird vor Augen gehalten, dass er am Arbeitsplatz nicht erwünscht ist. Besonderer Arbeitsdruck des Arbeitgebers ist dabei keine Rechtfertigung.[67]
- Tätliche Angriffe, geringschätzige Behandlung, Ausschluss von der Kommunikation, Beleidigung, Diskriminierung.[68]

54 **Sachverhalte, die gegen Mobbing sprechen:**

- Ausübung des Direktionsrechts des Arbeitgebers hinsichtlich des Arbeitsorts.[69]
- Nur einzelne Vertragsverstöße; Rechtsmittel, die bei juristischem Vorgehen des Betroffenen eingelegt werden.[70]
- Bloßes Anhalten zur Erfüllung der arbeitsvertraglichen Pflichten.[71]
- Ausübung des Direktionsrechts durch Zuweisung neuer Aufgaben im Rahmen von Berufsbild und Vergütungsgruppe; erst recht, wenn damit auf Konflikte in der Belegschaft reagiert wird.[72]
- Handlungen, deren Ursache im Verhalten des Betroffenen liegen – im Entscheidungsfall wurde eine Altenpflegerin zu schnellerem Arbeiten angehalten.[73]
- Weitergabe von subjektiven Auffassungen und Wertung der Leistung durch den Vorgesetzten.[74]
- Fehlerhafte Weisungen, wie die Arbeitsleistung zu erbringen ist – auch dann, wenn der Vorgesetzte die Fehlerhaftigkeit hätte erkennen können und der Arbeitnehmer ihn darauf hinweist.[75]
- Unterdurchschnittliche Beurteilungen, soweit sie jeweils unterschiedliche Ursachen haben.[76]

---

[65] BGH 1. 8. 2002 – III ZR 277/01, NZA 2002, 1214.

[66] Österreichischer OGH 17. 10. 2002 – 8 ObA 196/02k, DRdA 2003, 175.

[67] ArbG Dresden 7. 7. 2003 – 5 Ca 5954/02, Leitsatz ArbuR 2004, 114; Zusammenfassung *Wagner/Bergmann* AiB 2004, 103 (109).

[68] LAG Rheinland-Pfalz 19. 2. 2004 – 2 Ta 12/04, NZA-RR 2004, 232 (obiter).

[69] ArbG Duisburg 29. 6. 2000 – 1 Ca 1152/00, NZA-RR 2001, 304; ähnlich ArbG Lübeck 7. 9. 2000 – ÖD 2 Ca 1850/b/00, AuA 2001, 138.

[70] LAG Rheinland-Pfalz 16. 8. 2001 – 6 Sa 415/01, NZA-RR 2002, 121.

[71] BAG 13. 12. 2001 – 8 AZR 131/01, NZA 2002, 871.

[72] LAG Schleswig-Holstein 12. 2. 2002 – 5 Sa 409c/01, DB 2002, 1056.

[73] LAG Schleswig-Holstein 19. 3. 2002 – 3 Sa 1/02, NZA-RR 2002, 457; ähnlich LAG Hamm 19. 8. 2002 – 19 Sa 835/01, NZA-RR 2003, 525, wo das Verhalten des Klägers „starke querulatorische Züge" aufwies.

[74] LAG Hamm 25. 6. 2002 – 18 (11) Sa 1295/01, AP BGB § 611 Mobbing Nr. 3 = NZA-RR 2003, 8 (in dieser Allgemeinheit fraglich).

[75] LAG Nürnberg 2. 7. 2002 – 6 (3) Sa 154/01, NZA-RR 2003, 121.

[76] OLG Stuttgart 28. 7. 2003 – 4 U 51/03, NVwZ-RR 2003, 715; Kurzdarstellung *Wagner/Bergmann* AiB 2004, 103 [110]) in einem Amtshaftungsprozess.

– Psychisch bedingte Konfliktsituation führt zu einer Eskalation, auf die der Arbeitgeber mit einem nicht mehr sozialadäquaten Exzess reagiert.[77]

3. Täter-Opfer-Konstellation

Die Definition von Mobbing in einem der Urteile der Fünften Kammer des LAG Thüringen wird folgendermaßen präzisiert: „Ein **wechselseitiger Eskalationsprozess,** der keine klare Täter-Opfer-Beziehung zulässt, steht regelmäßig der Annahme eines Mobbingsachverhalts entgegen".[78] Wie bereits erwähnt, ist die hierarchische oder betriebliche Stellung dabei gleichgültig; auf Täter- wie Opferseite können Arbeitnehmer und Arbeitgeber, Untergebene und Vorgesetzte stehen. Es muss sich auch nicht um einzelne Personen handeln, sondern auf beiden Seiten können ebensogut mehrere stehen. Es müssen sich aber Täter und Opfer bestimmen lassen. Das ist nicht nur im Fall des „gegenseitigen Eskalationsprozesses" ausgeschlossen, sondern auch bei diskriminierenden Handlungen ohne bestimmtes Objekt, beispielsweise der Aussage „Die Verwaltung ist ein einziger Saftladen".[79] 55

a) Abgrenzung vom gegenseitigen Anfeinden. Insbesondere grenzt die Formel der Täter-Opfer-Beziehung Mobbing von dem nicht seltenen Prozess des **gegenseitigen Anfeindens** ab. Ein gegenseitiger Konflikt wird nicht automatisch dadurch zum Mobbing, dass eine Seite darunter leidet oder zu leiden beginnt.[80] Jedoch ist diese Abgrenzung vorsichtig zu handhaben, da Mobbing selten ganz ohne eine in der Person des Betroffenen liegende Ursache stattfinden wird. So hatte das LAG Bremen über einen Fall zu entscheiden, in dem eine Arbeitnehmerin durch Beschwerden ein – bestehendes – Rauchverbot durchsetzte und sich damit unbeliebt machte; die Urteilsbegründung kann ihre Antipathie gegen diese Vorgehensweise kaum verbergen.[81] 56

Daran ist problematisch, dass das Beharren auf bestehenden Rechten und Ansprüchen zwar oft unbeliebt macht und Mobbingmaßnahmen auslöst, aber nach der Rechtsordnung niemand dafür sanktioniert werden darf; für Arbeitgeber ist das im **Maßregelungsverbot** des § 612a BGB ausdrücklich geregelt. Auch ein einmaliges oder vergleichsweise geringfügiges Fehlverhalten darf einen Arbeitnehmer nicht zum „Freiwild" für Mobbing machen. Auf der anderen Seite betont ein Urteil des LAG Ber- 57

[77] LAG Thüringen 10. 6. 2004 – 1 Sa 148/01, ZTR 2004, 596; s. auch LAG Schleswig-Holstein 1. 4. 2004 – 3 Sa 542/03, NZA-RR 2005, 15.

[78] LAG Thüringen 10. 4. 2001 – 5 Sa 403/00, NZA-RR 2001, 347 (Ls. 5); ähnlich *Hüske-Wagner/Wagner* AiB 2004, 89 (91).

[79] Vgl. *Kollmer,* Mobbing im Arbeitsverhältnis, Rn. 26.

[80] *Rieble/Klumpp* ZIP 2002, 369 (370).

[81] LAG Bremen 17. 10. 2002 – 3 Sa 78/01, NZA-RR 2003, 234 (236).

lin, es sei kaum möglich, einen Arbeitnehmer rechtlich fehlerfrei zu behandeln, der ein „vollkommen übersteigertes Bewusstsein seiner vermeintlichen Rechte als Arbeitnehmer hat" und außerdem „starke querulatorische Züge aufweist".[82]

58 Mobbing scheidet daher in allen Fällen von vornherein aus, in denen keiner der Beteiligten eindeutig die Schwelle zu einer Täter-Opfer-Beziehung überschritten hat. Das kann bei einem allgemein **schlechten Betriebsklima** mit gegenseitigen Unfreundlichkeiten der Fall sein.[83] Auch negative Reaktionen von Vorgesetzten und Kollegen auf mangelhafte Arbeitsleistung sind grundsätzlich noch kein Mobbing.[84] In einem Urteil des LAG Rheinland-Pfalz wird Mobbing auch dann abgelehnt, wenn ein Vorgesetzter generell zur Führung von Menschen ungeeignet ist und sich unbeherrscht verhält, ohne eine bestimmte Person angreifen zu wollen.[85]

59 Fasst man diese Urteile zusammen, lassen sich **negative Reaktionen** auf ein bestimmtes Vorverhalten in zwei Stufen vom Mobbing abgrenzen. Erstens stellt sich – ähnlich wie bei der Abgrenzung von Mobbing und normalem Verhalten – die Frage, ob Kritik unnötig demütigend und beleidigend vorgebracht wird.[86] Gehören derartige Reaktionen zum normalen Umgangston des Vorgesetzten oder des Betriebs allgemein, ist auf einer zweiten Stufe zu fragen, ob der Betroffene darüber hinaus besonders angegriffen ist. Ein starkes Indiz liegt immer vor, wenn die Reaktion eine **ausgrenzende Wirkung** hat.[87]

60 **b) Berücksichtigung des Verhaltens des Betroffenen.** Fehlerhaftes und schuldhaftes Vorverhalten des Betroffenen schließt also eine Täter-Opfer-Beziehung und damit das Vorliegen von Mobbing nicht grundsätzlich aus. Das Vorverhalten ist dann aber auf der Ebene der Rechtsfolgen zu berücksichtigen. Bei Schadensersatz- und Schmerzensgeldansprüchen gilt im Fall des **Mitverschuldens** § 254 BGB. Danach kann der Geldanspruch prozentual zu kürzen sein und im Fall des überwiegenden Mitverschuldens auch ganz entfallen.[88] Auch die Wirksamkeit einer ver-

---

[82] LAG Berlin 14. 11. 2002 – 16 Sa 970/02, NZA-RR 2003, 523.

[83] Ein derartiger Sachverhalt liegt offenbar der Entscheidung LAG Schleswig-Holstein 19. 3. 2002 – 3 Sa 1/02, NZA-RR 2002, 457 zugrunde.

[84] Vgl. LAG Hamm 25. 6. 2002 – 18 (11) Sa 1295/01, AP BGB § 611 Nr. 3 = NZA-RR 2003, 8; LAG Schleswig-Holstein 19. 3. 2002 – 3 Sa 1/02, NZA-RR 2002, 457 (458).

[85] LAG Rheinland-Pfalz 19. 2. 2004 – 2 Ta 12/04, NZA-RR 2004, 232 (233 f.).

[86] Oben Rn. 46 ff.

[87] *Wolmerath,* Mobbing im Betrieb, Rn. 20 hält die Ausgrenzung sogar für ein begriffsbestimmendes Merkmal des Mobbing. Wie oben Rn. 20 ausgeführt, wird der Mobbingbegriff dadurch allerdings zu eng.

[88] Zu den Kriterien Palandt/*Heinrichs* § 254 Rn. 45 ff.

haltensbedingten Kündigung des Mobbingopfers oder Täters hängt von einer **Interessenabwägung** ab. Bei gegenseitigen Konflikten ist bei der Interessenabwägung das Verhalten beider Seiten zu berücksichtigen.[89]

Auf diese Weise kann auch ein Verhalten einbezogen werden, das **61** zwar nicht die Ursache für Mobbing gesetzt hat, aber den Effekt unnötig **verstärkt.** Ein Beispiel lässt sich einer Entscheidung des LAG Bremen entnehmen: Die klagende Arbeitnehmerin hatte nach ihrer Rückkehr aus dem Urlaub ein Schild mit der Aufschrift „Ekel" in der Nähe ihres Arbeitsplatzes aufgehängt vorgefunden. Statt es einfach abzunehmen, ließ sie es wochenlang hängen und machte so aus einem geschmacklosen Scherz eine Dauerbelastung.[90]

Keine Rolle spielt nach einer Entscheidung des LAG Schleswig- **62** Holstein die „Schuldfrage" und die Täter-Opfer-Stellung für die **Konsequenzen,** die ein Arbeitgeber als Reaktion auf Konflikte in der Belegschaft zieht. Nach dem Urteil hat der Arbeitgeber bei derartigen Maßnahmen – im Entscheidungsfall eine Versetzung – einen Ermessensspielraum. Es muss nicht zwingend der „Schuldige" versetzt werden.[91]

III. Juristische Relevanz des Mobbingbegriffs

In dem Urteil der Ersten Kammer des LAG Thüringen aus dem Jahr **63** 2004 wird eines der Urteile der Fünften Kammer desselben Gerichts „als in Form und Inhalt angreifbar" bezeichnet. Dabei nimmt die Urteilsbegründung der Ersten Kammer ausdrücklich Bezug auf „Aussagen allgemeinster Art zum Persönlichkeitsrecht und zum Begriff Mobbing einschließlich einer möglichst alle denkbaren Fälle umfassenden Definition". Verfahren mit Mobbingbezug entschieden sich „in der Regel an dem im Einzelfall gegebenen Sachverhalt und nicht an Rechtsfragen".[92] War die eben unternommene **Definition von „Mobbing"** also überflüssig?

Die Urteile der Fünften Kammer des LAG Thüringen aus dem Jahr **64** 2001 sind bereits mehrfach kritisiert worden. Auch das Urteil der Ersten Kammer ist jedoch durchaus angreifbar. So entscheidet in Gerichtsverfahren weder der Sachverhalt noch die Rechtsfragen allein, sondern die Subsumtion des Sachverhalts unter Rechtsnormen. Widersprüchlich ist die Kritik an der Definition der Fünften Kammer, da die Erste Kammer selbst das Vorliegen von Mobbing anhand der noch wesentlich vageren

---

[89] Mobbing begründet grundsätzlich keinen Sonderkündigungsschutz, LAG Frankfurt 21. 2. 2003 – 12 Sa 561/02, NZA-RR 2004, 356. Im Einzelnen zu Fragen der Kündigung unten Rn. 258 ff., 284 ff.

[90] LAG Bremen 17. 10. 2002 – 3 Sa 78/01, NZA-RR 2003, 234 (236).

[91] LAG Schleswig-Holstein 12. 2. 2002 – 5 Sa 409c/01, DB 2002, 1056.

[92] LAG Thüringen 10. 6. 2004 – 1 Sa 148/01, ZTR 2004, 596 (597).

Definition des BAG aus dem Jahr 1997 ablehnt – konkret ging es um das Erfordernis eines systematischen Vorgehens.[93]

65 Zutreffend ist sicherlich, dass die Definition der Fünften Kammer des LAG Thüringen vergleichsweise vage ist. Sie ermöglicht es aber – wie gezeigt – immerhin, Sachverhalte auszusondern, bei denen Mobbing von vornherein nicht in Betracht kommt und war unter diesem Aspekt auch Grundlage mehrerer Urteile. Ihre besondere Leistung besteht aber darin, die auch in der Entscheidung des BAG erwähnte **systematische Vorgehensweise** zu erfassen, indem bei der Subsumtion unter die jeweiligen Rechtsgrundlagen nicht die einzelnen Mobbingakte für sich betrachtet werden, sondern ihre Gesamtheit.

Auf diese Weise können **Mobbingkomplexe** erfasst werden, bei denen die einzelnen Akte nicht juristisch relevant sind. Es können aber auch solche Komplexe zusammengefasst werden, bei denen alle oder einzelne Einzelakte bereits besondere Rechtsfolgen haben – beispielsweise Schadensersatzansprüche oder Kündigungsgründe. Wie erörtert, ist daran ungeachtet der Kritik aus der Literatur festzuhalten, da anderenfalls die besonderen Methoden und Folgen des Mobbings am Arbeitsplatz nicht erfasst werden können.[94]

66 Somit macht die Zusammenfassung der Einzelakte das Wesen des Mobbingbegriffs aus, während die anderen Elemente der Definition mehr der **negativen Abgrenzung** dienen. Vereinfacht gesagt ist Mobbing also die Zusammenfassung einzelner systematischer Handlungen minus der Handlungen und Handlungskomplexe, die kein Rechtsgut verletzen; minus der Akte des gegenseitigen Anfeindens.

67 Eine präzisere Definition ist zwar nicht möglich, aber auch nicht erforderlich, weil nach allgemeiner Auffassung im deutschen Recht Mobbing selbst **keine Anspruchsgrundlage** darstellt. So können Handlungskomplexe definitorisch Mobbing sein, aber keine besondere Rechtsfolge haben; andere können zwar eine Kündigung, aber keine Schadensersatzansprüche rechtfertigen oder umgekehrt.

68 Auch im Mobbingfällen findet also eine **gewöhnliche Rechtsanwendung** statt – allerdings eine Rechtsanwendung mit Sonderproblemen. Unterschiedliche Fälle können unterschiedliche Rechtsfolgen haben. Die folgenden Ausführungen und Anspruchsgrundlagen gelten daher keineswegs pauschal für alle Fälle, in denen definitorisch Mobbing vorliegt, sondern zeigen nur Möglichkeiten der Rechtsanwendung auf.

---

93 Im Einzelnen oben Rn. 16.

94 Oben Rn. 25ff.

2. Teil: Mobbing im Individualarbeitsrecht

Nach allgemeiner Ansicht ist Mobbing im deutschen Recht keine Anspruchsgrundlage.[1] Die eben erwähnten Definitionen haben daher vor allem die Funktion der negativen Abgrenzung, schließen also diejenigen Sachverhalte aus, die von vornherein nicht als Mobbing anzusehen sind (z.B. Einzelakte, gegenseitiges Anfeinden). Aber auch dann, wenn danach Mobbing bejaht wird, steht noch nicht fest, welche Rechtsfolgen sich daraus ergeben. 69

Da es kein einschlägiges Sondergesetz gibt, hängen die Rechtsfolgen von Mobbing davon ab, welche **Anspruchsgrundlagen** und andere Rechtsgrundlagen in Betracht kommen und ob ihre Voraussetzungen erfüllt sind. So kann eine Mobbinghandlung zwar einen Unterlassungsanspruch, aber nicht einen Anspruch auf Schmerzensgeld begründen; es kann eine ordentliche Kündigung, aber keine außerordentliche Kündigung des Täters gerechtfertigt sein. Gegenstand des folgenden Teils sind daher die Voraussetzungen, unter denen Mobbing bestimmte individualarbeitsrechtliche und haftungsrechtliche Folgen auslösen kann.

C. Überblick

Die **Rechtsfolgen des Mobbings** im Arbeitsrecht können in Ansprüchen und Gestaltungsrechten der durch das Mobbing Betroffenen oder in Sanktionen für Täter bestehen. Wie erwähnt, können Täter sowohl Arbeitgeber als auch Kollegen sein. Auf der anderen Seite kann der Arbeitgeber aber auch Geschädigter sein: in den seltenen Fällen des „Mobbings gegen den Chef" und vor allem dann, wenn er durch Mobbing Schäden erleidet, beispielsweise Entgeltfortzahlung für erkrankte Arbeitnehmer. Je nachdem, welche Konstellationen vorliegen, kommen unterschiedliche Ansprüche und Rechte in Betracht. 70

---

[1] So ausdrücklich LAG Berlin 1. 11. 2002 – 19 Sa 940/02, NZA-RR 2003, 232.

I. Mögliche Konstellationen

1. Mobbing durch den Arbeitgeber

71 Mobbing durch den **Arbeitgeber** bildet auf den ersten Blick die einfachste Konstellation, weil es hier nur einen möglichen Anspruchsgegner gibt: Der Arbeitgeber ist Adressat von deliktischen und vertraglichen Schadensersatz- und Schmerzensgeldansprüchen, an ihn ist ggf. eine außerordentliche Kündigung zu richten. Da Mobbing eine Vertragspflichtverletzung darstellt, kann der Arbeitnehmer auch ein Zurückbehaltungsrecht gemäß § 273 BGB an seiner Arbeitsleistung geltend machen. Allerdings kann der Arbeitgeber, anders als der mobbende Kollege, selbstverständlich nicht entlassen werden.

72 Daher darf der Arbeitgeber nicht mit dem bloßen **Vorgesetzen** verwechselt werden. Arbeitgeber ist nur derjenige, der Vertragspartner des Arbeitnehmers ist.[2] Das kann eine natürliche Person sein, beispielsweise der Inhaber eines kleinen Handwerksbetriebs. Juristische Personen haften nach §§ 31, 89 BGB für deliktische Handlungen oder Vertragspflichtverletzungen ihrer Organe.[3] Dabei gilt § 31 BGB für alle zivilrechtlichen juristischen Personen und ist auch auf die OHG und KG entsprechend anzuwenden.[4] Mobbing durch den Arbeitgeber liegt bei einer Personengesellschaft also vor, wenn einer ihrer Gesellschafter tätig wird, bei der GmbH ein Geschäftsführer, bei einer AG ein Mitglied des Vorstands. Bei juristischen Personen des öffentlichen Rechts kommt es darauf an, wer ihr verfassungsmäßig berufener Vertreter ist.[5]

2. Mobbing durch Arbeitnehmer

73 Beim Mobbing durch Arbeitnehmer ist in aller Regel der Betroffene ebenfalls **Arbeitnehmer.** Er kann gegen den mobbenden Kollegen vorgehen, unter bestimmten Voraussetzungen auch gegen den Arbeitgeber. Wenn Arbeitnehmer mobben, kommen aber auch Ansprüche des Arbeitgebers in Betracht. Sie können sich aus dem Nachteil ergeben, den der Arbeitgeber durch Mobbing am Kollegen erleidet; der Arbeitgeber kann aber ausnahmsweise auch selbst Opfer von Mobbing sein (sog. „Staffing").

74 **a) Ansprüche von Arbeitnehmern gegen den mobbenden Kollegen.** Gegen den **mobbenden Kollegen** kommen Ansprüche auf Schadenser-

---

[2] Dazu *Otto* Arbeitsrecht Rn. 84a.

[3] *Kollmer,* Mobbing im Arbeitsverhältnis, Rn. 151; *Wolmerath,* Mobbing im Betrieb, Rn. 184.

[4] Palandt/*Heinrichs* § 31 Rn. 3; Erman/*Westermann* § 31 Rn. 1.

[5] Dazu Erman/*Hecker* § 89 Rn. 1, 7; Palandt/*Heinrichs* § 89 Rn. 4ff.

satz und Schmerzensgeld, u. U. auf Unterlassung, Widerruf und Beseitigung in Betracht. Allerdings besteht zwischen den einzelnen Arbeitnehmern kein vertragliches Verhältnis, so dass sich die Anspruchsgrundlagen vorrangig aus dem Deliktsrecht ergeben.[6] Wenn der Betroffene nicht ausnahmsweise Vorgesetzter des mobbenden Kollegen ist, kann er ihm gegenüber auch keine disziplinarischen Mittel anwenden, ihn beispielsweise abmahnen oder kündigen.

b) Ansprüche gegen den Arbeitgeber wegen des mobbenden Kollegen. 75 Wird ein Arbeitnehmer von einem oder mehreren Kollegen gemobbt, können sich daraus auch dann Ansprüche oder Rechte gegen den Arbeitgeber ergeben, wenn dieser am Mobbing nicht beteiligt ist. So kann dem Arbeitgeber das Verhalten seiner Arbeitnehmer zugerechnet werden. Er kann aber auch wegen eigenen Organisationsverschuldens auf Schadensersatz haften. Bei eigenem Vertragsverstoß des Arbeitgebers kommt außerdem ein Zurückbehaltungsrecht in Betracht. Schließlich kann Mobbing durch Kollegen für den betroffenen Arbeitnehmer ein Grund für eine außerordentliche Kündigung des Arbeitsvertrags mit den Folgen des § 628 Abs. 2 BGB sein.

c) Ansprüche des Arbeitgebers wegen Mobbings am Kollegen. Auch 76 der **Arbeitgeber** kann durch Mobbing an einem seiner Arbeitnehmer geschädigt werden: vor allem durch Entgeltfortzahlung im Krankheitsfall, aber auch dann, wenn der Arbeitnehmer Ersatzansprüche geltend macht oder durch das Mobbing in seiner Leistungsfähigkeit eingeschränkt wird. In solchen Fällen können gegen den oder die Täter deliktische oder vertragliche Schadensersatzansprüche geltend gemacht werden. Außerdem hat der Arbeitgeber die Möglichkeit, gegen mobbende Arbeitnehmer disziplinarisch vorzugehen. Er kann sie abmahnen, versetzen oder andere Weisungen erteilen. In letzter Konsequenz ist auch eine außerordentliche oder ordentliche Kündigung möglich.

d) Ansprüche des Arbeitgebers wegen Mobbings gegen ihn selbst. 77 Beim sog. **„Staffing"** hat der Arbeitgeber zahlreiche Möglichkeiten, gegen den oder die Täter vorzugehen; daher sind solche Fälle auch sehr selten. Auch dem Arbeitgeber stehen vertragliche wie deliktische Schadensersatzansprüche zu, ggf. ein Zurückbehaltungsrecht hinsichtlich des Entgelts. Zuletzt kann er – wie eben erwähnt – disziplinarisch vorgehen, insbesondere kann er dem Mobbingtäter kündigen.

---

[6] Strittig; im Einzelnen unten Rn. 222ff.

II. Anspruchsarten

78 Mobbingfälle unterscheiden sich nicht nur nach der Konstellation von Anspruchsteller und Anspruchsgegner. Je nachdem, welche Mittel im Einzelfall eingesetzt wurden und welche Folgen für den Betroffenen entstanden sind, kommt auch eine Vielzahl unterschiedlicher **Anspruchsgrundlagen,** Zahlungsansprüche und anderer Rechte in Betracht. Sie sollen im Folgenden im Überblick dargestellt werden; in den Abschnitten D. bis H. werden die Rechtsfragen im Einzelnen behandelt.

1. Ansprüche auf Schadensersatz

79 Von besonderer praktischer Bedeutung sind in Mobbingfällen Ansprüche auf Ersatz des entstandenen **Schadens.** Dabei kommen als verletzte Rechtsgüter vor allem Gesundheit, Körper und Eigentum in Betracht, außerdem Vermögensschäden und die Verletzung des allgemeinen Persönlichkeitsrechts. Wie erwähnt können sich Schadensersatzansprüche gegen den mobbenden Arbeitgeber oder Kollegen selbst richten, aber auch – über Zurechnung oder wegen Organisationsverschuldens – gegen den selbst am Mobbing nicht beteiligten Arbeitgeber.

80 Sonderregeln gelten für **Beamte:**[7] Nach den allgemeinen Amtshaftungsregeln § 839 Abs. 1 BGB, Art. 34 GG richten sich Ersatzansprüche nur gegen den Dienstherrn. Das gilt nach einer Entscheidung des Bundesgerichtshofs auch für Ersatzansprüche wegen Mobbings. Im Entscheidungsfall ging es um einen Polizeibeamten, der eine Untergebene so lange schikanierte und beleidigte, bis diese sich das Leben nahm. Nach dem Beschluss des BGH kam es nicht darauf an, ob für die Beleidigungen ein dienstlicher Ansatz erkennbar war, entscheidend ist, dass der Anlass die gemeinsame Dienstausübung war. Die Subsidiaritätsklausel des § 839 Abs. 1 Satz 2 BGB werde nur selten eingreifen, weil fahrlässiges Mobbing kaum denkbar sei.[8] In schwerwiegenden Mobbingfällen kann der Dienstherr unter den Voraussetzungen des § 46 BRRG gegen den Beamten Regress nehmen.

81 Für alle übrigen Beschäftigten gelten die **Regeln des BGB.** Hier kommt es vor allem darauf an, ob zwischen den Beteiligten vertragliche Beziehungen bestehen. Ist das nicht der Fall, können reine Vermögensschäden in der Regel nicht ersetzt werden; auch für die Zurechnung des

---

[7] Ausführlich *Wolmerath,* Mobbing im Betrieb, Rn. 187 ff., 296 ff.

[8] BGH 1. 8. 2002 – III ZR 277/01, NZA 2002, 1214; s. auch OLG Stuttgart 28. 7. 2003 – 4 U 51/03, NVwZ-RR 2003, 715–719, Kurzdarstellung *Wagner/ Bergmann* AiB 2004, 103 (110); zum Mobbing unter Soldaten BVerwG 11. 6. 2002 – 2 WD 38/01, NVwZ-RR 2002, 851.

Verhaltens Dritter gelten dann andere Regeln.[9] Vertragliche Beziehungen bestehen insbesondere zwischen den Parteien von Arbeitsverträgen, also dem Arbeitgeber und seinen Arbeitnehmern. In der Literatur wird seit der Schuldrechtsreform vertreten, § 311 Abs. 2 Nr. 3 BGB erfasse auch die Beziehungen zwischen Arbeitnehmern als geschäftsähnliche Kontakte, so dass unter Kollegen vertragsrechtliche Ansprüche entstehen könnten.[10]

Anspruchsgrundlage ist innerhalb vertraglicher Beziehungen vor allem § 280 Abs. 1 BGB, sonst die deliktische Anspruchsgrundlage § 823 Abs. 1 BGB.[11] In beiden Fällen ist der **Schadensersatz** gemäß § 249 BGB auf Naturalrestitution gerichtet, daher kann Schadensersatz beispielsweise auch im **Widerruf** ehrverletzender Behauptungen bestehen.[12] Aus §§ 12, 862, 1004 BGB folgen auch Unterlassungsansprüche für die Zukunft.[13] Unterlassungsansprüche können sich außerdem aus **Sonderregelungen** ergeben. In Betracht kommt das Schikaneverbot § 612a BGB,[14] ferner § 2 BeschSchG, wenn sexuelle Belästigung als Mittel des Mobbings eingesetzt wird.

Einige Mobbingfälle werden möglicherweise von dem Antidiskriminierungsgesetz erfasst werden, das in Umsetzung einiger EG-Richtlinien **82**
geplant ist.[15] Das Gesetz soll auch Schadensersatzansprüche enthalten. Es soll jedoch nur die Diskriminierung aufgrund bestimmter Kriterien betreffen, insbesondere Diskriminierung wegen der Rasse oder ethnischen Herkunft oder wegen des Geschlechts. Unter den bislang bekannt gewordenen Mobbingfällen ist kaum einer, der unter den Entwurf für ein Antidiskriminierungsgesetz zu subsumieren wäre.

2. Ansprüche auf Ersatz des immateriellen Schadens

Ansprüche auf Ersatz des immateriellen Schadens können als **83**
Schmerzensgeldansprüche bei Gesundheitsschäden entstehen. Die größere praktische Bedeutung haben aber Ansprüche auf Ersatz immaterieller Schäden wegen Verletzungen des **Allgemeinen Persönlichkeitsrechts** durch Mobbing. Verletzungen des Persönlichkeitsrechts haben nur selten materielle, sondern in der Regel ausschließlich immaterielle

---

[9] Im Einzelnen unten Rn. 231 ff., 242 ff.

[10] So *Schaub,* Anm. zu OLG Koblenz EWiR § 823 BGB 1/03, 267. Diese Auffassung ist jedoch abzulehnen; dazu unten Rn. 222 ff.

[11] Zu weiteren Anspruchsgrundlagen unten Rn. 116 ff., 134.

[12] *Rieble/Klumpp* ZIP 2002, 369 (376).

[13] Dazu *Kollmer* AR-Blattei SD, 1215 Mobbing Rn. 76 ff.; LAG Thüringen 10. 4. 2001 – 5 Sa 403/00, NZA-RR 2001, 347; LAG Thüringen 15. 2. 2001 – 5 Sa 102/00, NZA-RR 2001, 577.

[14] Dazu LAG Baden-Württemberg 27. 7. 2001 – 5 Sa 72/01, Kurzdarstellung PersR 2002, 9.

[15] Entwurf unter www.spdfraktion.de/rs_datei/0,,4395,00.pdf.

Schäden zur Folge. Außerdem sind die Voraussetzungen von Persönlichkeitsrechtsverletzungen leichter nachzuweisen als die von Gesundheitsschäden, da sich keine Fragen der Kausalität stellen.[16]

84 **Anspruchsgrundlage** auf Ersatz der immateriellen Schäden bei Verletzungen von Körper, Gesundheit, Freiheit und sexueller Selbstbestimmung ist seit dem 1. August 2002 § 253 Abs. 2 BGB.[17] Im Gegensatz zur früheren Regelung in § 847 a.F. BGB können also auch im Rahmen vertraglicher Schuldverhältnisse über § 280 BGB Schmerzensgeldansprüche geltend gemacht werden; damit ist auch eine Zurechnung über § 278 BGB möglich.[18]

85 Bei Verletzung des allgemeinen Persönlichkeitsrechts richtet sich der Anspruch auf Ersatz der immateriellen Schäden nach der neueren Rechtsprechung des BGH nicht nach § 847 a.F. BGB oder nach § 253 BGB, sondern bildet einen auf Artt. 1 Abs. 1, 2 Abs. 1 GG gestützten **Anspruch eigener Art.**[19] Eine Zurechnung ist also bei Verletzung des Persönlichkeitsrechts nur über § 831 BGB möglich.[20]

86 Das allgemeine Persönlichkeitsrecht ist ein sog. **offenes Recht:** Seine Verletzung ist nicht regelmäßig rechtswidrig, sondern die Rechtswidrigkeit muss durch Abwägung der betroffenen Interessen im Einzelfall festgestellt werden.[21] Daraus folgt auch, dass rechtswidrige Verletzungen des Persönlichkeitsrechts eine gewisse Schwelle überschreiten müssen, um eine Entschädigung in Geld erforderlich zu machen.[22]

3. Sonstige Rechte

87 Neben Schadensersatz- und Schmerzensgeldansprüchen können sich bei Mobbing weitere **Gestaltungsrechte** und Ansprüche ergeben. Das gilt vor allem für das Recht zur arbeitnehmerseitigen außerordentlichen und zur arbeitgeberseitigen ordentlichen und außerordentlichen Kündigung. Dem Arbeitgeber stehen außerdem weitere disziplinarische Maßnahmen zur Verfügung, beispielsweise Abmahnung oder Versetzung. Arbeitnehmer können unter den Voraussetzungen des § 273 BGB ein

---

[16] *Rieble/Klumpp* ZIP 2002, 369 (371).

[17] Übergangsregelung Art. 229 § 8 EGBGB.

[18] Im Einzelnen unten Rn. 251 ff.

[19] Grundlegend BGH 15. 11. 1994 – VI ZR 56/94, NJW 1995, 861 = BGHZ 128, 1 (15) unter Bezug auf BVerfG 14. 2. 1973 – 1 BvR 112/65, AP GG Art. 2 Nr. 21; dem folgte auch die Gesetzesbegründung zur Reform des Schadensrechts, s. Gesetzesbegründung, BT-Drucks. 14/7752, S. 25.

[20] *Gaul/Otto* AuA 2002, 539 (542); *Rieble/Klumpp* ZIP 2002, 369 (376 f.); im Einzelnen unten Rn. 255 f.

[21] *Rieble/Klumpp* ZIP 2002, 369 (369, 370, 371; zur Interessenabwägung 374 f.).

[22] *Lorenz* PersR 2002, 65 (70); *Rieble/Klumpp* ZIP 2002, 369 (374); allgemein Palandt/*Thomas* § 823 Rn. 200.

Zurückbehaltungsrecht an ihrer Arbeitsleistung geltend machen. In Extremfällen kann das Mobbing dem Betroffenen die Arbeitsleistung auch unmöglich machen.

a) Kündigung und disziplinarische Maßnahmen. Arbeitnehmern ist eine ordentliche Kündigung stets möglich. Für eine **außerordentliche Kündigung** muss ein wichtiger Grund im Sinne von § 626 BGB vorliegen. Das ist der Fall, wenn das Mobbing den Verbleib am Arbeitsplatz bis zum Ablauf der Kündigungsfrist unerträglich macht. Wurde die Kündigung durch vertragswidriges Verhalten des Arbeitgebers verursacht, kommt darüber hinaus ein Schadensersatzanspruch nach § 628 Abs. 2 BGB in Betracht. **88**

Eine **arbeitgeberseitige Kündigung** wegen Mobbings kann gegen den Verursacher ausgesprochen werden, der selbst Mobbinghandlungen vornimmt oder auch andere dazu auffordert.[23] Sie ist als außerordentliche Kündigung nach § 626 BGB oder als ordentliche verhaltensbedingte Kündigung gemäß § 1 Abs. 2 Satz 1 KSchG möglich. In vielen Fällen wird der Arbeitgeber ein Interesse an außerordentlicher Kündigung haben, um einer weiteren Haftung für die Folgen des Mobbings – über Zurechnung oder eigenes Verschulden – zu entgehen. **89**

Ist die Schwelle der Kündigung nicht erreicht, stehen dem Arbeitgeber andere **disziplinarische Maßnahmen** zur Verfügung: insbesondere die Ermahnung oder Abmahnung, außerdem eine Umsetzung oder Versetzung des Mobbingtäters.[24] Kann mit diesen Maßnahmen der gleiche Erfolg erzielt werden, sind sie grundsätzlich einer Kündigung gegenüber vorrangig.[25] **90**

b) Zurückbehaltungsrecht; Unmöglichkeit. Mobbingopfer betreten naturgemäß ungern ihren Arbeitsplatz, so dass sich oft die Frage stellt, wie sie dies vermeiden können, ohne ihre Pflichten aus dem Arbeitsvertrag zu verletzen. In diesen Fällen kommt vor allem ein **Zurückbehaltungsrecht** nach § 273 BGB in Betracht.[26] Unternimmt ein Arbeitgeber nichts gegen Mobbing durch Kollegen oder ist er selbst tätig, kann der Arbeitnehmer seine Arbeitsleistung ohne Verlust des Lohnanspruchs zurückhalten. Das Zurückbehaltungsrecht muss als Einrede ausdrücklich oder konkludent geltend gemacht werden.[27] **91**

---

[23] *Mühlig-Seel* AuA 2002, 499 (500); ErfKomm/*Müller-Glöge* § 626 BGB Rn. 98 a; zur Anstiftung zum Mobbing *Etzel* ArbuR 2002, 226 (231).

[24] *Hartmann* AuA-PP 11/2003, 8 (12).

[25] Für die Abmahnung von Mobbingtätern ist das umstritten, im Einzelnen unten Rn. 292 f.

[26] *Kollmer* AR-Blattei SD, 1215 Mobbing Rn. 47.

[27] Palandt/*Heinrichs* § 273 Rn. 19 f.; MünchKomm/*Krüger* § 273 Rn. 88 ff.; Erman/*Kuckuk* § 273 Rn. 5.

92 In extremen Fällen besteht die Möglichkeit der **Unmöglichkeit** einer persönlich zu erbringenden Leistung nach § 275 Abs. 3 BGB. Der Arbeitnehmer wird dann von seiner Arbeitspflicht frei, allerdings entfällt gemäß § 326 Abs. 1 BGB grundsätzlich der Anspruch auf Arbeitsentgelt, wenn nicht der Arbeitgeber für den Umstand, der die Unmöglichkeit begründet, ganz oder überwiegend selbst verantwortlich ist. Das Gleiche gilt, wenn man mit einer in der Literatur vertretenen Auffassung Mobbing als Fall der **Unzumutbarkeit** der Arbeitsleistung ansieht. Das Leistungsverweigerungsrecht folgt dann aus § 242 BGB.[28]

93 **c) Ansprüche bei unberechtigter Kündigung.** Oft endet Mobbing mit einer arbeitgeberseitigen Kündigung des Mobbingopfers – als Maßnahme des Mobbings durch den Arbeitgeber oder als (falsche) Reaktion auf die Auseinandersetzung zwischen Kollegen. Oft sind solche Kündigungen unwirksam, da weder ein wichtiger Grund gemäß § 626 BGB noch eine soziale Rechtfertigung nach § 1 KSchG vorliegt. Wenn die Betroffenen **Kündigungsschutzklage** erheben, werden sie aber oft kein Interesse haben, an ihren Arbeitsplatz zurückzukehren. In solchen Fällen hilft die Regelung der §§ 9, 10 KSchG, nach der das Arbeitsgericht auf Antrag des Arbeitnehmers das Arbeitsverhältnis aufzulösen und den Arbeitgeber zu einer angemessenen Abfindung zu verurteilen hat. Nach § 13 Abs. 1, 2 KSchG besteht diese Möglichkeit auch bei außerordentlichen Kündigungen und bei Kündigungen, die gegen die guten Sitten verstoßen.

III. Ansprüche wegen Einzelmaßnahmen des Mobbings

94 Wie oben erörtert, zeichnet sich Mobbing definitorisch durch einen Geschehensablauf aus, der als solcher Rechtsgüter verletzt, auch wenn das die **Einzelmaßnahmen** nicht unbedingt tun müssen. Allerdings kann beispielsweise schon ein einmaliges Beleidigen oder eine Tätlichkeit so schwerwiegend sein, dass sich daraus Schadensersatzansprüche, Ansprüche auf Ersatz des immateriellen Schadens oder ein Grund für eine Kündigung ergeben.[29] Schließlich können auch Einzelakte besondere Rechtsfolgen haben, wie die eben erwähnte Kündigung oder auch die Versetzung des Mobbingopfers.

95 In der Praxis spielt der Rechtsschutz gegen Einzelakte eine große Rolle, da sich Einzelakte oft besser **beweisen** lassen als der gesamte

---

[28] So MünchHdb ArbR/*Blomeyer* § 49 Rn. 45f.; ähnlich auf sozialrechtlicher Grundlage BSG 21. 10. 2003 – B 7 AL 92/02 R, AP SGB III § 144 Nr. 2; dazu Ascheid/Preis/Schmidt/*Steinmeyer* Kündigungsrecht, Die sozialrechtlichen Folgen der Beendigung von Arbeitsverhältnissen, Rn. 488.

[29] *Grünwald/Hille,* Mobbing im Betrieb, S. 128 mit Beispielen für diese Gruppe des sog. „Rechtsschutzes ohne Mobbingzusammenhang".

Mobbingkomplex. Rechtliche Besonderheiten daraus ergeben sich allerdings kaum. So spielt es für den Schadensersatz wegen Gesundheitsschäden keine Rolle, ob sie durch einen einzelnen Mobbingakt oder durch einen längeren Prozess entstanden sind. Die folgenden Ausführungen zu den Ansprüchen von Mobbingopfern gelten daher meist entsprechend, wenn der Tatbestand der Anspruchsnorm bereits durch Einzelakte erfüllt ist. Gelegentlich wird auf mobbingspezifische Einzelakte besonders eingegangen, beispielsweise die Verleumdung des Mobbingopfers.[30]

---

[30] Unten Rn. 212ff.

D. Ansprüche bei Mobbing durch den Arbeitgeber

96 Mobbing durch den **Arbeitgeber** bildet – wie erwähnt – die einfachste Ausgangskonstellation, da es in diesen Fällen nur einen Anspruchsgegner gibt.[1] Gegenüber dem mobbenden Arbeitgeber können zahlreiche Normen eingreifen: Neben deliktischen Ansprüchen bestehen auch vertragliche Ansprüche auf Schadensersatz, Schmerzensgeld und Unterlassung. Außerdem ist der Arbeitgeber Empfänger einer außerordentlichen Kündigung wegen Mobbings und Adressat eventueller Schadensersatzansprüche gemäß § 628 Abs. 2 BGB. Ihm gegenüber ist schließlich auch ein Zurückbehaltungsrecht an der Arbeitsleistung geltend zu machen.

I. Schadensersatzansprüche

97 Schadensersatzansprüche geschädigter Arbeitnehmer und ihrer Angehörigen gegen den Arbeitgeber sind grundsätzlich durch § 104 SGB VII eingeschränkt. Hintergrund dieser Norm ist die gesetzliche Unfallversicherung, deren Beiträge der Arbeitgeber allein trägt, so dass er nicht zusätzlich mit Ersatzansprüchen von Arbeitnehmern belastet werden soll.[2] In Mobbingfällen greift die **Haftungsbeschränkung des § 104 SGB VII** jedoch aus zwei Gründen praktisch nie ein: Erstens gilt die Haftungsbeschränkung ausdrücklich nicht bei vorsätzlichem Handeln, was aber bei zielgerichtetem Mobbing regelmäßig der Fall sein wird. Zweitens erfasst § 104 SGB VII nur Schäden durch Arbeitsunfälle und Berufskrankheiten (Legaldefinition in §§ 8, 9 SGB VII). Mobbingbedingte Schäden werden normalerweise davon nicht erfasst, da sie gerade nicht von der beruflichen Tätigkeit als solcher, sondern durch ihre Begleitumstände ausgelöst werden.[3]

98 Für Schadensersatzansprüche von Arbeitnehmern gegen Arbeitgeber wegen derartiger Schäden existieren keine arbeits- und haftungsrechtlichen Sonderregeln.[4] Es gelten also die allgemeinen Regeln und An-

---

[1] Zur Abgrenzung des Arbeitgebers vom vorgesetzten Kollegen oben Rn. 72.

[2] Ausführlich dazu *Otto/Schwarze,* Die Haftung des Arbeitnehmers, Rn. 520 ff.

[3] So auch vor sozialrechtlichem Hintergrund SG Dortmund 19. 2. 2003 – S 36 U 267/02, Kurzwiedergabe *Hartmann* AuA-PP 11/2003, 8 (13); *Wagner/Bergmann* AiB 2004, 103 (111). Ebenso *Wolmerath,* Mobbing im Betrieb, Rn. 270 f.; *ders.* PersR 2004, 327 (338); differenzierend *Wagner* JZ 2004, 319 (329 f.).

[4] Das Beschäftigtenschutzgesetz erfasst nur den Sonderfall der sexuellen Belästigung. Schadensersatzansprüche ergeben sich aus dem Gesetz ebenfalls nicht, s. u. Rn. 117.

sprüche des BGB. Dabei ist zwischen **vertraglichen und deliktischen Schadensersatzansprüchen** zu unterscheiden. Deliktische Schadensersatzansprüche können gegenüber jedermann entstehen; vertragliche Ansprüche nur innerhalb schuldrechtlicher Verträge oder ähnlicher Sonderbeziehungen (§ 311 BGB). Bedeutung hat die Unterscheidung vor allem, weil § 823 Abs. 1 BGB als wichtigste deliktische Anspruchsgrundlage nicht vor Eingriffen in das Vermögen schützt, während im Rahmen vertraglicher Beziehungen auch Vermögensschäden ersetzt werden können. Unterschiede zwischen vertraglichen und deliktischen Ansprüchen bestehen schließlich bei der Zurechnung von fremdem Handeln und können sich auch bei den Rechtsfolgen ergeben.

1. Deliktische Ansprüche

Als **deliktische Anspruchsgrundlage** bei Mobbing durch den Arbeitgeber ist in der Praxis insbesondere § 823 Abs. 1 BGB von Bedeutung. Ansprüche aus § 823 Abs. 2 BGB i.V.m. einem Schutzgesetz und aus § 826 BGB setzen in der Regel vorsätzliche Schädigung voraus, die meist nicht nachzuweisen sein wird. Daher bildet § 823 Abs. 1 BGB bei den folgenden Ausführungen den Ausgangspunkt; die zusätzlichen Voraussetzungen der übrigen Anspruchsgrundlagen werden gesondert behandelt. **99**

a) Voraussetzungen. aa) Verletztes Rechtsgut. Der Schadensersatzanspruch nach § 823 Abs. 1 BGB setzt voraus, dass eines der in dieser Norm abschließend aufgezählten **Rechtsgüter** verletzt wurde. Dabei muss die Verletzung ursächlich auf eine Handlung – Tun oder Unterlassen – des Anspruchsgegners zurückgeführt werden können. Grundsätzlich muss der Geschädigte im Prozess die Handlung, die Verletzung des Rechtsguts und außerdem die Kausalität zwischen Handlung und Schaden beweisen.[5] **100**

(1) Leben, Körper, Gesundheit. Mobbinghandlungen können sich nahezu gegen sämtliche Rechtsgüter des § 823 Abs. 1 BGB richten. Ein Eingriff ins **Leben** liegt bei einem Selbstmord des Betroffenen vor. Zwar hat der Verstorbene selbst keine Ansprüche mehr, jedoch können die Angehörigen unter den Voraussetzungen des § 844 BGB Ersatzansprüche wegen der Beerdigung und verlorener Unterhaltsansprüche geltend machen; außerdem kommen eigene Schmerzensgeldansprüche in Betracht.[6] Eine Tötung gemäß § 844 BGB liegt auch vor, wenn der Täter durch Verursachung einer traumatischen Neurose die Selbstmordgefahr erhöht.[7] **101**

---

[5] Dazu im Einzelnen unten Rn. 304ff.

[6] Zu Ansprüchen bei Selbsttötung wegen Mobbings BGH 1. 8. 2002 – III ZR 277/01, NZA 2002, 1214 (1215).

[7] Erman/*Schiemann* § 844 Rn. 5; Palandt/*Thomas* § 844 Rn. 3; MünchKomm/*Wagner* § 844 Rn. 13f. mit Nachweisen auch zu Beweiserleichterungen.

102 Eine häufige Folge von Mobbing sind Verletzungen von **Körper** oder **Gesundheit.** Sie können in dreierlei Hinsicht entstehen. Erstens kann eine Körperverletzung durch **einzelne Mobbingakte** ausgelöst werden. Die Beispiele reichen vom unmittelbaren Misshandeln durch Schläge o.ä. bis zum Vorgesetzten, der einen Mitarbeiter trotz Wissens um seine hohen Cholesterinwerte dazu bringt, seinen Pausenkaffee gezuckert zu trinken.[8] Zweitens kann das mobbingtypische andauernde und systematische Vorgehen bei dem Betroffenen **psychosomatische Erkrankungen** auslösen, auch wenn die einzelnen Akte nicht gegen seinen Körper gerichtet sind. Häufig sind Magen- und andere Verdauungsbeschwerden, Bluthochdruck und Herzbeschwerden sowie Schlafstörungen. Drittens schützt § 823 Abs. 1 BGB nicht nur die physische Gesundheit, sondern auch die geistigen und seelischen Lebensvorgänge, eine Gesundheitsstörung liegt also auch bei einer **psychischen Erkrankung** vor, soweit sie medizinisch behandlungsbedürftig ist.[9]

103 **(2) Freiheit, Eigentum.** Eine Verletzung der **Freiheit** eines anderen besteht noch nicht in jeder Verletzung der allgemeinen Handlungsfreiheit, sondern nur bei einem Eingriff in die körperliche Bewegungsfreiheit, außerdem bei Nötigung zu einer Handlung durch Drohung, Zwang oder Täuschung.[10] Derartige Verletzungen sind denkbar, wenn ein Mobbingopfer „versehentlich" im Büro eingeschlossen oder vom Mobbingtäter zu unsinnigen Handlungen gezwungen wird. Allerdings wird es meist an einem meßbaren Schaden fehlen, so dass Verletzungen der Freiheit vor allem Ansprüche auf Schmerzensgeld oder Unterlassung zur Folge haben.[11]

104 Verletzungen des **Eigentums** durch Mobbingakte sind selten. § 823 Abs. 1 BGB erfasst keine reinen Eingriffe in das Vermögen, beispielsweise bei Verlust des Arbeitsplatzes oder bei einer verpassten Beförderung. Eine Eigentumsverletzung liegt nur vor, wenn eine Sache, die dem Geschädigten gehört, zerstört, beschädigt oder ihm entzogen wird; ein Substanzverlust ist nicht zwingend erforderlich.[12] Eigentumsschäden sind also vor allem dann gegeben, wenn im Rahmen des Mobbings eingebrachte Gegenstände des Arbeitnehmers zerstört oder gestohlen wer-

---

[8] So der Sachverhalt von LAG Sachsen-Anhalt 27. 1. 2000 – 9 Sa 473/99, Kurzwiedergabe AiB 2004, 105; s. *Smutny/Hopf* DRdA 2003, 110 (118).

[9] Staudinger/*Hager* § 823 Rn. 26ff.; Erman/*Schiemann* § 823 Rn. 19; MünchKomm/*Wagner* § 823 Rn. 73f.; Rn. 75ff. ausführlich zu psychisch vermittelten Gesundheitsstörungen. Wie hier *Wolmerath,* Mobbing in Betrieb, Rn. 136.

[10] So die herrschende Meinung; Staudinger/*Hager* § 823 Rn. 53ff.; Erman/*Schiemann* § 823 Rn. 23f.; Palandt/*Thomas* § 823 Rn. 6, MünchKomm/*Wagner* § 823 Rn. 2ff.; jeweils mit weiteren Nachweisen auch zur Gegenmeinung.

[11] Dazu unten Rn. 150ff.

[12] Staudinger/*Hager* § 823 Rn. 83; Palandt/*Thomas* § 823 Rn. 8; MünchKomm/*Wagner* § 823 Rn. 105ff.

den – beispielsweise dessen Brille.[13] Werden als Maßnahme des Mobbings **Computerdaten** gelöscht, kann darin zwar grundsätzlich ein Eigentumsschaden liegen;[14] ein Schadensersatzanspruch des Arbeitnehmers ergibt sich jedoch nicht, wenn es sich um Daten des Arbeitgebers handelt.

(3) Sonstige Rechte, insbesondere Persönlichkeitsrecht. Neben den **105**
ausdrücklich aufgezählten Rechtsgütern schützt § 823 Abs. 1 BGB auch vor dem Eingriff in „sonstige Rechte". Gelegentlich wird diskutiert, ob darunter auch die berufliche Tätigkeit allgemein oder das **Recht am Arbeitsplatz** fallen soll.[15] Das wird jedoch überwiegend zu Recht abgelehnt, weil die Aufzählung in § 823 Abs. 1 BGB sich nur auf sog. absolute, d.h. gegenüber jedermann geschützte Rechte bezieht. Der Arbeitsplatz ist dagegen gerade nicht absolut geschützt.[16]

Unstreitig als sonstiges Recht durch § 823 Abs. 1 BGB erfasst ist das **106**
sog. **Allgemeine Persönlichkeitsrecht.** Es wird aus Artt. 1, 2 GG abgeleitet und schützt die Individualsphäre, Privatsphäre und Intimsphäre des Menschen.[17] Dieser Schutz gilt auch am Arbeitsplatz und gegenüber dem Arbeitgeber.[18] Zur geschützten **Individualsphäre** gehört die Achtung und Entfaltung der Persönlichkeit des Menschen in seiner Beziehung zur Umwelt, seinem öffentlichen, wirtschaftlichen und auch beruflichen Wirken.[19]

Mobbing greift regelmäßig in das allgemeine Persönlichkeitsrecht des **107**
Betroffenen ein, d.h. umgekehrt kann ein Verhalten, das das Persönlichkeitsrecht nicht beeinträchtigt, kein Mobbing sein. Das ergibt sich bereits aus der oben angeführten **Definition** des Begriffs „Mobbing": Wenn ein Arbeitnehmer am Arbeitsplatz negativem Verhalten ausgesetzt ist, das vom normalen Umgang abweicht, systematisch ist und ihn zum „Opfer" macht, wird dadurch sein Recht auf Achtung und Entfaltung der Persönlichkeit in der sozialen Umgehung herabgesetzt.[20]

---

[13] So in LAG Bremen 17. 10. 2002 – 3 Sa 78/02, NZA-RR 2003, 234.

[14] Staudinger/*Hager* § 823 Rn. 86; Palandt/*Thomas* § 823 Rn. 8.

[15] Für ein „Recht am Arbeitsplatz" *Wolmerath*, Mobbing im Betrieb, Rn. 142.

[16] OLG Koblenz 23. 1. 2003 – 5 U 13/03, NZA 2003, 438; LG Frankfurt/Main 26. 10. 1999 – 2/26 O 166/98, NZA-RR 2000, 185; Staudinger/*Hager* § 823 Rn. 190f.; Palandt/*Thomas* § 823 Rn. 27; MünchKomm/*Wagner* § 823 Rn. 169; offengelassen von BAG 4. 6. 1998 – 8 AZR 786/96, AP BGB § 823 Nr. 7.

[17] Palandt/*Thomas* § 823 Rn. 176ff.

[18] BAG 4. 4. 1990 – 5 AZR 299/89, AP BGB § 611 Persönlichkeitsrecht Nr. 21 = NZA 1990, 933.; BAG 18. 12. 1984 – 3 AZR 389/83, AP BGB § 611 Persönlichkeitsrecht Nr. 8 = NZA 1985, 811.

[19] Staudinger/*Hager* § 823 Rn. 144f., 187f.; Palandt/*Thomas* § 823 Rn. 178; MünchKomm/*Wagner* § 823 Rn. 171f.; ausführlich *Rieble/Klumpp* ZIP 2002, 369 (371ff.).

[20] *Rieble/Klumpp* ZIP 2002, 369 (371ff.); s. auch *Wickler* ArbuR 2004, 87; grundlegend LAG Thüringen 10. 4. 2001 – 5 Sa 403/00, NZA-RR 2001, 347; insoweit zustimmend LAG Thüringen 10. 6. 2004 – 1 Sa 148/01, ZTR 2004, 596 (597).

108 Allerdings sind Eingriffe in das Persönlichkeitsrecht durch Mobbing in der Regel nicht vermögensrechtlicher Natur. Dadurch ist ein Schadensersatzanspruch zwar nicht ausgeschlossen.[21] Es entstehen aber selten in Geld meßbare Schäden, die durch Schadensersatz ausgeglichen werden können. Praktische Bedeutung haben daher vor allem Ansprüche auf **Widerruf** ehrverletzender Behauptungen oder auf Unterlassung für die Zukunft.[22] Außerdem kommt bei Verletzung des Persönlichkeitsrechts ein Anspruch auf Ausgleich des **immateriellen Schadens** in Betracht.[23]

109 **bb) Zurechenbarkeit.** Schadensersatzansprüche setzen eine doppelte Kausalität voraus: Es muss ein Ursachenzusammenhang zwischen dem Verhalten des Anspruchsgegners und der Rechtsgutsverletzung bestehen **(haftungsbegründende Kausalität)** und zwischen der Verletzung des Rechtsguts und dem geltend gemachten Schaden **(haftungsausfüllende Kausalität).**[24]

110 Zurechnung und Kausalität sind im Prozess vom Anspruchsteller zu **beweisen.** Für Mobbingopfer macht das vor allem bei Gesundheitsschäden Schwierigkeiten und ist in der Literatur als „kaum zu bewältigendes Problem“ bezeichnet worden.[25] Schadensersatzansprüche gegen den Mobbingtäter wegen Schädigung der Gesundheit sind nur durchsetzbar, wenn das Mobbingopfer nachweist, dass der Gesundheitsschaden auf das Mobbing zurückzuführen ist, andere Ursachen also nicht in Betracht kommen. Vor allem bei psychosomatischen Gesundheitsschäden ist das kaum möglich, so dass in Literatur und Rechtsprechung Beweiserleichterungen diskutiert werden.[26]

Aus dem Kausalitätsproblem folgt auch die große praktische Bedeutung des **Allgemeinen Persönlichkeitsrechts.** Bei Mobbing tritt grundsätzlich die Verletzung des Persönlichkeitsrechts unmittelbar durch die Handlungen des mobbenden Arbeitgebers ein,[27] so dass lediglich die Verletzungshandlung bewiesen werden muss.

111 **cc) Rechtswidrigkeit.** Ist ein Rechtsgut gemäß § 823 Abs. 1 BGB verletzt, ist grundsätzlich die Rechtswidrigkeit des Eingriffs indiziert.[28]

---

[21] Staudinger/*Hager* § 823 Rn. 289ff.; Erman/*Schiemann* § 823 Rn. 48; Palandt/*Thomas* § 823 Rn. 183; MünchKomm/*Wagner* § 823 Rn. 169; zum Vermögensschutz Rn. 171ff.

[22] Dazu unten Rn. 126ff.

[23] Unten Rn. 156ff.

[24] Palandt/*Heinrichs* Vorb. vor § 249 BGB Rn. 54 ff; Palandt/*Thomas* Einf. v. § 823 Rn. 2.

[25] *Wolmerath,* Mobbing im Betrieb, Rn. 157.

[26] Dazu unten Rn. 319ff.

[27] *Rieble/Klumpp* ZIP 2002, 369 (371).

[28] Palandt/*Thomas* § 823 Rn. 32ff.; missverständlich LAG Nürnberg 2. 7. 2002 – 6 (3) Sa 154/01, NZA-RR 2003, 121, das auch bei § 823 Abs. 1 BGB von Pflichtwidrigkeit als Anspruchsvoraussetzung spricht.

Rechtfertigungsgründe wie Notwehr oder Einwilligung werden in Mobbingfällen kaum vorliegen. Sonderregeln gelten für den Eingriff in das **Allgemeine Persönlichkeitsrecht.** Es unterscheidet sich von den übrigen Rechtsgütern gemäß § 823 Abs. 1 BGB dadurch, dass es ein sog. **offenes Recht** ist: Seine Verletzung ist nicht regelmäßig rechtswidrig, sondern die Rechtswidrigkeit muss durch Abwägung der betroffenen Interessen im Einzelfall festgestellt werden.[29]

So liegt in der Zuweisung minderwertiger Arbeit oder im Entzug der **112** Beschäftigung grundsätzlich eine Verletzung des Persönlichkeitsrechts. Rechtswidrig ist beides jedoch nur dann, wenn es zielgerichtet als Mittel der Zermürbung eingesetzt wird und nicht beispielsweise auf eine besondere Lage des Arbeitgebers zurückzuführen ist.[30] Das Verbreiten wahrer Tatsachen (über ein Disziplinarverfahren gegen einen Angestellten) kann nach einer Entscheidung des österreichischen OGH die persönliche Ehre verletzen, wenn nicht ein überwiegendes Informationsbedürfnis der Allgemeinheit oder des Mitteilungsempfängers besteht.[31] Auch für die Verletzung des Persönlichkeitsrechts sind nicht nur die Einzelakte, sondern vor allem der **Gesamtprozess** maßgeblich.[32] Als **Faustformel** kann danach abgegrenzt werden, ob beim Verhalten des Arbeitgebers die Ausgrenzung oder Demütigung des Arbeitnehmers oder andere Motive im Vordergrund stehen.

dd) Verschulden. Schadensersatzansprüche gemäß § 823 Abs. 1 BGB **113** setzen Verschulden voraus, also **Vorsatz oder Fahrlässigkeit** im Sinne von § 276 BGB. Das gilt für Schadensersatzansprüche, die sich bereits aus einzelnen Mobbingakten wie Tätlichkeiten oder Diebstahl ergeben. Besonderheiten ergeben aber sich aus dem erwähnten mobbingtypischen **Gesamtzusammenhang.**[33] Vorsatz oder Fahrlässigkeit müssen sich grundsätzlich nicht auf die jeweiligen Einzelakte, sondern vor allem auf den Prozess beziehen. Der schädigende Arbeitgeber muss also zumindest fahrlässig übersehen, dass seine Handlungen in der Gesamtheit geeignet sind, ein Rechtsgut nach § 823 Abs. 1 BGB zu schädigen.

Verletzungen von Eigentum, Freiheit und Persönlichkeitsrecht durch **114** Mobbing werden in der Regel sogar vorsätzlich geschehen. Bei **Gesundheitsschäden** ist das dagegen meist nur der Fall, wenn sie durch einzelne Mobbingakte wie Tätlichkeiten eintreten. Bei – meist psychosomatischen – Gesundheitsschäden durch den Gesamtprozess des Mobbings wird Vorsatz dagegen selten nachweisbar sein.

---

[29] *Rieble/Klumpp* ZIP 2002, 369 (369, 370, 371; zur Interessenabwägung 374f.).
[30] LAG Thüringen 10. 4. 2001 – 5 Sa 403/00, NZA-RR 2001, 347.
[31] OGH 26. 6. 1997 – 8 ObA 187/97 a, DRdA 1998, 58.
[32] *Rieble/Klumpp* ZIP 2002, 369 (372).
[33] Oben Rn. 23ff.

115 In vielen Fällen spricht aber der **Beweis des ersten Anscheins** für eine zumindest fahrlässige Verletzung der Gesundheit. Das gilt für besonders intensives und quälendes Mobbing. Für Fahrlässigkeit spricht auch, wenn Mobbinghandlungen trotz einer Erkrankung des Beschäftigten oder nach Beendigung der Arbeitsunfähigkeit fortgesetzt werden.

116 **ee) Voraussetzungen weiterer Anspruchsgrundlagen: §§ 823 Abs. 2, 826 BGB.** Weitere Anspruchsgrundlagen des Schadensersatzes für Mobbinghandlungen können §§ 823 Abs. 2, 826 BGB sein, die Ansprüche bei Verletzung von Schutzgesetzen und bei vorsätzlicher sittenwidriger Schädigung gewähren. Selbständige Bedeutung haben sie vor allem dadurch, dass sie auch reine Eingriffe in das **Vermögen** erfassen, z.B. bei Verlust des Arbeitsplatzes.

117 **(1)** Als verletzte **Schutzgesetze** im Sinne von § 823 Abs. 2 BGB kommen bei Mobbing vor allem Normen des StGB in Betracht, so §§ 185ff., 223, 225, 229, 239 StGB und bei geschlechtsbezogenen Mobbinghandlungen §§ 174ff. StGB.[34] Auch das Maßregelungsverbot des § 612a BGB ist ein Schutzgesetz im Sinne des § 823 Abs. 2 BGB.[35] Demgegenüber ist § 2 BeschSchG kein Schutzgesetz im Verhältnis von Belästigtem und Belästiger;[36] in solchen Fällen kann aber § 825 BGB eingreifen. Nach Rechtsprechung und herrschender Lehre kann auch § 75 BetrVG ein Schutzgesetz gemäß § 823 Abs. 2 BGB sein; die Voraussetzungen dieser Norm werden unten erörtert.[37]

118 Das erforderliche **Verschulden** richtet sich bei § 823 Abs. 2 BGB nach den Anforderungen des Schutzgesetzes; sieht dieses allerdings kein Verschulden vor, ist zumindest Fahrlässigkeit gemäß § 276 BGB erforderlich.[38] Lässt sich kein Vorsatz nachweisen, kann sich ein Schadensersatzanspruch bei Mobbing also vornehmlich aus fahrlässiger Körperverletzung ergeben, § 823 Abs. 2 BGB i.V.m. § 229 StGB.

119 **(2)** Vorsatz ist ebenfalls Voraussetzung für einen Schadensersatzanspruch nach § 826 BGB. Außerdem muss der Schädiger **sittenwidrig** gehandelt haben. Das Bewusstsein der Sittenwidrigkeit ist nicht erforderlich, jedoch muss der Schädiger die Art und Richtung der Schadens-

---

[34] Ausführlich zur strafrechtlichen Beurteilung von Mobbing: *Wolmerath,* Mobbing im Betrieb, Rn. 63ff. auch zum besonderen strafrechtlichen Schutz von Betriebsratsmitgliedern.

[35] Palandt/*Putzo* § 612a Rn. 2; Staudinger/*Richardi* § 612a Rn. 3ff.; MünchKomm/*Wagner* § 823 Rn. 322ff., 340ff.

[36] OLG Frankfurt/Main 26. 8. 1999 – 15 U 103/97, NJW-RR 2000, 976 (977); Palandt/*Thomas* § 823 Rn. 153.

[37] Unten Rn. 378ff., 398.

[38] Palandt/*Thomas* § 823 Rn. 143.

folgen vorausgesehen haben; eine nur allgemeine Vorstellung über eine Schädigung genügt nicht.[39]

Der Nachweis des für § 826 BGB erforderlichen **Vorsatzes** wird in Mobbingfällen nur selten gelingen, da bewusstes Handeln allein nicht genügt, sondern sich der Vorsatz auf die konkrete Verletzung beziehen muss. Selbst wenn der Schädiger offen zugibt, den betroffenen Arbeitnehmer „loswerden" zu wollen, ist sein Vorsatz damit nicht unbedingt auf eine Gesundheitsverletzung o.ä. gerichtet. Sittenwidrigkeit ist bei Mobbinghandlungen dagegen regelmäßig gegeben. Sie kann sich aus dem Zweck der Maßnahme ergeben – insbesondere Aufgabe des Arbeitsplatzes durch den Arbeitnehmer – oder aus den entsprechenden Mitteln, wenn sie demütigend sind oder das Persönlichkeitsrecht verletzen.[40] **120**

b) Rechtsfolgen. aa) Geldersatz. (1) § 823 Abs. 1 BGB schützt nicht vor Eingriffen in das Vermögen; jedoch sind bei Eingriffen in die erwähnten Rechtsgüter insbesondere die **vermögenswerten Schäden** zu ersetzen. Praktische Bedeutung hat dabei vor allem der Ersatz auf Behandlungs- und Therapiekosten bei Schäden der physischen oder psychischen Gesundheit.[41] Außerdem ist bei Gesundheitsschäden die Differenz zwischen dem Bruttogehalt und dem gezahlten Krankengeld zu ersetzen.[42] **121**

Entstehen durch Mobbing **Sachschäden,** ist bei Zerstörung der Sache Wertersatz zu leisten. Sind Gegenstände des Arbeitnehmers dagegen nur beschädigt worden, erfasst der Schadensersatz die Aufwendungen für die Reparatur, § 249 Abs. 2 BGB. Ersetzt wird der erforderliche Geldbetrag, d.h. die Aufwendungen, die ein verständig wirtschaftlich denkender Mensch in der Lage des Geschädigten für notwendig halten durfte.[43] **122**

Zum Schadensersatzanspruch können auch die Kosten eines **Rechtsanwalts** gehören, soweit der Geschädigte das Heranziehen eines Anwalts für erforderlich halten durfte. Daran fehlt es vor allem, wenn der Schädiger seine Schadensersatzpflicht einräumt.[44] In einfach gelagerten Fällen sind die Kosten eines Anwalts nur ersatzfähig, wenn anderenfalls die Schadensregulierung verzögert wird, der Schädiger also den Anspruch **123**

---

[39] Palandt/*Thomas* § 823 Rn. 10, 11.

[40] Zur Feststellung der Sittenwidrigkeit Palandt/*Heinrichs* § 138 Rn. 2ff.; Palandt/*Thomas* § 823 Rn. 5.

[41] *Kollmer* AR-Blattei SD, 1215 Mobbing Rn. 65.

[42] ArbG Berlin 8. 3. 2002 – 40 Ca 5746/01, n.v.; dazu *Hartmann* AuA-PP 11/03, 8 (12); ArbG Dresden 7. 7. 2003 – 5 Ca 5954/02, ArbuR 2004, 114.

[43] Palandt/*Heinrichs* § 249 Rn. 11f., 26ff.; MünchKomm/*Oetker* § 249 Rn. 14ff. zum Begriff des Schadens, Rn. 328 zu Einzelfällen von Sachschäden; BGH 6. 11. 1973 – VI ZR 27/73, BGHZ 61, 346 (349) = NJW 1974, 34.

[44] MünchKomm/*Oetker* § 249 Rn. 174.

kennt, aber nicht zahlt.[45] Ein derartiger einfacher Fall liegt vor allem vor, wenn sich der Anspruch nur auf einen einzelnen Mobbingakt – beispielsweise eine Sachbeschädigung – stützt. Die rechtliche Einordnung des Mobbings als Prozess ist allerdings so schwierig, dass hier das Heranziehen eines Rechtsanwalts in der Regel erforderlich sein wird.

124 **(2)** Voraussetzung des Schadensersatzanspruchs in Geld ist der **Zurechnungszusammenhang** zwischen der unerlaubten Handlung und dem eingetretenen Schaden. Er wird grundsätzlich nicht durch eine zum Schaden neigende Konstitution des Geschädigten ausgeschlossen und liegt auch bei psychischen Reaktionen vor,[46] wenn diese nicht einen ganz ungewöhnlichen Verlauf nehmen.[47]

125 Einige **Urteile von Landesarbeitsgerichten** sind bei der Kausalität und dem Zurechnungszusammenhang von Mobbing und Krankheit sehr zurückhaltend. So kommt es nach einer Entscheidung des LAG Nürnberg nicht darauf an, ob sich ein Arbeitnehmer fehlerhafte Weisungen so zu Herzen nimmt, dass er davon arbeitsunfähig wird, solange dem Arbeitgeber keine Pflichtverletzung vorzuwerfen sei.[48] In einem Urteil des LAG Berlin werden Bedenken hinsichtlich der Kausalität damit begründet, die Klägerin habe unter dem Tod ihrer Mutter und ihres Neffen gelitten; ihre psychosomatische Erkrankung sei also möglicherweise gar nicht auf Mobbing zurückzuführen.[49] Ähnliche Überlegungen finden sich in einem Urteil des LAG Schleswig-Holstein, wo das Gericht auf mögliche altersbedingte Ursachen der Beschwerden der Klägerin hinweist.[50]

126 **bb) Unterlassungsansprüche und andere Rechtsfolgen. (1)** Schadensersatz ist nicht zwingend in Geld zu leisten: Seine Art und sein Umfang richten sich nach §§ 249 ff. BGB, wobei § 249 Abs. 1 BGB vom Grundsatz der **Naturalrestitution** ausgeht. Schadensersatz kann also beispielsweise auch im **Widerruf** ehrverletzender Behauptungen bestehen.[51] Unter den Voraussetzungen der §§ 12, 862, 1004 BGB ergeben sich aus deliktischen Ansprüchen auch **Unterlassungsansprüche** für die Zukunft.[52] Unterlas-

---

[45] Palandt/*Heinrichs* § 249 Rn. 21; MünchKomm/*Oetker* § 249 Rn. 173 ff. m. w. N.

[46] Palandt/*Thomas* § 823 Rn. 159; Palandt/*Heinrichs* Vorbem. v. § 249 Rn. 67 ff.; zu den Zurechnungskriterien vgl. MünchKomm/*Oetker* § 249 Rn. 97 ff., insbesondere zur psychischen Kausalität Rn. 142 ff.

[47] Im Fall BGH 3. 2. 1976 – VI ZR 235/74, NJW 1976, 1143 führte beispielsweise eine geringfügige Ehrverletzung zu einer Gehirnblutung des Geschädigten.

[48] LAG Nürnberg 2. 7. 2002 – 6 (3) Sa 154/01, NZA-RR 2003, 121.

[49] LAG Berlin 1. 11. 2002 – 19 Sa 940/02, NZA-RR 2003, 232 (234).

[50] LAG Schleswig-Holstein 19. 3. 2002 – 3 Sa 1/02, NZA-RR 2002, 457.

[51] *Rieble/Klumpp* ZIP 2002, 369 (376); Palandt/*Thomas* § 823 Rn. 164 f.

[52] Dazu *Kollmer* AR-Blattei SD, 1215 Mobbing Rn. 76 ff.; *Wolmerath,* Mobbing im Betrieb, Rn. 148 ff.; LAG Thüringen 10. 4. 2001 – 5 Sa 403/00,

sungsansprüche haben vor allem bei Persönlichkeitsrechtsverletzungen praktische Bedeutung: Sie sind bei einer Verletzung regelmäßig gegeben, während eine gewisse Schwelle überschritten sein muss, um eine Entschädigung in Geld zu begründen.[53]

Voraussetzung einer **Unterlassungsklage** ist die Erstbegehungs- oder Wiederholungsgefahr, die auf Tatsachen begründet sein muss.[54] Erstbegehungsgefahr ist bei Mobbinghandlungen nicht bereits gegeben, wenn dem Arbeitnehmer eröffnet wird, man wäre ihn gerne los, sondern erst dann, wenn der Arbeitgeber konkrete Handlungen plant oder sich des Rechtes dazu berühmt. Wiederholungsgefahr liegt nahe, wenn Mobbing durch fortwährende Indiskretionen, gleichartige unsinnige Weisungen oder Kontrollen erfolgt.[55] 127

Unterlassungsansprüche können sich nicht nur aus Delikt, sondern auch aus speziellen arbeitsrechtlichen Normen ergeben. Falls **sexuelle Belästigung** als Mittel des Mobbings eingesetzt wird, gelten die Unterlassungsansprüche der §§ 2, 4 BeschSchG. Nach einer Entscheidung des LAG Baden-Württemberg folgt auch aus dem **Maßregelungsverbot** des § 612a BGB ein Unterlassungsanspruch. Zur Begründung führt das Gericht aus, die Norm sei verletzt, wenn der Arbeitgeber ohne sachlichen Grund ständig Besprechungen zum Zweck der Kontrolle der Arbeit durchführt.[56] 128

c) Verjährung deliktischer Ansprüche. Das Verjährungsrecht ist durch das am 1. Januar 2002 in Kraft getretene **Schuldrechtsmodernisierungsgesetz** vollständig umgestaltet worden. So wurde die frühere Sondernorm für die Verjährung deliktischer Ansprüche, § 852 BGB a.F., abgeschafft.[57] Auch für deliktische Ansprüche gelten jetzt die allgemeinen Vorschriften in § 195ff. BGB. Eine Regelung zur **Überleitung** enthält Art. 229 § 6 EGBGB. Stark vereinfacht können die Grundsätze dieser Norm so zusammengefasst werden: Für Schäden, die vor dem 1. Januar 2002 entstanden sind, aber bis dahin noch nicht verjährt waren, richtet sich der Beginn der Verjährung nach altem Recht, ihr Ablauf nach neuem Recht. 129

Das neue Schuldrecht geht in § 195 BGB von einer **Regelverjährung von drei Jahren** aus. Diese Vorschrift ist im Kontext mit § 199 BGB zu sehen: Die Regelverjährung beginnt nach § 199 Abs. 1 BGB mit Kennt- 130

NZA-RR 2001, 347; LAG Thüringen 15. 2. 2001 – 5 Sa 102/00, NZA-RR 2001, 577.

53 *Lorenz* PersR 2002, 65 (70); *Rieble/Klumpp* ZIP 2002, 369 (374); allgemein Palandt/*Thomas,* § 823 Rn. 200; im Einzelnen unten Rn. 156.

54 Palandt/*Thomas* Einf. v. § 823 Rn. 24.

55 Dazu österreichischer OGH 26. 6. 1997 – 8 ObA 187/97a, DRdA 1998, 58; LAG Thüringen 10. 4. 2001 – 5 Sa 403/00, NZA-RR 2001, 347.

56 LAG Baden-Württemberg 27. 7. 2001 – 5 Sa 72/01, n.v.; zitiert in PersR 2002, 3 (9); *Smutny/Hopf* DRdA 2003, 110 (118f.).

57 Zur Verjährung von Ansprüchen wegen Mobbings nach § 852 BGB a.F. *Wolmerath,* Mobbing im Betrieb, 1. Aufl. 2001, S. 136f.

nis der den Anspruch begründenden Umstände und der Person des Schädigers. Unabhängig von der Kenntnis sieht § 199 Abs. 2–4 BGB absolute Verjährungsfristen von zehn oder 30 Jahren vor. Danach verjähren Schadensersatzansprüche, die auf Verletzung von Leben, Körper, Gesundheit oder Freiheit beruhen, in 30 Jahren (§ 199 Abs. 2 BGB), sonstige Schadensersatzansprüche nach § 199 Abs. 3 BGB in zehn bzw. 30 Jahren und andere Ansprüche als Schadensersatzansprüche in zehn Jahren (§ 199 Abs. 4 BGB).

131 Für den Beginn der Verjährung ist die mobbingtypische andauernde Verletzung, der **Mobbingprozess,** zu berücksichtigen. Danach kommt es darauf an, ob eine Zäsur möglich ist, weil beispielsweise erst die Kollegen mobben und dann auch der Arbeitgeber den Betroffenen loswerden möchte. Besteht eine solche Zäsur, beginnt mit ihr die Verjährung für die davor liegenden Verletzungshandlungen. Sonst kommt es auf das Ende jeder schädigenden Handlung bzw. der Kenntnis davon an, die Verjährung beginnt dann stets von neuem.[58] Bei sehr langen Zwischenräumen zwischen den Einzelakten kann es aber an einem Gesamtzusammenhang fehlen; dann liegt – wie erwähnt – bereits definitorisch kein Mobbing im Sinne systematischen Vorgehens vor.[59]

132 Mobbinghandlungen können also, solange sie andauern, kaum verjähren. Daher ist auch die ungeklärte Frage von nur geringer praktischer Bedeutung, ob die dreißigjährige Verjährung des § 199 Abs. 2 BGB analog für die Verletzung des **Allgemeinen Persönlichkeitsrechts** gilt. Dafür spricht, dass dieses in gleicher Weise höchstpersönlich ist wie die dort ausdrücklich aufgeführten Rechtsgüter; nach wohl überwiegender Ansicht ist die Analogie aber abzulehnen.[60]

2. Vertragliche Ansprüche

133 Zwischen Arbeitnehmer und Arbeitgeber besteht durch den Arbeitsvertrag ein vertragliches Verhältnis, es können also neben deliktischen auch **vertragliche Schadensersatzansprüche** geltend gemacht werden. Für den Fall der arbeitnehmerseitigen außerordentlichen **Kündigung** kann sich ein Schadensersatzanspruch aus § 628 Abs. 2 BGB ergeben; er wird im Zusammenhang mit der arbeitnehmerseitigen Kündigung behandelt.

134 **a) Anspruchsgrundlagen.** Allgemeine Grundlage vertraglicher Schadensersatzansprüche ist § 280 Abs. 1 BGB. Mit dieser Norm hat die

---

[58] Palandt/*Heinrichs* § 199 Rn. 21, 31; AnwKomm/*Mansel* § 199 Rn. 45. Ähnliche Grundsätze gelten für die Kündigungserklärungsfrist aus § 626 Abs. 2 BGB, dazu unten Rn. 181 f.

[59] Dazu oben Rn. 28 f.

[60] Wie hier *Rieble/Klumpp* ZIP 2002, 369 (380); gegen die Analogie Palandt/*Heinrichs* § 199 Rn. 41; AnwKomm/*Mansel* § 199 Rn. 82; jeweils m. w. N.

Schuldrechtsreform den früheren gewohnheitsrechtlichen Anspruch aus **positiver Vertrags- und Forderungsverletzung** (pVV) ersetzt. Die Voraussetzungen gleichen sich, so dass auch ältere Rechtsprechung und Literatur zur pVV herangezogen werden können. Außer dem Bestehen eines Schuldverhältnisses setzt § 280 Abs. 1 BGB die Verletzung einer Pflicht voraus, die der Schuldner zu vertreten hat.

Daneben kann in einigen Mobbingfällen **§ 618 BGB** eingreifen. § 618 **135** Abs. 1 BGB normiert Schutzpflichten des Dienstberechtigten und Arbeitgebers, Vorrichtungen zur Verrichtung der geschuldeten Dienste so zu unterhalten und Dienstleistungen so zu regeln, dass der Dienstverpflichtete und Arbeitnehmer möglichst weitgehend gegen Gefahren für Leben und Gesundheit geschützt ist. § 618 Abs. 3 BGB verweist auf die Rechtsfolgen des Deliktsrechts, insbesondere die §§ 842–846 BGB.

Ein Verstoß gegen § 618 Abs. 1 BGB kann beispielsweise vorliegen, wenn ein Arbeitgeber einen Arbeitnehmer zu unnötig gefährlichen Arbeiten drängt oder Sicherheitsvorschriften nicht einhält, um den Arbeitnehmer von seinem Arbeitsplatz zu vertreiben. Daneben greift § 618 Abs. 1 BGB auch ein, wenn Weisungen des Arbeitgebers zur Folge haben, dass der Arbeitnehmer sich in gesundheitsgefährdender Weise überarbeitet.[61] Jedoch hat § 618 BGB fast nur im freien Dienstverhältnis selbständige Bedeutung, da im Arbeitsrecht fast alle denkbaren Pflichtverletzungen von **Spezialgesetzen** erfasst werden. Ein Teil der Literatur will allerdings Beweiserleichterungen des § 618 BGB auf Mobbingfälle grundsätzlich analog anwenden.[62]

b) Voraussetzungen des Anspruchs aus § 280 Abs. 1 BGB. aa) Pflichtverletzung. Der Begriff **„Pflicht aus dem Schuldverhältnis"** in § 280 **136** Abs. 1 BGB erfasst sowohl Haupt- und Nebenleistungspflichten gemäß § 241 Abs. 1 BGB als auch Verhaltenspflichten gemäß § 241 Abs. 2 BGB.[63] Solche Verletzungen vertraglicher Leistungspflichten können schon durch einzelnen Mobbingakte erfolgen, beispielsweise bei rechtswidrigen oder undurchführbaren Weisungen, oder wenn dem Mobbingopfer notwendige Informationen vorenthalten werden.

(1) Verletzung der Fürsorgepflicht. Nach wohl allgemeiner Ansicht **137** in der Literatur liegt beim Mobbing durch den Arbeitgeber regelmäßig eine Verletzung seiner **Fürsorgepflicht** vor.[64] Gerichte haben sich dazu

---

61 ErfKomm/*Wank* § 618 BGB Rn. 16.

62 Dazu unten Rn. 333f.

63 AnwKomm/*Dauner-Lieb* § 280 Rn. 57; Palandt/*Heinrichs* § 280 Rn. 12; Staudinger/*Otto* § 280 Rn. 1ff.

64 *Gamerschlag/Perband* VersR 2002, 287 (289); *Gaul/Otto* AuA 2002, 539; *Kollmer* AR-Blattei SD, 1215 Mobbing, Rn. 40ff.; *ders.,* Mobbing im Arbeitsverhältnis, Rn. 73f.; *Mühlig-Seel* AuA 2002, 499 (499f.); ErfKomm/*Preis* § 611

erst vereinzelt geäußert, die Entscheidungen gehen aber in dieselbe Richtung. Die Fünfte Kammer des LAG Thüringen sieht in einem Urteil aus dem Jahr 2001 bei Mobbing ebenfalls grundsätzlich die Fürsorgepflicht verletzt.[65] Nach einer Entscheidung des LAG Niedersachsen erfasst die Fürsorgepflicht auch den Schutz vor „systematischen Anfeindungen und vor Schäden psychischer Art".[66]

138 Diese **allgemeine Fürsorgepflicht** als vertragliche Schutzpflicht des Arbeitgebers ist seit langem anerkannt. Sie wurde früher aus § 242 BGB abgeleitet, seit der Schuldrechtsreform kann sie konkreter auf § 241 Abs. 2 BGB gestützt werden.[67] Die Fürsorgepflicht verpflichtet den Arbeitgeber zum Schutz der Rechtsgüter des Arbeitnehmers. Außerdem wird aus der Fürsorgepflicht ein Beschäftigungsanspruch des Arbeitnehmers abgeleitet.[68]

139 Daraus folgt, dass in folgenden Fällen neben deliktischen auch vertragliche Schadensersatzansprüche gegen den mobbenden Arbeitgeber geltend gemacht werden können: Erstens, wenn als Mobbingmaßnahme einem Beschäftigten sein **Tätigkeitsfeld entzogen** wird. Zweitens bei Verletzung der Rechtsgüter Leben, Gesundheit und Eigentum, also vor allem bei mobbingbedingten psychischen und psychosomatischen **Erkrankungen** bis zum Suizid hin. Außerdem müssen die weiteren Voraussetzungen der jeweiligen Anspruchsgrundlage vorliegen, so ist in der Regel Kausalität und Vertretenmüssen erforderlich.

140 Darüber hinaus verpflichtet die Fürsorgepflicht den Arbeitgeber insbesondere auch, die **Persönlichkeitsrechte** des Arbeitnehmers zu schützen, die in § 75 BetrVG ausdrücklich normiert sind.[69] Da Mobbing, wie erwähnt, grundsätzlich das Persönlichkeitsrecht verletzt, ist also jedes Mobbing, solange die Verletzung rechtswidrig ist, gleichzeitig eine Vertragspflichtverletzung.[70] Dem Grunde nach liegt also bei Mobbing durch

---

BGB Rn. 765; *Reiserer/Lemke* MDR 2002, 249 (251); *Rieble/Klumpp* ZIP 2002, 369 (379f.); wohl auch MünchHdb ArbR/*Blomeyer* § 97 Rn. 36.

[65] LAG Thüringen 10. 4. 2001 – 5 Sa 403/00, NZA-RR 2001, 347.

[66] LAG Niedersachsen 3. 5. 2000 – 16a Sa 1391/99, NZA-RR 2000, 517.

[67] Zur Fürsorgepflicht ausführlich MünchHdb ArbR/*Blomeyer* § 94; *Schaub* ArbR-Hdb. § 108; s. auch MünchHdb ArbR/*Blomeyer* § 49 Rn. 59f., § 53 Rn. 28ff.; MünchKomm/*Schwerdtner* § 626 Rn. 161; Bamberger/Roth/*Spindler* § 823 Rn. 99; zur Verankerung in § 241 Abs. 2 BGB *Dütz* Arbeitsrecht Rn. 153, 174; *Otto* Arbeitsrecht Rn. 376, 382; ErfKomm/*Preis* § 611 BGB Rn. 753, 760.

[68] *Otto* Arbeitsrecht Rn. 386f.

[69] Zu § 75 BetrVG unten Rn. 378ff., 398.

[70] LAG Thüringen 10. 4. 2001 – 5 Sa 403/00, NZA-RR 2001, 347: Das Persönlichkeitsrecht ist danach „Gegenstand der mit dem Arbeitsvertrag verbundenen (Neben-)Pflichten". Nach LAG Thüringen 15. 2. 2001 – 5 Sa 102/00, NZA-RR 2001, 577 ist außerdem eine Mitarbeiterführung, die das Persönlichkeitsrecht des Arbeitnehmers verletzt, bei einem Vorgesetzten eine Verletzung seiner Hauptleistungspflicht gegenüber dem Arbeitgeber. Aus der Literatur *Kollmer,* Mobbing im Arbeitsverhältnis, Rn. 151; *Wickler* ArbuR 2004, 87

den Arbeitgeber regelmäßig ein Schadensersatzanspruch nach § 280 Abs. 1 BGB vor.

Praktische Bedeutung hat der Schadensersatzanspruch allerdings vorrangig bei **Gesundheitsschäden,** da Verletzungen des Persönlichkeitsrechts nur selten zu Vermögensschäden führen. Aus der Vertragspflichtverletzung kann sich aber ein Anspruch auf Ersatz des immateriellen Schadens ergeben, u. U auch ein Zurückbehaltungsrecht des gemobbten Arbeitnehmers an seiner Arbeitsleistung.[71] **141**

(2) Weisungen als Vertragspflichtverletzung. In der Praxis macht oft die Frage Schwierigkeiten, unter welchen Voraussetzungen Maßnahmen zur Konkretisierung der Arbeitspflicht – insbesondere **Weisungen** – Verletzungen der Vertragspflichten des Arbeitgebers sein können.[72] In einigen Gerichtsentscheidungen zu Mobbingfällen wurde im Grundsatz die Möglichkeit **vertragswidriger Weisungen** des Arbeitgebers bejaht. **142**

So sind nach Urteilen des LAG Thüringen und des LAG Rheinland-Pfalz Weisungen pflichtverletzendes Mobbing, wenn sie nur dazu dienen, die Rechtslage und die Belastbarkeit des Betroffenen auszuloten[73] oder den Arbeitnehmer dazu zu bringen, seinen Arbeitsplatz selbst aufzugeben.[74] Eine ähnliche Unterscheidung findet sich in einem Urteil des LAG Schleswig-Holstein: Eine vertraglich zulässige Umsetzung sei pflichtwidrig, wenn sie zielgerichtet als Mittel der Zermürbung eingesetzt wird.[75] In einer Entscheidung des österreichischen OGH werden ungeeignete Weisungen als „typische Mobbinghandlungen" bezeichnet, zu denen allerdings noch Nichtübermittlung von Unterlagen und Falschinformationen hinzukamen.[76] **143**

Andere Gerichtsentscheidungen gehen in eine andere Richtung. Besonders restriktiv ist ein Urteil des LAG Nürnberg. Danach sind objektiv fehlerhafte Weisungen auch dann keine Pflichtverletzung des Arbeitgebers, wenn der Arbeitgeber die Fehlerhaftigkeit hätte erkennen müssen.[77] Auch nach einem Urteil des ArbG Duisburg liegt in einem Kritikgespräch oder einer dienstlichen Weisung allein kein Mobbing; und zwar offenbar auch dann nicht, wenn dem betroffenen Arbeitnehmer die Tätigkeit am zugewiesenen Arbeitsplatz nicht möglich ist.[78] In einer Entscheidung des ArbG Lübeck wird ein Schadensersatzanspruch bei ar-

---

(89 f.); *Wolmerath,* Mobbing im Betrieb, S. Rn. 178. Zu Mobbing als Verletzung des Persönlichkeitsrechts oben Rn. 42.

[71] Dazu unten Rn. 155 ff., 188 ff.

[72] Dazu umfassend *Ruberg,* Schikanöse Weisungen, S. 56 ff.

[73] LAG Rheinland-Pfalz 16. 8. 2001 – 6 Sa 415/01, NZA-RR 2002, 121.

[74] LAG Thüringen 10. 4. 2001 – 5 Sa 403/00, NZA-RR 2001, 347.

[75] LAG Schleswig-Holstein 12. 2. 2002 – 5 Sa 409c/01, DB 2002, 1056.

[76] OGH 17. 10. 2003 – 8 ObA 196/02 k, DRdA 2003, 175.

[77] LAG Nürnberg 2. 7. 2002 – 6 (3) Sa 154/01, NZA-RR 2003, 121.

[78] ArbG Duisburg 29. 6. 2000 – 1 Ca 1152/00, NZA-RR 2001, 304.

beitsrechtlich zulässigen Maßnahmen wie „Abmahnung, Versetzung, Versagen beruflicher Fortbildung“ grundsätzlich ausgeschlossen.[79] Nach einer Entscheidung des LAG Hamm liegen in subjektiven Wertungen der Leistungen des Arbeitnehmers grundsätzlich keine Verletzungen des Allgemeinen Persönlichkeitsrechts.[80] Auch das OLG Stuttgart nahm in einer Entscheidung zu einem Amtshaftungsprozess einen Beurteilungsspielraum des Arbeitgebers bei der Leistungsbewertung an.[81]

144 Versucht man die unterschiedlichen Entscheidungen auf einen gemeinsamen Nenner zu bringen, ergibt sich erstens, dass es auf die Recht- oder Vertragsmäßigkeit von Weisungen grundsätzlich nicht ankommt. Auch **fehlerhafte Weisungen** sind für sich noch keine Pflichtverletzung. Zweitens sind auch **Kritik** am Arbeitnehmer und Reaktionen auf (vermeintlich) schlechte Arbeitsleistung grundsätzlich kein Mobbing. Es kommt also auf eine **Gesamtbetrachtung** an, insbesondere darauf, ob mit Weisungen sachfremde Motive wie die Zermürbung verfolgt werden. Das ist vor allem dann der Fall, wenn sie offensichtlich ungeeignet sind oder im Kontext mit anderen abwertenden Maßnahmen erfolgen.[82]

145 **bb) Vertretenmüssen.** Nach § 280 Abs. 1 Satz 2 BGB setzt der Schadensersatzanspruch voraus, dass der Schuldner die Pflichtverletzung zu vertreten hat. Das Vertretenmüssen richtet sich wie das **Verschulden** im Deliktsrecht nach § 276 BGB.[83] Wenn nicht nur ein Anspruch wegen einzelner Mobbinghandlungen geltend gemacht wird, muss sich auch hier die vorsätzliche oder fahrlässige Verletzung der Vertragspflichten auf das Mobbing als Gesamtprozess und die daraus resultierende Wirkung, also die Schädigung des Mobbingopfers, beziehen.

146 Abweichungen gibt es allerdings hinsichtlich der **Beweislast.** Im Rahmen von § 280 Abs. 1 BGB muss der Gläubiger – hier der geschädigte Arbeitnehmer – zwar die Pflichtverletzung und ihre Kausalität für den Schaden beweisen.[84] Das Vertretenmüssen wird jedoch vermutet, so dass der Schuldner – hier der mobbende Arbeitgeber – darlegen und beweisen muss, dass er die Pflichtverletzung nicht zu vertreten hat. Dafür genügt allerdings, wenn der Schuldner die Schadensursache beweist oder wahrscheinlich macht und darlegt, dass er für diese nicht einzustehen hat.[85]

---

[79] ArbG Lübeck 7. 9. 2000 – ÖD 2 Ca 1850/00, AuA 2001, 138.

[80] LAG Hamm 25. 6. 2002 – 18 (11) Sa 1295/01, AP BGB § 611 Mobbing Nr. 3 = NZA-RR 2003, 8.

[81] OLG Stuttgart 28. 7. 2003 – 4 U 51/03, NVwZ-RR 2003, 715; Kurzdarstellung *Wagner/Bergmann* AiB 2004, 103 (110).

[82] Ähnlich *Wolmerath,* Mobbing im Betrieb, Rn. 140.

[83] Dazu oben Rn. 113ff.

[84] Zur Kausalität oben Rn. 109f.

[85] Palandt/*Heinrichs* § 280 Rn. 40.

c) **Rechtsfolgen.** Für Art und Umfang vertraglicher Schadensersatzansprüche gelten wie für deliktische Schadensersatzansprüche die §§ 249ff. BGB.[86] Je nach Art der Schädigung kann der Schadensersatz auf **Geldersatz, Widerruf oder Unterlassung** gerichtet sein. Unterschiede folgen aber aus den Voraussetzungen des § 280 Abs. 1 BGB, da der vertragliche Schadensersatzanspruch im Gegensatz zum deliktischen Schadensersatzanspruch nach § 823 Abs. 1 BGB auch die reine Vermögensschädigung erfasst. 147

Vermögensschäden können entstehen, wenn die Mobbingmaßnahme das Einkommen des Betroffenen mindert – beispielsweise bei Versetzung an einen schlechter dotierten Arbeitsplatz. Wenn sich ein Mobbingopfer einen neuen Arbeitsplatz sucht, bilden die dafür erforderlichen Aufwendungen und ein später gemindertes Einkommen einen entsprechenden Schadensposten. Voraussetzung für dessen Ersatzfähigkeit ist allerdings die Kausalität der Pflichtverletzungen des Arbeitgebers für den Arbeitsplatzwechsel. Dafür wird meist eine erhebliche Intensität des Mobbings erforderlich sein. 148

Für die **Verjährung** von Schadensersatzansprüchen, die nach dem 1. Januar 2002 entstanden sind, gilt dasselbe wie für deliktische Ansprüche, da es keine Sondernorm mehr gibt. Für früher entstandene Ansprüche (vgl. die Überleitungsnorm Art. 229 § 6 EGBGB) können sich Unterschiede ergeben.[87] Wie ausgeführt, können Schadensersatzansprüche wegen Mobbings kaum verjähren, solange der Mobbingprozess nicht abgeschlossen ist. 149

II. Ersatz des immateriellen Schadens und Schmerzensgeld

Gegenstand der meisten Prozesse von Mobbingopfern ist der Ersatz **immaterieller Schäden.** So können sich bei Körper- und Gesundheitsschäden zusätzlich zum Ersatz des materiellen Schadens Ansprüche auf Schmerzensgeld ergeben. Von besonderer praktischer Bedeutung sind Ansprüche auf Ersatz des immateriellen Schadens bei Verletzung des Allgemeinen Persönlichkeitsrechts. Für diese Ersatzansprüche gelten einige Besonderheiten. 150

1. Rechtsgrundlagen

Der Anspruch auf Schmerzensgeld wurde durch die **Reform des Schadensrechts,** die zum 1. August 2002 in Kraft getreten ist, auf eine neue Grundlage gestellt. Nach der früheren Regelung in § 253 BGB a.F. 151

---

[86] Dazu oben Rn. 121ff.

[87] Zur früheren Rechtslage *Wolmerath,* Mobbing im Betrieb, 1. Aufl. 2001, S. 137f.

konnte wegen immaterieller Schäden Entschädigung nur in den vom Gesetz bestimmten Fällen gefordert werden. Eine solche Ausnahme enthielt § 847 BGB a.F., nach dem bei Delikten gegen Körper, Gesundheit, Freiheit und sexuelle Selbstbestimmung eine Entschädigung zu zahlen war.

152 Diese Rechtsgüter sind nun in der neuen Fassung von § 253 Abs. 2 BGB enthalten. Der Anspruch auf Schmerzensgeld ist damit nicht mehr nur ein deliktischer Anspruch, sondern er wurde ins **allgemeine Schuldrecht** überführt. Im Gegensatz zur früheren Rechtslage ist damit ein Schmerzensgeldanspruch auch bei Vertragsverletzungen möglich, also auf der Grundlage eines Anspruchs aus § 280 Abs. 1 BGB.

153 Das Allgemeine Persönlichkeitsrecht wird in § 253 Abs. 2 BGB nicht erwähnt. Der Bundesgerichtshof hatte in seiner früheren Rechtsprechung einen Schmerzensgeldanspruch wegen Verletzung des Persönlichkeitsrechts aus einer Analogie zu § 847 BGB a.F. abgeleitet.[88] Seit seinen „Caroline von Monaco"-Entscheidungen geht der BGH jedoch davon aus, der Geldersatzanspruch bei Verletzung des Persönlichkeitsrechts folge nicht aus § 847 BGB, sondern sei ein auf **Artt. 1 Abs. 1, 2 Abs. 1 GG gestützter Anspruch eigener Art.**[89] Der Gesetzgeber hat sich diese Ansicht in der Gesetzesbegründung zur Reform des Schadensrechts ausdrücklich zu eigen gemacht.[90] Danach bleibt der Anspruch auf Ersatz des immateriellen Schadens von der Abschaffung des § 847 BGB unberührt.[91] Er ist ein Anspruch eigener Art, der vom Schmerzensgeldanspruch zu unterscheiden ist.[92] Beide Ansprüche können nebeneinander bestehen.

2. Voraussetzungen

154 **a) Schmerzensgeld nach § 253 Abs. 2 BGB.** Voraussetzung des Schmerzensgeldanspruchs gemäß § 253 Abs. 2 BGB ist ein deliktischer oder vertraglicher **Schadensersatzanspruch,** der sich aus der Verletzung der abschließend aufgezählten **Rechtsgüter** Gesundheit, Freiheit oder

---

[88] Grundlegend dazu die „Herrenreiter-Entscheidung" BGH 14. 2. 1958 – I ZR 151/56, BGHZ 26, 349 (355f.), deren Begründung auf eine Analogie zur Freiheitsberaubung abstellte. Zur Entwicklung Staudinger/*Hager* § 823 Rn. C 2.

[89] Grundlegend BGH 15. 11. 1994 – VI ZR 56/94, BGHZ 128, 1 (15) unter Bezug auf BVerfG 14. 2. 1973 – 1 BvR 112/65, AP GG Art. 2 Nr. 21. Die Abkehr von der früheren Begründung klingt bereits in der „Ginsengwurzel-Entscheidung" an, BGH 19. 11. 1961 – VI ZR 259/60, BGHZ 35, 363 (368f.). Untergerichtliche Entscheidungen leiten allerdings auch noch nach 2000 den Anspruch bei Persönlichkeitsrechtsverletzung aus § 847 BGB ab, so LAG Berlin 14. 11. 2002 – 16 Sa 970/02, NZA-RR 2002, 523 (525); ArbG Dresden 7. 7. 2003 – 5 Ca 5954/02, ArbuR 2004, 114; dazu kritisch *Wickler* ArbuR 2004, 87 (87f.).

[90] Gesetzesbegründung, BT-Drucks. 14/7752, S. 25.

[91] Dazu kritisch *Wagner* NJW 2002, 2049 (2056f.).

[92] Zu beiden Ansprüchen *Wickler* ArbuR 2004, 87.

sexueller Selbstbestimmung ergibt. Das Leben ist nicht aufgezählt; bei Selbstmord eines Mobbingopfers können dessen Angehörige also nur für eigene Gesundheitsschäden Schmerzensgeld verlangen.[93] Soweit die deliktischen und vertraglichen Schadensersatzansprüche verschuldensabhängig sind, setzt auch das Schmerzensgeld Verschulden voraus.

Ersatzfähig sind **Nichtvermögensschäden,** die sich aus nachteiligen Folgen für die körperliche und seelische Verfassung des Geschädigten ergeben, neben Schmerzen also auch Wesensänderung, Schmälerung der Lebensfreude und schwere nervliche Belastungen.[94] Als Faustformel kann die Frage dienen, inwieweit das Leben des Geschädigten durch das Mobbing und seine Folgen beeinträchtigt wurde und wird.[95] Voraussetzung des Anspruchs aus § 253 Abs. 2 BGB ist, dass die Beeinträchtigung **kausal** auf die Verletzung eines der aufgezählten Rechtsgüter zurückgeführt werden kann. **155**

b) Geldersatzanspruch bei Verletzung des Persönlichkeitsrechts. **156** Das **Allgemeine Persönlichkeitsrecht** wird als umfassendes Recht auf Achtung und Entfaltung der Persönlichkeit aus Artt. 1, 2 GG abgeleitet.[96] Daraus folgt grundsätzlich auch ein Anspruch auf Ersatz des immateriellen Schadens bei Verletzung des Persönlichkeitsrechts. Seine praktische Bedeutung in Mobbingfällen ergibt sich daraus, dass anderen Ansprüchen Hindernisse entgegenstehen. So sind bei Gesundheitsschäden zwar Schadensersatz und Schmerzensgeld geschuldet, die Kausalität des Mobbings für den Schaden ist aber oft nicht nachweisbar.[97] Bei der Verletzung des Persönlichkeitsrechts stellt sich das Beweisproblem zwar im geringeren Maße, sie ruft jedoch nur selten materielle Schäden hervor, so dass in der Praxis oft nur der immaterielle Schaden mit Aussicht auf Erfolg eingeklagt werden kann.

aa) Für den Anspruch auf Ersatz des immateriellen Schadens gelten jedoch in mehrfacher Hinsicht Besonderheiten. Wie erwähnt, ist das Persönlichkeitsrecht im Vergleich zu den Rechtsgütern des § 823 Abs. 1 BGB ein sog. **offenes Recht:** Seine Verletzung ist nicht regelmäßig rechtswidrig, sondern die Rechtswidrigkeit muss durch Abwägung der betroffenen Interessen im Einzelfall festgestellt werden.[98] Dabei ist ers- **157**

---

93 Vgl. Palandt/*Heinrichs* § 253 Rn. 12.

94 Im Einzelnen umstritten, dazu *Palandt/Heinrichs* § 253 Rn. 15f.; AnwKomm/*Huber* § 253 Rn. 1ff. zu der Neufassung; MünchKomm/*Oetker* § 253 Rn. 7ff. zur Persönlichkeitsrechtsverletzung.

95 Vgl. *Wickler* ArbuR 2004, 87 (92f.).

96 Staudinger/*Hager* § 823 Rn. 3ff. zu Mobbing Rn. 241; Palandt/*Thomas* § 823 Rn. 176.

97 Im Einzelnen unten Rn. 304ff.

98 Dazu oben Rn. 105 und *Rieble/Klumpp* ZIP 2002, 369 (369, 370, 371; zur Interessenabwägung 374f.).

tens zu fragen, ob der Beeinträchtigung des Persönlichkeitsrechts ein schutzwürdiges Interesse des Arbeitgebers gegenübersteht und zweitens, ob das Persönlichkeitsrecht deutlich überwiegt.

158 Wenn also arbeitsrechtliche **Weisungen** oder ähnliche Maßnahmen nicht als Mittel der Zermürbung eingesetzt werden, sondern durch die Lage des Arbeitgebers motiviert sind, scheiden eine rechtswidrige Verletzung des Persönlichkeitsrechts und damit auch ein Anspruch auf Ersatz des immateriellen Schadens von vornherein aus.[99] Auch bei rechtswidrigen oder fehlerhaften Weisungen geht die Rechtsprechung nicht zwangsläufig von einem ersatzfähigen immateriellen Schaden des betroffenen Arbeitnehmers aus,[100] da der Arbeitgeber ein Interesse daran hat, dass seine Weisungen grundsätzlich befolgt werden. Berechtigte Interessen des Arbeitgebers können auch dann vorliegen, wenn sich eine Maßnahme gezielt gegen einen einzelnen Arbeitnehmer richtet. So hat der Arbeitgeber das Recht, Arbeitnehmer zu kritisieren; auch eine subjektiv gefärbte **Kritik** enthält nicht zwangsläufig eine rechtswidrige Verletzung des Persönlichkeitsrechts.[101]

159 Rechtswidrige Verletzungen des allgemeinen Persönlichkeitsrechts liegen also vor allem vor, wenn belastende Maßnahmen des Arbeitgebers nicht von einem vernünftigen Interesse motiviert sind, sondern vorrangig oder ausschließlich der **Ausgrenzung, Demütigung oder Zermürbung** dienen.[102] In Einzelfällen kann auch ein grundsätzlich vorhandenes Interesse zurücktreten, insbesondere dann, wenn Kritik unter besonders beleidigenden oder demütigenden Umständen geäußert wird, weil sie z. B. vor anderen oder in der Öffentlichkeit vorgebracht wird.[103] Auch hier kommt es auf die Gesamtumstände und den Gesamtprozess des Mobbings an.[104]

160 **bb)** Aus der Natur des allgemeinen Persönlichkeitsrechts als „offenes Recht" ergeben sich außerdem differenzierte **Rechtsfolgen.** So führen rechtswidrige Verletzungen des Persönlichkeitsrechts zwar regelmäßig zu einem Unterlassungsanspruch. Sie müssen jedoch eine gewisse Schwelle überschritten haben, um eine Entschädigung in Geld erforder-

---

[99] Zum „Schmerzensgeld" s. auch ArbG Lübeck 7. 9. 2000 – ÖD 2 Ca 1850 b/00, AuA 2001, 138 ; LAG Berlin 6. 3. 2003 18 Sa 2299/02, MDR 2003, 881.

[100] LAG Nürnberg 2. 7. 2002 – 6 (3) Sa 154/01, NZA-RR 2003, 121; ähnlich ArbG Duisburg 29. 6. 2000 – 1 Ca 1152/00, NZA-RR 2001, 304.

[101] LAG Hamm 25. 6. 2002 – 18 (11) Sa 1295/01, AP BGB § 611 Mobbing Nr. 3 = NZA-RR 2003, 8 (9).

[102] LAG Thüringen 10. 4. 2001 – 5 Sa 403/00, NZA-RR 2001, 347; LAG Rheinland-Pfalz 16. 8. 2001 – 6 Sa 415/01, NZA-RR 2002, 121.

[103] LAG Thüringen 15. 2. 2001 – 5 Sa 102/00, NZA-RR 2001, 577; BGH 1. 8. 2002 – III ZR 277/01, NZA 2002, 1214; s. bereits OGH 26. 6. 1997 – 8 ObA 187/97 a, DRdA 1998, 58.

[104] *Rieble/Klumpp* ZIP 2002, 369 (372).

lich zu machen.[105] Entscheidend dafür sind die Bedeutung und Tragweite des Eingriffs in das Persönlichkeitsrecht, Anlass und Beweggrund des Handelnden.[106] Eine schwere Verletzung kann sich auch aus ihrer Wiederholung und Hartnäckigkeit ergeben, selbst wenn die einzelne Verletzung nicht als schwerwiegend anzusehen ist.[107]

cc) Der Anspruch auf Ersatz des immateriellen Schadens bei Verletzung **161**
des Persönlichkeitsrechts setzt außerdem **Verschulden** nach der allgemeinen Regel des § 276 BGB voraus. Vorsatz oder Fahrlässigkeit müssen sich dabei auch auf diejenigen Tatsachen beziehen, die für die Interessenabwägung im Rahmen der Rechtswidrigkeit von Belang sind.[108]

3. Rechtsfolgen

a) Schmerzensgeld nach § 253 Abs. 2 BGB. Wenn durch das Mob- **162**
bing ein Rechtsgut gemäß § 253 Abs. 2 BGB geschädigt wurde – oft die Gesundheit des Mobbingopfers – können nach der allgemeinen Regel des § 253 Abs. 2 BGB **Schmerzensgeldansprüche** geltend gemacht werden. Wie erwähnt, steht dieser Anspruch unabhängig neben dem Anspruch auf Ersatz des immateriellen Schadens wegen Verletzung des Persönlichkeitsrechts; insbesondere können beide auch nicht gegeneinander aufgerechnet werden.[109]

Für das Schmerzensgeld nach § 253 Abs. 2 BGB gelten in Mobbing- **163**
fällen keine Besonderheiten. Es richtet sich nach den allgemeinen Funktionen des Schmerzensgeldes: **Kompensation** für die erlittenen Nachteile und **Genugtuung** des Geschädigten für das, was der Täter ihm angetan hat.[110] Bei Vorsatztaten steht meist die Genugtuungsfunktion, sonst eher die Kompensationsfunktion im Vordergrund.

Bei der **Bemessung** des Schmerzensgeldes sind die Besonderheiten **164**
des Falles auf Seiten des Verletzten und des Schädigers zu berücksichti-

---

[105] Zum Mobbing *Lorenz* PersR 2002, 65 (70); *Rieble/Klumpp* ZIP 2002, 369 (374); allgemein Palandt/*Thomas,* § 823 Rn. 200.

[106] Erman/*Ehmann* Anh § 12 Rn. 384; Palandt/*Thomas* § 823 Rn. 200.

[107] So BGH 12. 12. 1995 – VI ZR 223/94, NJW 1996, 985 (Caroline v. Monaco). Die dargelegten Grundsätze beziehen sich auf ein Pressedelikt, lassen sich jedoch auf die typische Erscheinungsform von Mobbing übertragen. Vgl. dazu *Wickler* ArbuR 2004, 87 (88), der Mobbing offenbar grundsätzlich als schwere Persönlichkeitsrechtsverletzung ansieht; ähnlich auch ArbG Dresden 7. 7. 2003 – 5 Ca 5954/02, ArbuR 2004, 114 (115).

[108] Palandt/*Thomas* § 823 Rn. 197; zum Verschulden bei Weisungen des Arbeitgebers LAG Berlin 14. 11. 2002 – 16 Sa 970/02, NZA-RR 2003, 523 (525), das sich auf die Rechtsgrundlage §§ 847, 823 Abs. 1 BGB stützt.

[109] *Wickler* ArbuR 2004, 87 (92).

[110] MünchKomm/*Oetker* § 253 Rn. 6; kritisch Rn. 9; Palandt/*Heinrichs* § 253 Rn. 11.

gen:[111] auf Seiten des Verletzten Art, Ausmaß und Dauer der physischen und psychischen Störungen und seine persönlichen Verhältnisse (allerdings nicht seine finanzielle Lage!). Auf Seiten des Schädigers kann es auf vorsätzliches oder grob fahrlässiges Verhalten ankommen; hier ist auch seine persönliche finanzielle Leistungsfähigkeit zu berücksichtigen. Nach einer Entscheidung des ArbG Dresden wirkt sich starke Arbeitsbelastung des Arbeitgebers nicht entlastend aus.[112]

165 In doppelter Hinsicht von Bedeutung kann das **Verhalten des Geschädigten** sein. Bei schuldhaftem Vorverhalten, beispielsweise einer Provokation des Schädigers, kann der Anspruch wegen immaterieller Schäden in gleicher Weise durch Mitverschulden gemäß § 254 BGB gemindert sein wie der Anspruch auf Ersatz materieller Schäden.[113] Aber auch dann, wenn das Verhalten nicht das Maß des Mitverschuldens erreicht, kann es im Rahmen der Schmerzensgeldhöhe anspruchsmindernd berücksichtigt werden.

166 **b) Geldersatzanspruch wegen Verletzung des Persönlichkeitsrechts.** Die **Höhe** des Geldersatzanspruchs wegen Verletzung des Persönlichkeitsrechts ist eine der umstrittensten Fragen der Mobbingproblematik. Weitgehend unstrittig ist allein, dass es nicht auf die Höhe des Monatseinkommens des Mobbingopfers ankommen kann, da das Mobbing einer Verkäuferin nicht „billiger“ sein darf als bei einem Vorstandsmitglied.[114]

167 **aa) Rechtsprechung zur Höhe des Anspruchs.** Das Bild der **Rechtsprechung** ist in den wenigen Fällen, in denen Arbeitnehmern ein Anspruch auf Ersatz des immateriellen Schadens zuerkannt wurde, uneinheitlich. So sprach das Arbeitsgericht Dresden 2003 einem Mobbingopfer wegen Verletzung des Persönlichkeitsrechts € 25.000,– zu; der Gesamtanspruch auf Schmerzensgeld und Schadensersatz betrug knapp € 62.000,–.[115] Die Klägerin des zugrundeliegenden Verfahrens litt aufgrund Mobbings an schweren depressiven Störungen mit Suizidalität. Ähnlich schwer beeinträchtigt war der Bankdirektor im bereits mehrfach erwähnten Fall des LAG Rheinland-Pfalz, dem in erster Instanz DM 50.000,– „Schmerzensgeld“ zuerkannt worden waren. Das LAG

---

[111] Ausführlich Palandt/*Heinrichs* § 253 Rn. 18ff.; *Wickler* ArbuR 2004, 87 (92f.), der die Dauer des Mobbing als grundlegendes Kriterium ansieht.

[112] ArbG Dresden 7. 7. 2003 – 5 Ca 5954/02, ArbuR 2004, 114.

[113] Vgl. oben Rn. 60f.

[114] LAG Rheinland-Pfalz 16. 8. 2001 – 6 Sa 415/01, NZA-RR 2002, 121; *Rieble/Klumpp* FA 2002, 307 (310); *Wickler* ArbuR 2004, 87 (90) mit Nachweis auf ArbG Ludwigshafen 6. 11. 2000 – 1 Ca 2136/00 (n. v.); zur Praxis *Kasper* NZA-RR 2003, 1 (4).

[115] ArbG Dresden 7. 7. 2003 – 5 Ca 5954/02, ArbuR 2004, 114.

setzte diese Summe allerdings auf eine „symbolische“ Summe von DM 15.000,– herab.[116]

Das BAG hat sich zu systematischem Mobbing noch nicht geäußert. Es hatte sich aber 1999 mit einer einmaligen, allerdings schweren **Verletzung des Persönlichkeitsrechts** einer Arbeitnehmerin durch ihren Arbeitgeber auseinanderzusetzen. Die Klägerin war schwanger und hatte sich arbeitsunfähig krank gemeldet. Ihr Arbeitgeber vertrieb ein Anzeigenblatt. In diesem erschien ein Artikel, in dem „Ina M.“ als „faulste Mitarbeiterin Deutschlands“ bezeichnet wurde, als „Königin der Tagediebe“, „schräg und unehrlich“, die selbst nicht wisse, von wem sie schwanger geworden sei. Das BAG sprach ihr – damals noch auf Grundlage von § 847 BGB a.F. – ein Schmerzensgeld in Höhe von DM 4.000,– zu. Bei der Bemessung wurde nach der Urteilsbegründung berücksichtigt, dass der Kreis derjenigen, die gewusst hätten, wer „Ina M.“ sei, recht klein war.[117] **168**

Ein ähnlicher Fall lag einer Entscheidung des LAG Berlin zugrunde. Der Arbeitgeber hatte hier in einem eigenen Anzeigenblatt die Erkrankung einer Mitarbeiterin als „astrale Hypertrophie“ (also als eingebildete Krankheit) bezeichnet. Die Höhe des Schmerzensgeldes von DM 10.000,– begründete das Gericht damit, die Klägerin sei bei dem Leser- und Kundenkreis erheblich in Misskredit gebracht worden und könne in dem betreffenden Stadtbezirk kaum noch erfolgreich als Anzeigenwerberin tätig werden.[118]

bb) Erhöhter Ersatzanspruch aus Präventionsgründen? In der Literatur werden aus Gesichtspunkten der Prävention verbreitet hohe Ersatzansprüche für Mobbingfälle verlangt.[119] Diese Überlegungen führen zu der Kernfrage, ob sich die Rechtsprechung des BGH und des Bundesverfassungsgerichts in den **„Caroline von Monaco-Fällen“** auf den Ersatzanspruch wegen Mobbings übertragen lässt.[120] Die Rechtsprechung hatte in verschiedenen Prozessen wegen erfundener, verzerrter oder indiskreter Presseveröffentlichungen aus dem Privatleben der Klägerin dieser Er- **169**

---

[116] LAG Rheinland-Pfalz 16. 8. 2001 – 6 Sa 415/01, NZA-RR 2002, 121. In der Entscheidung wird nicht ausgeführt, warum die Summe „symbolisch“ sein soll.

[117] BAG 18. 2. 1999 – 8 AZR 735/97, AP BGB § 611 Persönlichkeitsrecht Nr. 31 = NZA 1999, 645.

[118] LAG Berlin 5. 3. 1997 – 13 Sa 137/96, NZA-RR 1998, 488; dazu auch *Wolmerath* PersR 2004, 327 (336).

[119] *Etzel* ArbuR 2002, 226 (231); *Hahn* AiB 2002, 641 (645); *Wickler* ArbuR 2004, 87.

[120] BGH 15. 11. 1994 – VI ZR 56/94, NJW 1995, 861; BGH 5. 12. 1995 – VI ZR 332/94, NJW 1996, 984; BGH 12. 12. 1995 – VI ZR 223/94, NJW 1996, 985 (Caroline v. Monaco) ; BVerfG 5. 4. 2000 – 1 BvR 1213/97, 31. 3. 2000 – 1 BvR 1254/97, 31. 3. 2000 – 1 BvR 1353/99, 13. 4. 2000 – 1 BvR 2080/98, NJW 2000, 2190 ff.; dazu *Wickler* ArbuR 2004, 87 (87 f.).

satzansprüche wegen Verletzung des Persönlichkeitsrechts in nicht unerheblicher Höhe zuerkannt – erheblich vor allem im Vergleich zu den in Deutschland traditionell niedrigen Schmerzensgeldbeträgen. Zur Begründung wurde in den Urteilen die **Präventionswirkung** des Ersatzanspruchs betont: Die Prävention erfordere eine erhebliche Höhe der Entschädigung, weil von ihr sonst kein hemmender Effekt ausgehe.

170 Sicherlich besteht auch bei Mobbing ein grundsätzliches Bedürfnis nach Prävention, jedoch sind Pressedelikte nicht in jeder Hinsicht mit der Situation am Arbeitsplatz vergleichbar. Vergleichbar ist indessen, dass sich die Schwere der Persönlichkeitsrechtsverletzung vor allem aus der **Wiederholung** ergibt: Ebenso wie eine einzelne Mobbinghandlung ist nicht der einzelne Pressebericht verletzend, wohl aber deren ständige Wiederkehr.[121]

171 Der Unterschied liegt jedoch in der Pressedelikten eigenen **Kommerzialisierung** des Persönlichkeitsrechts. In den „Caroline von Monaco"-Fällen hatte die Beklagte aus dem Privatleben der Klägerin berichtet, um ihre Auflage zu steigern. Mobbing ergibt sich selten aus solchen rationalen Überlegungen, sondern in aller Regel aus dem Zusammenleben und -wirken von Menschen am Arbeitsplatz. Insbesondere bei Mobbing durch den Arbeitgeber hat dieser außerdem eher finanzielle Nachteile, beispielsweise durch Lohnfortzahlung. Vergleichbar sind daher vor allem die – eher seltenen – Fälle, in denen der Arbeitnehmer gezielt „hinausgeekelt" werden soll, um beispielsweise seine Stelle einzusparen.

172 Die Notwendigkeit von Prävention genügt daher nicht allein, um in Mobbingfällen grundsätzlich eine erhöhte Entschädigung zuzubilligen:[122] In allen Fällen der Verletzung des Persönlichkeitsrechts ist grundsätzlich Prävention geboten; eine Ausnahme würde damit zur Regel. Andererseits ist die Entschädigungszahlung auch nicht nur symbolisch, wie das LAG Rheinland-Pfalz meint. Die Höhe der Entschädigung ist daher im **Einzelfall** festzustellen. Je mehr der Mobbingfall mit den Pressefällen vergleichbar ist, desto eher ist eine erhöhte Entschädigung möglich. Voraussetzung ist eine starke Intensität des Mobbings, insbesondere eine erhebliche Häufigkeit, Dauer und Wiederholungsgefahr, und außerdem die Frage, ob sich hinter dem Mobbing kommerzielle Überlegungen verbergen.

173 **cc) Berücksichtigung gewonnener Prozesse bei der Anspruchshöhe.** Steht bei der Entschädigung weniger die Prävention, sondern die Genugtuung im Vordergrund, stellt sich die Frage, ob die **Genugtuungswirkung gewonnener Prozesse** anspruchsmindernd berücksichtigt werden kann. Das LAG Rheinland-Pfalz ging in der eben erwähnten

---

[121] Dazu oben Rn. 23 ff.

[122] So aber *Wickler* ArbuR 2004, 87.

Entscheidung davon aus.[123] Daran ist kritisiert worden, dass diese Überlegung den Gesamtprozess nicht hinreichend berücksichtige, da sich das Mobbing nach einem gewonnenen Prozess oft noch intensiviere.[124] Jedoch erfordert die Betrachtung des Gesamtprozesses „Mobbing" gerade eine Berücksichtigung der Gerichtsverfahren: Es ist nicht zu leugnen, dass der Sieg vor Gericht zunächst zu einer Genugtuung führt. Wird das Mobbing anschließend intensiviert, wirkt sich das im Zuge des Gesamtprozesses wiederum erhöhend auf die Entschädigungssumme aus.

III. Gestaltungsrechte

Für Mobbingopfer ist das Erscheinen am Arbeitsplatz mit besonderer **174** Belastung verbunden. Oft werden sie daher an eine ordentliche oder sogar außerordentliche **Kündigung** des Arbeitsverhältnisses denken. In Zeiten hoher Arbeitslosigkeit ist das allerdings eine weitreichende Entscheidung, zumal Mobbing oft gerade dem Ziel dient, den Betroffenen aus dem Arbeitsverhältnis zu drängen. Damit stellt sich die Frage nach **Schadensersatzansprüchen** wegen der Kündigung. Aber auch während eines bestehenden Arbeitsverhältnisses kann ein Mobbingopfer aus rechtlichen Gründen von seiner **Arbeitspflicht befreit** sein.

1. Arbeitnehmerseitige Kündigung

Wenn ein Mobbingopfer von sich aus den Arbeitsplatz aufgeben **175** möchte, hat es zunächst die Möglichkeit der **fristgerechten Kündigung.** Dabei ergeben sich keine Besonderheiten, da eine ordentliche fristgerechte Kündigung für Arbeitnehmer ohne besonderen Grund jederzeit möglich ist. Allerdings sind die nach dem Arbeitsvertrag i.V.m. § 622 BGB geltenden Kündigungsfristen einzuhalten. Bis zum Ablauf der Kündigungsfrist ist dann grundsätzlich auch die Arbeitsleistung geschuldet. Ist das Mobbing so unerträglich, dass dem Opfer ein Verbleib am Arbeitsplatz bis zum Ablauf seiner Kündigungsfrist unzumutbar ist, kann das Arbeitsverhältnis auch vom Arbeitnehmer nach § 626 BGB **fristlos gekündigt** werden.[125]

Kündigungen durch den Arbeitnehmer bringen für diesen allerdings **176** erhebliche Risiken mit sich. Wenn der Kündigende noch keine neue Stelle gefunden hat, greift eine **Sperrfrist** für den Bezug von Arbeitslosengeld (§ 144 Abs. 1 Nr. 1 SGB III) und daraus folgend die Kürzung der Bezugsdauer (§ 128 Abs. 1 Nr. 4 SGB III). Im Fall schweren Mob-

---

[123] LAG Rheinland-Pfalz 16. 8. 2001 – 6 Sa 415/01, NZA-RR 2002, 121; dem folgend *Rieble/Klumpp* ZIP 2002, 369 (376); *dies.* FA 2002, 307 (310f.).

[124] *Wickler* ArbuR 2004, 87 (88f.).

[125] Dazu *Kollmer* AR-Blattei SD, 1215 Mobbing Rn. 48.

bings kann sich nach einer Entscheidung des BSG aus dem Jahr 2003 die Sperrfrist allerdings wegen besonderer Härte nach § 144 Abs. 3 Satz 2 Nr. 2b) SGB III auf sechs Wochen verkürzen.[126] Darüber hinaus sind im Arbeitsvertrag nicht selten **Rückzahlungsklauseln** vorgesehen, die Arbeitnehmer verpflichten, im Fall einer eigenen Kündigung Gratifikationen (z. B. Weihnachtsgeld) oder Ausbildungskosten zurückzuerstatten.[127]

177 Ein Ausgleich der finanziellen Folgen einer Eigenkündigung ist unter den Voraussetzungen von § 628 Abs. 2 BGB möglich. Danach steht dem Kündigenden ein **Schadensersatzanspruch** zu, wenn eine außerordentliche Kündigung durch vertragswidriges Verhalten des anderen Teiles veranlasst wird. Voraussetzung ist eine wirksame außerordentliche Kündigung, es muss also zusätzlich der Tatbestand des § 626 BGB erfüllt sein.[128]

178 **a) Voraussetzungen einer arbeitnehmerseitigen außerordentlichen Kündigung. aa) Kündigungsgrund.** Nach herrschender Ansicht beurteilt sich das Vorliegen eines **wichtigen Grundes** für eine außerordentliche Kündigung durch den Arbeitnehmer nach den gleichen Maßstäben wie bei Kündigung durch den Arbeitgeber.[129] Es müssen also
(1) unstreitige oder bewiesene **Tatsachen** vorliegen,
(2) die unter Berücksichtung aller Umstände des **Einzelfalls**
(3) und Abwägung der betroffenen **Interessen**
(4) das Abwarten der Kündigungsfrist **unzumutbar** machen.

179 Typische Gründe für eine arbeitnehmerseitige außerordentliche Kündigung, die in Mobbingfällen eingreifen können, sind vor allem **ehrverletzende,** beleidigende oder Missachtung zum Ausdruck bringende Äußerungen des Arbeitgebers.[130] Auch bei einem schuldhaften Verstoß gegen die **Beschäftigungspflicht** kann der Arbeitnehmer außerordentlich kündigen; ebenso, wenn ihm wesentliche Aufgaben entzogen werden

---

[126] BSG 21. 10. 2003 – B 7 AL 92/02 R, AP SGB III § 144 Nr. 2; dazu *Ascheid/Preis/Schmidt* Kündigungsrecht, Die sozialrechtlichen Folgen der Beendigung von Arbeitsverhältnissen, Rn. 488; allgemein zu Mobbing Rn. 485 ff.

[127] *Grünwald/Hille,* Mobbing im Betrieb, S. 172 ff.

[128] LAG Hessen 23. 3. 2001 – 9/2 Sa 761/00, NZA-RR 2002, 581; s. auch Palandt/*Putzo* § 628 Rn. 6; zum wichtigen Grund BAG 8. 8. 2002 – 8 AZR 547/01, AP BGB § 628 Nr. 14 = NZA 2002, 1323. Nach ErfKomm/*Müller-Glöge* § 628 BGB Rn. 50 f. sind die Voraussetzungen von § 628 Abs. 2 BGB enger als die von § 626 BGB; ähnlich Kittner/Däubler/Zwanziger/*Däubler* KSchR § 628 BGB Rn. 13 ff.

[129] Grundlegend BAG 19. 6. 1967 – 2 AZR 287/66, AP GewO § 124 Nr. 1; ErfKomm/*Müller-Glöge* § 626 BGB Rn. 193; Staudinger/*Preis* § 626 Rn. 237; Palandt/*Putzo* § 628 Rn. 37 ff.; zur Gegenansicht Erman/*Belling* § 626 Rn. 85; Kittner/Däubler/Zwanziger/*Däubler* KSchR § 626 Rn. 177.

[130] Kittner/Däubler/Zwanziger/*Däubler* KSchR § 626 Rn. 183; ErfKomm/*Müller-Glöge* § 626 BGB Rn. 196; Palandt/*Putzo* § 628 Rn. 59; Staudinger/*Preis* § 626 Rn. 241.

und das für ihn kränkend ist.[131] Aus gesundheitlichen Aspekten ist eine Kündigung möglich, wenn die **Gesundheit** durch die Umstände der Arbeit ernsthaft gefährdet ist[132] oder wenn der Arbeitnehmer durch Krankheit dauerhaft arbeitsunfähig ist.[133]

Für die außerordentliche Kündigung ist auch dann, wenn sie durch den Arbeitnehmer erfolgt, grundsätzlich eine vorherige **Abmahnung** erforderlich. Sie kann nur dann entfallen, wenn sie von vornherein sinnlos ist, weil nicht mit einer Veränderung der Situation gerechnet werden kann.[134] Bei einigen Kündigungsgründen, z.B. der Verletzung der Beschäftigungspflicht oder Gefährdung der Gesundheit, ist darüber hinaus eine außerordentliche Kündigung nur gerechtfertigt, wenn der Arbeitgeber den Kündigungsgrund zumindest grob fahrlässig nicht behoben hat.[135] **180**

bb) Kündigungserklärungsfrist. Nach § 626 Abs. 2 BGB muss die außerordentliche Kündigung innerhalb einer Frist von **zwei Wochen** erfolgen; Fristbeginn ist der Zeitpunkt, in dem der Kündigungsberechtigte von den für die Kündigung maßgeblichen Tatsachen Kenntnis erlangte. Diese kurze Frist gilt nach herrschender Auffassung auch für die Kündigung durch Arbeitnehmer.[136] Bei Mobbing liegt aufgrund des typischen systematischen Vorgehens regelmäßig ein sog. Dauertatbestand vor, bei dem sich die Verletzung der vertraglichen Pflichten über einen längeren Zeitraum hinzieht. **181**

Für **Dauertatbestände** gelten folgende Grundsätze:[137] Wenn die Verletzung abgeschlossen werden kann, indem z.B. dem Arbeitnehmer wie- **182**

---

[131] ErfKomm/*Müller-Glöge* § 626 BGB Rn. 197; MünchKomm/*Schwerdtner* § 626 Rn. 163; BAG 15. 6. 1972 – 2 AZR 345/71, AP BG § 628 Nr. 7; grundlegend BAG 27. 2. 1985 – GS 1/84, AP BGB § 611 Beschäftigungspflicht Nr. 14 = NZA 1985, 702. Nach LAG Berlin 17. 1. 2003 – 6 Sa 1735/02, EZA-SD 2003, Nrn. 6,10 ist jedenfalls für einen Schadensersatzanspruch wegen Mobbings erforderlich, daß die Nichtbeschäftigung sich gegen die Person des Arbeitnehmers richtet und nicht nur Reflex einer unternehmerischen Entscheidung ist.

[132] Palandt/*Putzo* § 626 Rn. 59; MünchKomm/*Schwerdtner* § 626 Rn. 161 zur Verletzung der Fürsorgepflicht.

[133] Kittner/Däubler/Zwanziger/*Däubler* KSchR § 626 Rn. 189; enger ErfKomm/*Müller-Glöge* § 626 BGB Rn. 199; MünchKomm/*Schwerdtner* § 626 Rn. 164.

[134] Kittner/Däubler/Zwanziger/*Däubler* KSchR § 626 Rn. 178; ErfKomm/*Müller-Glöge* § 626 BGB Rn. 193.

[135] Palandt/*Putzo* § 626 Rn. 57, 59; ErfKomm/*Müller-Glöge* § 626 BGB Rn. 193 ff.; MünchKomm/*Schwerdtner* § 626 Rn. 167.

[136] Kittner/Däubler/Zwanziger/*Däubler* KSchR § 626 Rn. 199; ErfKomm/*Müller-Glöge* § 626 BGB Rn. 248; anders *Gamillscheg,* FS 25 Jahre BAG (1979), S. 117 (125).

[137] Dazu BAG 17. 8. 1972 – 2 AZR 359/71, AP BGB § 626 Ausschlussfrist Nr. 4; Kittner/Däubler/Zwanziger/*Däubler* KSchR § 626 Rn. 213 ff.; Bamberger/Roth/*Fuchs* § 626 Rn. 34; ErfKomm/*Müller-Glöge* § 626 BGB Rn. 267 ff.;

der sinnvolle Beschäftigung zugewiesen wird, beginnt die Frist spätestens mit dem Abschluss. In der Regel gibt es aber keinen derartigen Abschluss. Soweit sich die Vertragsverletzungen durch Mobbing zu einem Gesamtkomplex zusammenfassen lassen, beginnt die Kündigungserklärungsfrist mit dem jeweils letzten Teilakt, bei jedem Teilakt beginnt also die Frist von neuem. Dabei ist das frühere Verhalten mit zu berücksichtigen, auch wenn es schon mehr als zwei Wochen zurückliegt.

183 **b) Voraussetzungen und Folgen des Schadensersatzanspruchs gemäß § 628 Abs. 2 BGB. aa)** Der Schadensersatzanspruch des § 628 Abs. 2 BGB setzt eine wirksame Kündigung nach § 626 BGB voraus, es muss also ein wichtiger Grund vorliegen und die Kündigungserklärungsfrist nach § 626 Abs. 2 BGB eingehalten worden sein. Da § 628 Abs. 2 BGB einen Sonderfall der Schadensersatzpflicht nach § 280 Abs. 1 BGB (frühere positive Vertragsverletzung) normiert, ist der Schadensersatzanspruch zwingend vom **Verschulden** des Anspruchsgegners – hier also des Arbeitgebers – abhängig.[138] Die schuldhafte Vertragsverletzung muss außerdem für die Kündigung kausal gewesen sein.[139] Wegen der speziellen Natur des § 628 Abs. 2 BGB treten andere Anspruchsgrundlagen aus Vertrag oder Delikt als subsidiär zurück.[140]

184 Der Tatbestand des § 628 Abs. 2 BGB ist enger als der des § 626 BGB, da weitere Tatbestandsmerkmale hinzutreten müssen. Der Schadensersatzanspruch ergibt sich nur für eine Teilgruppe der außerordentlichen Kündigungen, für die kumulativ folgende Voraussetzungen vorliegen:

(1) Eine wirksame, fristgerecht erklärte außerordentliche **Kündigung,**
(2) deren Grund in einem **Verhalten des anderen Teils** – hier des Arbeitgebers – liegt,
(3) wobei dieses Verhalten **vertragswidrig**
(4) und **schuldhaft** war.

Palandt/*Putzo* § 626 Rn. 27; Staudinger/*Preis* § 626 Rn. 292ff.; *Grünwald/Hille,* Mobbing im Betrieb, S. 176.

138 BAG 26. 7. 2001 – 8 AZR 739/00, AP BGB § 628 Nr. 13 = NZA 2002, 325; Kittner/Däubler/Zwanziger/*Däubler* KSchR § 628 Rn. 13; ErfKomm/*Müller-Glöge* § 628 BGB Rn. 45.

139 BAG 10. 5. 1971 – 3 AZR 126/70, AP BGB § 628 Nr. 6; ErfKomm/*Müller-Glöge* § 628 BGB Rn. 44, 49f.; Staudinger/*Preis* § 628 Rn. 43f.; nach Palandt/*Putzo* § 628 Rn. 6 muß es nicht notwendig der einzige Grund gewesen sein. Dem ist nach dem Gesamtzusammenhang des § 628 BGB jedoch nur insoweit zuzustimmen, als der vom Kündigungsempfänger – hier dem Arbeitgeber – gesetzte Grund dann auch allein den Anforderungen von § 628 Abs. 2 BGB genügen muss.

140 BAG 26. 7. 2001 – 8 AZR 739/00, AP BGB § 628 Nr. 13 = NZA 2002, 325; bestätigt durch BAG 22. 4. 2004 – 8 AZR 269/03, AP BGB § 628 Nr. 18 = DB 2004, 1784.

bb) Umstritten ist, ob der Schadensersatzanspruch des § 628 Abs. 2 BGB bei Vorliegen der übrigen Voraussetzungen auch auf **andere Beendigungsgründe** als die außerordentliche Kündigung Anwendung finden kann. Schließen die Parteien einen Aufhebungsvertrag, so kann nach einer Entscheidung des BAG § 628 Abs. 2 BGB nur eingreifen, wenn sich der Geschädigte das ausdrücklich vorbehalten hat.[141] Bei einer ordentlichen Kündigung kommt ein Schadensersatzanspruch nach § 628 Abs. 2 BGB in Betracht, wenn sie wegen eines Verhaltens mit dem Gewicht eines wichtigen Grundes erfolgte.[142] Allerdings scheidet nach einer Entscheidung des BAG aus dem Jahr 2003 ein Anspruch aus § 628 Abs. 2 BGB aus, wenn im Rahmen einer gerichtlichen Auflösung des Arbeitsverhältnisses bereits eine Abfindung nach §§ 9, 10 KSchG zuerkannt wurde.[143] 185

cc) Rechtsfolge des § 628 Abs. 2 BGB ist der Ersatz des **Erfüllungsinteresses.** Der kündigende Arbeitnehmer ist also so zu stellen, wie er bei Fortbestand des Arbeitsverhältnisses gestanden hätte.[144] Das bedeutet im Einzelnen:[145] Dem Arbeitnehmer ist die entgangene Vergütung einschließlich aller Nebenleistungen wie Tantiemen oder Dienstwagennutzung zu erstatten, außerdem die Aufwendungen für die Suche nach einem neuen Arbeitsplatz. Der Anspruch auf Ersatz der entgangenen Vergütung endet mit dem Zeitpunkt, an dem die Kündigungsfrist einer fiktiven ordentlichen Kündigung abliefe, und zwar nach der Rechtsprechung unabhängig davon, ob die Kündigung tatsächlich sozial gerechtfertigt wäre.[146] 186

Der Ersatzanspruch nach § 628 Abs. 2 BGB ist **gemindert,** wenn der geschädigte Arbeitnehmer keine angemessenen Anstrengungen unternimmt, sich um eine anderweitige Beschäftigung zu bemühen. Für § 628 Abs. 2 BGB gilt die Regelung des Mitverschuldens gemäß § 254 BGB; anders als bei der Regelung des Annahmeverzugs in § 615 Satz 2 BGB 187

---

[141] BAG 10. 5. 1971 – 3 AZR 126/70, AP BGB § 628 Nr. 6.

[142] Vgl. BAG 11. 2. 1981 – 7 AZR 12/79, AP KSchG 1969 § 4 Nr. 8; anders Palandt/*Putzo* § 628 Rn. 1.

[143] BAG 12. 6. 2003 – 8 AZR 341/02, AB BGB § 628 Nr. 16.

[144] BAG 5. 10. 1962 – 1 AZR 51/61, AP BGB § 628 Nr. 2 zu einer Kündigung durch den Arbeitgeber; BAG 20. 11. 1996 – 5 AZR 518/95, AP BGB § 611 Berufssport Nr. 12 = NZA 1997, 647; ErfKomm/*Müller-Glöge* § 628 BGB Rn. 64; Palandt/*Putzo* § 628 Rn. 8.

[145] Dazu Erman/*Belling* § 628 Rn. 32 f.; Kittner/Däubler/Zwanziger/*Däubler,* KSchR, § 628 Rn. 24 ff.; ErfKomm/*Müller-Glöge* § 628 BGB Rn. 96 ff.; Staudinger/*Preis* § 628 Rn. 45 f., 52 ff.; Palandt/*Putzo* § 628 Rn. 8.

[146] BAG 26. 7. 2001 – 8 AZR 739/00, AP BGB § 628 Nr. 13 = NZA 2002, 325; bestätigt durch BAG 22. 4. 2004 – 8 AZR 269/03, AP BGB § 628 Nr. 18 = DB 2004, 1784; *Wolmerath,* Mobbing im Betrieb, Rn. 255. Dogmatisch ist diese Rechtsprechung zweifelhaft, aber ein anderes Ergebnis ist kaum vorstellbar, da der Schadensersatzanspruch sonst theoretisch unbegrenzt wäre.

ist also kein böswillig unterlassener Erwerb erforderlich. § 254 BGB gilt auch für die Aufwendungen, die der Arbeitnehmer durch die Beendigung des Arbeitsverhältnisses erspart, z. B. Fahrtkosten.

2. Zurückbehaltungsrecht und weitere Möglichkeiten

188 Trotz der Möglichkeit eines Schadensersatzanspruchs nach § 628 Abs. 2 BGB werden Mobbingopfer in der Regel ein Interesse daran haben, am Arbeitsverhältnis festzuhalten. Gleichzeitig kann die Erfüllung ihrer Arbeitspflicht für sie aber unerträglich sein. In der Praxis stellt sich daher oft die Frage, unter welchen Voraussetzungen Mobbingopfer von ihrer **Arbeitspflicht befreit** sein können, ohne ihren Arbeitsplatz zu verlieren. Nach den allgemeinen Regeln ist das der Fall, wenn sie arbeitsunfähig erkrankt sind. Daneben besteht die Möglichkeit, ein Zurückbehaltungsrecht geltend zu machen, in extremen Fällen ein Leistungsverweigerungsrecht aus anderen Gründen.

189 **a) Zurückbehaltungsrecht.** Die Regeln der §§ 273, 320 BGB zum Zurückbehaltungs- und Leistungsverweigerungsrecht sind grundsätzlich auch auf das Arbeitsverhältnis anwendbar.[147] Von ihnen setzt das **Leistungsverweigerungsrecht** § 320 BGB die Nichterfüllung im Gegenseitigkeitsverhältnis stehender Hauptleistungspflichten voraus, kann von Arbeitnehmern also vor allem geltend gemacht werden, wenn der Arbeitgeber keinen Lohn zahlt. Nach einer umstrittenen Entscheidung des BAG aus dem Jahr 1963 fällt auch die Fürsorgepflicht des Arbeitgebers in das Gegenseitigkeitsverhältnis.[148] Das kommt jedoch allenfalls bei eklatanten Verletzungen der Fürsorgepflicht in Betracht, die die Leistung der Arbeitspflicht nahezu unmöglich machen.

190 Praktische Bedeutung in Mobbingfällen hat daher vor allem das **Zurückbehaltungsrecht** nach § 273 BGB.[149] Das Zurückbehaltungsrecht ist eine Einrede, wird also nur wirksam, wenn es ausdrücklich oder konkludent geltend gemacht wird.[150] Der fällige Anspruch des Arbeitnehmers im Sinne des § 273 Abs. 1 BGB folgt dann aus der Verletzung der Fürsorgepflicht oder anderer Vertragspflichten durch Mobbinghandlungen des Arbeitgebers. Bei Vorliegen der Voraussetzungen des § 273 BGB gerät der Arbeitgeber in Annahmeverzug gemäß § 615 BGB, muss

---

[147] ErfKomm/*Preis* § 611 BGB Rn. 851.

[148] BAG 20. 12. 1963 – 1 AZR 428/62, NJW 1964, 883 = BAGE 15, 174: „menschenunwürdige Behandlung"; Palandt/*Heinrichs* § 320 Rn. 4.

[149] MünchHdb ArbR/*Blomeyer* § 49 Rn. 60; *Kollmer* AR-Blattei SD, 1215 Mobbing Rn. 47; *Otto* AR-Blattei SD 1880 Zurückbehaltungsrecht Rn. 84; *Wolmerath,* Mobbing im Betrieb, Rn. 248.

[150] Palandt/*Heinrichs* § 273 Rn. 19f.; Erman/*Kuckuk* § 273 Rn. 31; LAG Niedersachsen 3. 5. 2000 – 16 Sa 1391/99, NZA-RR 2000, 517 (519).

also grundsätzlich das Entgelt weiterzahlen; eine Kündigung wegen der Leistungsverweigerung ist ausgeschlossen.[151]

Auch wenn anders als bei § 320 BGB kein Gegenseitigkeitsverhältnis erforderlich ist, muss doch **Verhältnismäßigkeit** gegeben sein: Die Arbeitsverweigerung darf gegenüber der Intensität des Mobbings nicht unverhältnismäßig erscheinen. Nach einer Entscheidung des LAG Niedersachsen scheidet ein Zurückbehaltungsrecht nach § 273 BGB aus, wenn Arbeitnehmer die Eskalation am Arbeitsplatz selbst mitverursacht haben oder wenn wegen einer geringen Gegenforderung die ganze Leistung zurückgehalten wird.[152] Außerdem muss der Arbeitnehmer den Arbeitgeber auf die Missstände hinweisen und ihm auch zeitlich Gelegenheit geben, sie abzustellen.[153] **191**

Diese engen Voraussetzungen machen die Geltendmachung eines Zurückbehaltungsrechts für betroffene Arbeitnehmer **riskant.** Nach einer Entscheidung des LAG Frankfurt kann das Fernbleiben vom Dienst eine Kündigung rechtfertigen, wenn dem Arbeitgeber keine Verletzung der Fürsorgepflicht nachgewiesen werden kann oder ihm nicht vorher Gelegenheit zur Änderung gegeben wurde. Außerdem entfällt nach der Entscheidung der Entgeltanspruch des betroffenen Arbeitnehmers.[154] In der Praxis kommt das Zurückbehaltungsrecht daher vorrangig bei intensivem, gezieltem Mobbing durch den Arbeitgeber selbst in Betracht. **192**

b) Unzumutbarkeit und Unmöglichkeit. aa) In der Literatur wird vertreten, dass bei Mobbing durch Arbeitgeber oder Kollegen ein Fall der **Unzumutbarkeit** der Arbeitsleistung vorliegen kann.[155] In eine ähnliche Richtung geht ein Urteil des BSG aus dem Jahr 2003, nach dem bei Eigenkündigung eines Mobbingopfers die verkürzte Sperrfrist des § 144 Abs. 3 Satz 2 SGB III Anwendung finden kann, da auch die Ausübung psychischen Drucks die Arbeitsleistung unzumutbar machen könne.[156] **193**

---

[151] ErfKomm/*Preis* § 611 BGB Rn. 851.

[152] LAG Niedersachsen 3. 5. 2000 – 16 Sa 1391/99, NZA-RR 2000, 517 (519).

[153] LAG Hessen 26. 8. 1997 – 7 Sa 535/97, ArztR 1998, 146; Kurzdarstellung *Wagner/Bergmann* AiB 2004, 103 (104).

[154] LAG Hessen 26. 8. 1997 – 7 Sa 535/97, ArztR 1998, 146; Kurzdarstellung *Wagner/Bergmann* AiB 2004, 103 (104); s. auch LAG Hessen 21. 2. 2003 – 12 Sa 561/02, NZA-RR 2004, 356, wonach das Mobbingopfer grundsätzlich keinen Sonderkündigungsschutz genießt; ebenso *Kollmer,* Mobbing im Arbeitsverhältnis, Rn. 83.

[155] MünchHdb ArbR/*Blomeyer* § 49 Rn. 45; *Kollmer,* Mobbing im Arbeitsverhältnis, Rn. 83 a ff.

[156] BSG 21. 10. 2003 – B 7 AL 92/02 R, AP SGB III § 144 Nr. 2; ebenso *Ascheid/Preis/Schmidt* Kündigungsrecht, Die sozialrechtlichen Folgen der Beendigung von Arbeitsverhältnissen, Rn. 485 ff., insb. Rn. 488. Der Ausgangsfall war offenbar derselbe wie in LAG Rheinland-Pfalz 16. 8. 2001 – 6 Sa 415/01, NZA-RR 2002, 121.

194 Die Unzumutbarkeit der Arbeitsleistung wurde bislang vor allem in Fällen des Gewissenskonflikts bei der Arbeitsleistung angenommen, beispielsweise bei der Herstellung von Kriegswaffen oder Medikamenten zum Schwangerschaftsabbruch.[157] Bei Mobbing wird das Leistungsverweigerungsrecht nur schwere Fälle der Verletzung von Persönlichkeitsrecht oder anderer Rechtsgüter erfassen, von denen die **gesamten Arbeitsbedingungen** – also nicht nur einzelne Situationen – betroffen sind und die zu einer erheblichen Gesundheitsgefährdung führen oder bereits geführt haben.

195 Auch für Mobbingopfer ist die Geltendmachung eines Zurückbehaltungsrechts meist die bessere Wahl, da die Rechtsfolgen der Unzumutbarkeit umstritten sind. So soll sich aus der Unzumutbarkeit ein **Leistungsverweigerungsrecht** ergeben, das einige aus § 242 BGB, andere aus einer Analogie zu § 616 BGB ableiten.[158] Für die Rechtsfolgen gelten die allgemeinen Regeln, so entfällt gemäß § 326 Abs. 1 BGB grundsätzlich der Anspruch auf Arbeitsentgelt, wenn nicht der Arbeitgeber für die Unzumutbarkeit ganz oder überwiegend selbst verantwortlich ist. Eine Ausnahme unter dem Gesichtspunkt des Betriebsrisikos gemäß § 615 Satz 3 BGB kommt nicht in Betracht.[159]

196 **bb)** Zu derselben Folge führt es, wenn man für Mobbingfälle die **Unmöglichkeit** einer persönlich zu erbringenden Leistung des Arbeitnehmers nach § 275 Abs. 3 BGB annimmt. Das wird allerdings ebenfalls nur in extremen Fällen möglich sein. Für das Arbeitsentgelt gilt dann ebenfalls § 326 BGB. Die Rechtsfiguren der Unzumutbarkeit und der Unmöglichkeit können daher in der Praxis vor allem in schweren Fällen des vom Arbeitgeber ausgehenden Mobbings weiterhelfen, wenn der Arbeitnehmer zu Hause bleibt, ohne sich auf die Einrede des § 273 BGB zu berufen.

3. Vorgehen gegen arbeitgeberseitige Kündigungen

197 **a) Prozessuale Möglichkeiten.** Nicht selten endet Mobbing im Betrieb damit, dass Arbeitgeber dem – tatsächlichen oder vermeintlichen – Mobbingopfer kündigen. In solchen Fällen können die betroffenen Arbeitnehmer innerhalb der dreiwöchigen Frist des § 4 Satz 1 KSchG **Kündigungsschutzklage** erheben. War die Kündigung nur Mobbingmittel, wird es in der Regel an einem wichtigen Grund für eine außerordentliche Kündigung fehlen (§ 626 BGB) und eine ordentliche Kündigung wird

---

[157] *Otto* AR-Blattei SD 1880 Zurückbehaltungsrecht Rn. 108.

[158] MünchHdb ArbR/*Blomeyer* § 49 Rn. 46; *Kollmer,* Mobbing im Arbeitsverhältnis, Rn. 83 a ff.; grundlegend *Henssler* AcP 190 (1990), 538.

[159] Zum Geltungsbereich des § 615 S. 3 BGB ErfKomm/*Preis* § 615 BGB Rn. 126 ff.

nicht sozial gerechtfertigt nach § 1 KSchG sein. Auch die Druckkündigung eines Mobbingopfers ist unwirksam, da der Arbeitgeber dem Kündigungsverlangen nicht nachgeben darf, wenn es willkürlich ist.[160]

Ist eine Kündigung des Mobbingopfers nicht möglich, stellt das Ar- **198**
beitsgericht die **Unwirksamkeit der Kündigung** fest, das Arbeitsverhältnis bleibt unverändert bestehen. Weigert sich der Arbeitgeber, den betroffenen Arbeitnehmer zu beschäftigen, schuldet er unter den Voraussetzungen des § 615 BGB dennoch Zahlung des vereinbarten Entgelts.[161]

Besondere praktische Bedeutung in Mobbingfällen hat die Regelung **199**
in §§ 9, 10 KSchG. Wenn die Kündigungsschutzklage zwar begründet ist, dem Arbeitnehmer aber nach Überzeugung des Gerichts eine Fortsetzung des Arbeitsverhältnisses nicht zugemutet werden kann, hat das Gericht auf Antrag des Arbeitnehmers das Arbeitsverhältnis **aufzulösen** und den Arbeitgeber zur Zahlung einer angemessenen **Abfindung** zu verurteilen. Zur Höhe der Abfindung sind in § 10 KSchG Höchstgrenzen von zwölf Monatsverdiensten oder 15 Monatsverdiensten für über 50-Jährige vorgesehen.[162]

b) Wirksamkeit der Kündigung. Kündigungen von Mobbingopfern **200**
sind jedoch keineswegs zwangsläufig unwirksam. Nach zwei Entscheidungen des LAG Hessen folgt aus Mobbinghandlungen grundsätzlich **kein Sonderkündigungsschutz** für die Betroffenen.[163] Die Kündigung kann also wirksam sein, wenn Gründe vorliegen, die mit dem Mobbing nichts zu tun haben, beispielsweise mangelnde Qualifikation für die Arbeitsstelle oder betriebsbedingte Gründe.

In der Entscheidung des LAG Hessen wird allerdings auch festgestellt, **201**
dass eine Kündigung in der Probezeit **treu- oder sittenwidrig** sein kann, wenn der Arbeitgeber sie als Mobbinghandlung oder aus willkürlichen oder verwerflichen Motiven ausspricht. Treuwidrigkeit soll beispielsweise vorliegen, wenn die Kündigung aus diskriminierenden Motiven, in verletzender Form oder zur Unzeit erklärt wird. Willkür sei allerdings ausgeschlossen, wenn ein „irgendwie einleuchtender Grund für die Ausübung des Kündigungsrechts besteht".[164]

Diese Überlegungen lassen sich von der Probezeit auch auf Arbeitsverhältnisse übertragen, für die nach § 1 Abs. 1 KSchG das KSchG gilt.

---

[160] Zur Druckkündigung im Einzelnen unten Rn. 263f.

[161] Zu den Voraussetzungen des Verzugslohns *Dütz* Arbeitsrecht Rn. 248; ErfKomm/*Preis* § 615 BGB Rn. 9ff.

[162] Zur Höhe der Abfindung im Einzelnen KR/*Spilger* § 10 KSchG Rn. 23ff.

[163] Ausdrücklich LAG Hessen 21. 3. 2003 – 12 Sa 561/02, NZA-RR 2004, 356; angedeutet LAG Hessen 26. 8. 1997 – 7 Sa 535/97, ArztR 1998, 146; Kurzdarstellung *Wagner/Bergmann* AiB 2004, 103 (104); ebenso *Kollmer,* Mobbing im Arbeitsverhältnis, Rn. 83.

[164] LAG Hessen 21. 2. 2003 – 12 Sa 561/02, NZA-RR 2004, 356 m.w.N.

So ist beispielsweise bei der Interessenabwägung oder der Prognose im Rahmen der personen- und verhaltensbedingten Kündigung zu berücksichtigen, ob Minderleistung oder Krankheit des betroffenen Arbeitnehmers auf das Mobbing des Arbeitgebers zurückzuführen sind.[165] Ist das der Fall, kann eine Kündigung nicht darauf gestützt werden.

202 Wirksam kann eine Kündigung dagegen sein, wenn Mobbingopfer überreagieren und damit ihre arbeitsvertraglichen Pflichten verletzen. In diesen Fällen kommen folgende Gründe für eine verhaltensbedingte ordentliche oder sogar außerordentliche Kündigung in Betracht:[166] insbesondere **Arbeitsverweigerung,** soweit nicht die Voraussetzungen eines Zurückbehaltungsrechts gegeben sind;[167] ferner Beleidigungen oder Drohungen gegenüber dem Arbeitgeber, Anzeigen oder Denunziation,[168] sowie ggf. Schlecht- oder Minderleistungen. Wie erwähnt, gelten für die Abwägung im Einzelfall die allgemeinen Regeln.

---

[165] Zu Interessenabwägung und Prognoseprinzip ErfKomm/*Ascheid* § 1 KSchG Rn. 296 ff., 319 ff.; *Junker,* Grundkurs Arbeitsrecht, Rn. 370.

[166] Dazu *Kollmer,* Mobbing im Arbeitsverhältnis, Rn. 85 ff.

[167] Dazu oben Rn. 189 ff., zur Arbeitsverweigerung als Kündigungsgrund *Kollmer,* Mobbing im Arbeitsverhältnis, Rn. 88, 140 f.; KR/*Fischermeier* § 626 BGB Rn. 167; KR/*Etzel* § 1 KSchG Rn. 433 ff.

[168] Zur Kündigung des „whistle-blower" BAG 3. 7. 2003 – 2 AZR 235/02, AP KSchG 1969 § 1 Verhaltensbedingte Kündigung Nr. 45 = NZA 2004, 427.

E. Ansprüche bei Mobbing durch Kollegen gegen Kollegen

Nach der 1993 erschienenen Untersuchung von *Leymann* sind Mobbingtäter zu 44% Arbeitskollegen, 37% Vorgesetzte, 10% Vorgesetzte und Kollegen und zu 9% Untergebene des Mobbingopfers.[1] Auch wenn diese Untersuchung auf schwedische Verhältnisse zugeschnitten ist, kann auch in Deutschland davon ausgegangen werden, dass in einem erheblichen Teil der Mobbingfälle **Kollegen** als Täter zumindest beteiligt sind. Bisher sind die meisten Prozesse allerdings gegen Arbeitgeber geführt worden. Der Grund dürfte darin liegen, dass mit Ausnahme der Ansprüche auf Schadensersatz die meisten Ansprüche und Gestaltungsrechte ohnehin gegen den Arbeitgeber durchgesetzt werden müssen, und beim Arbeitgeber auch größere finanzielle Liquidität vermutet wird. Überdies kann der Arbeitgeber auch für Mobbing durch Kollegen haften (dazu unten Abschnitt F.). 203

Ansprüche gegen mobbende Kollegen sind ebenfalls vor den **Arbeitsgerichten** geltend zu machen, § 2 Abs. 1 Nr. 9 ArbGG. Auch der materiellrechtliche Hintergrund ist weitgehend der gleiche wie beim Mobbing durch den Arbeitgeber: Da es keine speziellen Mobbinggesetze gibt, richten sich auch die Ansprüche zwischen Kollegen vor allem nach den allgemeinen Regeln des Haftungs- und Arbeitsrechts. Etwas anderes gilt nur bei Beamten, für die stets der Dienstherr haftet; auch dann, wenn sie Mobbinghandlungen begehen.[2] Auch bei der **Definition** von Mobbing macht die Rechtsprechung keine Unterschiede, sondern verwendet für Mobbing durch Arbeitgeber und durch Kollegen die gleiche Begriffsbestimmung.[3] 204

Rechtliche Unterschiede ergeben sich aber daraus, dass nur zum Arbeitgeber ein Vertragsverhältnis in Gestalt des Arbeitsvertrags besteht. Daher ist die Art und Anzahl der unter Kollegen geltenden **Ansprüche** im Vergleich zum Verhältnis Arbeitnehmer – Arbeitgeber **eingeschränkt.** So kommen keine Gestaltungsrechte wie Kündigung und Zurückbehaltungsrecht in Betracht, sondern ausschließlich Ersatzansprüche, 205

---

[1] *Leymann,* Mobbing S. 83ff. *Wolmerath,* Mobbing im Betrieb, Rn. 42f. geht von einem Anteil des „Vorgesetzen-Mobbing“ von über 70% aus, ohne allerdings zwischen Arbeitgebern und vorgesetzten Arbeitnehmern zu differenzieren.

[2] BGH 1. 8. 2002 – III ZR 277/01, NZA 2002, 1214; s. auch OLG Stuttgart 28. 7. 2003 – 4 U 51/03, NVwZ-RR 2003, 715, Kurzdarstellung *Wagner/Bergmann* AiB 2004, 103 (110); zur Auseinandersetzungen unter Soldaten BVerwG 11. 6. 2003 – 2 WD 38/01, NVwZ-RR 2002, 851.

[3] Vgl. z.B. LAG Schleswig-Holstein 19. 3. 2002 – 3 Sa 1/02, NZA-RR 2002, 457.

vor allem deliktische Ansprüche. Vertragliche Ansprüche können nur dann eingreifen, wenn man das Verhältnis zwischen Kollegen als rechtsgeschäftsähnliches Schuldverhältnis im Sinne von § 311 Abs. 2 Nr. 3 BGB ansieht.[4]

I. Schadensersatzansprüche

1. Deliktische Haftung in Mobbingfällen

206 a) Für deliktische Schadensersatzansprüche gegen mobbende Kollegen gilt grundsätzlich entsprechendes wie im Verhältnis zum Arbeitgeber. **Anspruchsgrundlage** ist vor allem § 823 Abs. 1 BGB. Insbesondere bei vorsätzlichem Handeln können sich Ansprüche aber auch aus § 823 Abs. 2 BGB und einem Schutzgesetz oder aus § 826 BGB ergeben. Als verletzte Schutzgesetze kommen wie beim Mobbing durch Arbeitgeber vor allem Normen des StGB in Betracht, insbesondere Beleidigung und Körperverletzung, allerdings nicht die Normen des BGB wie § 612a BGB, die nur Arbeitgeber verpflichten.[5] Ein Anspruch aus § 826 BGB wird in der Praxis meist daran scheitern, dass der Vorsatz von Kollegen nur selten die konkrete Verletzung des Mobbingopfers erfassen wird.[6]

207 Der Anspruch aus § 823 Abs. 1 BGB setzt die rechtswidrige und schuldhafte Verletzung eines der dort aufgezählten **Rechtsgüter** voraus. Durch Mobbinghandlungen, egal ob durch Arbeitgeber oder Kollegen ausgeführt, werden oft die Gesundheit und das allgemeine Persönlichkeitsrecht geschädigt, ggf. auch Leben, Freiheit und Eigentum.[7] Die **Rechtsfolge** ist der Ersatz des dem Geschädigten entstandenen Schadens, meist als Geldersatzanspruch nach § 249 Abs. 2 BGB. Insbesondere bei Verletzungen des Persönlichkeitsrechts kann der Schadensersatz auch auf einen Widerrufs- oder Unterlassungsanspruch gerichtet sein.[8]

208 b) Die Besonderheiten bei Verletzung des **Allgemeinen Persönlichkeitsrechts** gelten auch gegenüber Kollegen.[9] So ist die Rechtswidrigkeit der Persönlichkeitsrechtsverletzung anders als bei den ausdrücklich in § 823 Abs. 1 BGB aufgezählten Rechtsgütern nicht indiziert, sondern

---

[4] Dazu unten Rn. 222ff.

[5] Zu Schutzgesetzen gemäß § 823 Abs. 2 BGB Staudinger/*Hager* § 823 Rn. 9ff., 16; MünchKomm/*Wagner* § 823 Rn. 340ff., 358f., 362ff. und oben Rn. 116ff.

[6] Zum Anwendungsbereich von § 826 BGB im Arbeitsrecht MünchKomm/*Wagner* § 826 Rn. 43ff.; vgl. auch oben Rn. 119f.

[7] Im Einzelnen oben Rn. 100ff.

[8] Zum Widerrufsanspruch bei das allgemeine Persönlichkeitsrecht beeinträchtigenden Tatsachenbehauptungen Staudinger/*Hager* § 823 Rn. 271ff.; Palandt/*Sprau* vor § 823 Rn. 32.

[9] Im Einzelnen oben Rn. 105ff., 165ff.

durch Abwägung der betroffenen Interessen positiv festzustellen. Wie Arbeitgeber können auch vorgesetzte Kollegen das Persönlichkeitsrecht durch fehlerhafte oder unsinnige Weisungen oder durch übermäßige Kritik verletzen. Im Rahmen der Interessenabwägung kann es dann allerdings auch den Kollegen zugute kommen, wenn sie Interessen des Arbeitgebers vertreten. Auch rechtswidrige Weisungen müssen noch nicht zwangsläufig das Persönlichkeitsrecht verletzen; entscheidend ist vielmehr, ob der dienstliche Zweck im Vordergrund steht oder die Ausgrenzung und Demütigung des Betroffenen.

c) Wie beim Mobbing durch Arbeitgeber ist auch beim Kollegenmobbing zu berücksichtigen, dass Mobbing ein Prozess ist.[10] So kommt es auf den **Gesamtprozess** an für die Frage, ob Handlungen von Kollegen kausal für die Verletzung eines Rechtsguts waren. Besonders im Fall der Verletzung des Persönlichkeitsrechts ergibt sich der deliktische Erfolg meist nicht aus der Einzelhandlung, sondern aus dem Andauern einer bestimmten Haltung: Einmaliges Übersehen ist keine Verletzung des Persönlichkeitsrechts, bei systematischem „Schneiden" kann das dagegen anders sein.[11] Allerdings können sich Schadensersatzansprüche auch schon aus einzelnen Mobbinghandlungen (Körperverletzungen, Beleidigungen) ergeben, die – wie erwähnt – oft besser zu beweisen sind. Zuletzt führt das Andauern von Mobbinghandlungen dazu, dass eine Verjährung verhindert wird.[12] **209**

d) Eine weitere Parallele der Schadenshaftung ergibt sich aus dem **Sozialversicherungsrecht,** das wie die Schadenshaftung des Arbeitgebers auch die Schadenshaftung des Kollegen eingeschränkt: Nach § 105 SGB VII ist die Haftung von Personen beschränkt, die im selben Betrieb wie der Geschädigte tätig sind.[13] Diese Norm greift in Mobbingfällen jedoch kaum ein: Es lässt sich bereits streiten, ob Mobbing „betrieblich veranlasste Tätigkeit" im Sinne von § 105 Abs. 1 Satz 1 SGB VII ist, da darunter nur diejenigen Tätigkeiten zu verstehen sind, die der Arbeitnehmer kraft Arbeitsvertrag schuldet oder zu der er vom Arbeitgeber oder Vorgesetztem auf Grundlage des Arbeitsvertrages angewiesen wurde.[14] **210**

Insbesondere gilt die Haftungsbeschränkung nur für **Versicherungsfälle,** also Arbeitsunfälle und Berufskrankheiten, §§ 7ff. SGB VII. Mobbingfolgen nach der Rechtsprechung keine Berufskrankheit dar, weil sie nicht durch die Anfälligkeit einer bestimmten Berufsgruppe hervorgeru-

---

[10] Zur Bedeutung beim Mobbing durch Gruppen unten Rn. 217ff.

[11] Zum Recht auf Teilnahme an Kommunikation und Rechtsverkehr Staudinger/*Hager* § 823 Rn. 241.

[12] Dazu oben Rn. 129ff.

[13] Dazu *Otto/Schwarze,* Die Haftung des Arbeitnehmers, Rn. 536ff.; zur entsprechenden Regelung für Arbeitgeber oben Rn. 97.

[14] MünchHdb ArbR/*Blomeyer* § 59 Rn. 36ff. m.w.N.

fen werden.[15] Auch ist Mobbing selbst kein **Arbeitsunfall,** allerdings können sich Arbeitsunfälle aus Mobbingakten ergeben. Bei Arbeitsunfällen ist die Rechtsprechung mit dem Eingreifen der Haftungsbeschränkung großzügig. So genügt es nach einer Entscheidung des BAG für das Vorliegen betrieblicher Tätigkeit, wenn der Schädiger bei objektiver Sichtweise im Betriebsinteresse handeln durfte, seine Handlung nicht unangemessen war und keinen Exzess darstellte. Im Entscheidungsfall hatte der Schädiger seinen Kollegen gefragt, warum ihm dieser so spät zur Hilfe gekommen sei ihn dabei leicht vor die Brust gestoßen – allerdings mit schweren Folgen.[16]

2. Besonderheiten der deliktischen Haftung von Kollegen

211 Besonderheiten für die Mobbinghaftung von Kollegen ergeben sich also weniger aus rechtlichen Gründen, sondern vielmehr aus der abweichenden tatsächlichen Situation. So erfolgt das Kollegenmobbing oft durch **Anschwärzen** oder Verleumden beim Vorgesetzten (sogleich unten a). Typisch für Mobbing durch Kollegen ist auch, dass es nicht nur durch einzelne, sondern durch **Gruppen** erfolgt. Es stellen sich dann besondere Haftungsfragen gegenüber den einzelnen Beteiligten. Sind ausnahmsweise – beispielsweise in kleineren Betrieben – die Arbeitgeber ein Teil dieser Gruppe, haften sie ebenso, wie unten b) für gruppenzugehörige Kollegen dargestellt. Mit diesem Problemkreis verwandt ist die unter c) erörterte Frage, ob Kollegen auch haften können, wenn sie selbst am Mobbing nicht beteiligt sind.

212 **a) Mobbing durch Verleumdung gegenüber dem Arbeitgeber.** Verleumdungen und Anschwärzen eines Kollegen gegenüber Vorgesetzten oder unmittelbar gegenüber dem Arbeitgeber müssen nicht in jedem Fall Mobbing sein. Oft fehlt es an dem erforderlichen **systematischen Vorgehen:** sei es, weil bereits eine einzige Verleumdung zur Kündigung des Opfers führt oder weil es dem Täter weniger auf das Schicksal des Kollegen, sondern vor allem darauf ankommt, einen Vorwurf von sich abzulenken. Ist das der Fall, entstehen in der Regel bereits durch die einzelnen Akte Ansprüche wegen Verletzung des Persönlichkeitsrechts. Verleumdungen können aber auch Teil von systematischem Mobbing

---

[15] SG Dortmund 19. 2. 2003 – S 36 U 267/02, Kurzwiedergaben *Hartmann* AuA-PP 11/2003, 8 (13); *Wagner/Bergmann* AiB 2004, 103 (111). Auch *Schaub* EWiR § 823 1/03, 267 (268) sieht in einem Mobbingfall keine Ansätze für die Begrenzung der Schadenshaftung; s. auch *Ricke,* in: Kasseler Kommentar Sozialversicherungsrecht, Loseblatt, § 8 Rn. 91 a.

[16] BAG 22. 4. 2004 – 8 AZR 159/03, AP SGB VII § 105 Nr. 3. Der Gestoßene war über den Holm einer Schubkarre gestolpert, darauf rücklings auf einen Eisenträger gefallen und erlitt eine Querschnittslähmung.

sein, wenn sie entweder selbst systematisch erfolgen oder im Kontext mit anderen Mobbinghandlungen stehen.

In einer Verleumdung liegt regelmäßig eine Verletzung des **Persönlichkeitsrechts,** insbesondere dann, wenn die falsche Tatsache die Ehre des Verleumdeten herabwürdigt.[17] Aber auch die Wiedergabe einer richtigen Tatsache kann das Persönlichkeitsrecht verletzen, wenn beispielsweise dem Vorgesetzen eine negative Bemerkung zugetragen wird, die ein Arbeitnehmer im privaten oder persönlichen Rahmen geäußert hat oder die verfälscht[18] oder aus dem Zusammenhang gerissen ist.[19] **213**

Der Verleumder oder Denunziant schuldet in solchen Fällen nach den allgemeinen Regeln **Unterlassung, Widerruf** sowie Ersatz des materiellen wie immateriellen Schadens, soweit seine Handlung nicht durch überwiegende Interessen gerechtfertigt ist.[20] Neben § 823 Abs. 1 BGB kommt auch ein **Schadensersatzanspruch** aus § 826 BGB oder aus § 823 Abs. 2 BGB i.V.m. §§ 164, 185ff. StGB in Betracht. Außerdem kann § 824 BGB eingreifen, die Regelung der Kreditgefährdung.[21] **214**

Von besonderer Bedeutung ist der Schadensersatzanspruch, wenn das Opfer aufgrund einer Verleumdung seinen **Arbeitsplatz verliert.** Mit solchen Fällen beschäftigen sich zwei Gerichtsentscheidungen: In einem Fall des LAG Hamm hatte eine Vorgesetzte der Klägerin diese zu unrecht bezichtigt, den Arbeitgeber als „Sklaventreiber" bezeichnet zu haben.[22] Das OLG Koblenz hatte sich mit einem Fall zu befassen, in dem die spätere Beklagte Unterschlagungen am Arbeitsplatz durch Urkundenfälschungen ermöglichte, die den Verdacht auf die völlig unbeteiligte spätere Klägerin lenkten.[23] In beiden Fällen wurden die betroffenen Arbeitnehmerinnen entlassen und es gelang ihnen nicht, sofort neue Stellen zu finden. **215**

---

[17] Sehr restriktiv dagegen LAG Hamm 25. 6. 2002 – 18 (11) Sa 1295/01, AP BGB § 611 Mobbing Nr. 3 = NZA-RR 2003, 8.

[18] Zur Tatsachenverzerrung und zur Problematik des Art. 5 GG im privaten Bereich vgl. Staudinger/*Hager* § 823 Rn. 86, 91ff.

[19] Bei falscher Wiedergabe von Aussagen ist umstritten, welches Rechtsgut verletzt ist. Einige sehen das Recht am gesprochenen Wort als absolutes Recht an, andere gehen von einer Verletzung des Persönlichkeitsrechts aus. Dazu Erman/*Ehmann* Anh. zu § 12 Rn. 314; Staudinger/*Hager* § 823 Rn. 160ff.

[20] Das kann beispielsweise der Fall sein, wenn sich ein Arbeitnehmer privat ständig negativ über den Arbeitgeber äußert. Berechtigte Interessen an einer Verleumdung sind dagegen nicht denkbar; dazu Palandt/*Thomas* § 823 Rn. 189a; dazu Staudinger/*Hager* § 823 Rn. 268, 270, 271 (Widerruf); 289 (Ersatz materieller Schäden).

[21] Diese Norm steht neben §§ 823 Abs. 1, 826 BGB; Staudinger/*Hager* § 824 Rn. 2f.

[22] LAG Hamm 30. 11. 2000 – 8 Sa 878/00, ArbuR 2001, 283; Kurzdarstellung *Wagner/Bergmann* AiB 2004, 103 (106).

[23] OLG Koblenz 23. 1. 2003 – 5 U 13/03, NZA 2003, 438 = EWiR § 823 1/03, 267 *(Schaub).*

Beide Gerichte verurteilten die Kolleginnen dazu, den Geschädigten den **Verdienstausfall** zu ersetzen; im Fall des OLG Koblenz handelte es sich immerhin um rund € 21.000. Dabei spielte in beiden Entscheidungen keine Rolle, dass ein Kündigungsschutzprozess nicht geführt worden war bzw. mit einem Vergleich geendet hatte. Als Anspruchsgrundlage stützte sich das LAG Hamm auf § 824 BGB, das OLG Koblenz auf § 823 Abs. 2 BGB i.V.m. §§ 187, 13 StGB.[24] § 823 Abs. 1 BGB greift dagegen oft nicht ein: Zwar liegt eine Verletzung des Persönlichkeitsrechts vor, diese ist aber für den Schaden nicht unmittelbar ursächlich. Ein Recht am Arbeitsplatz wird von der Rechtsprechung nicht als sonstiges Recht anerkannt.[25]

216 Besonderheiten gelten bei Verleumdungen für die **Darlegungs- und Beweislast.** Zwar muss der Geschädigte grundsätzlich beweisen, dass die vom Schädiger behauptete Tatsache nicht wahr ist. Dem steht jedoch eine gesteigerte Darlegungslast des Anspruchgegners gegenüber, der die genauen Umstände der von ihm behaupteten Tatsache darlegen muss. So war beispielsweise im Fall des LAG Hamm genau auszuführen, wann, vor wem und unter welchen Umständen die behauptete Aussage gefallen ist. Nur dann, wenn der Anspruchsteller dieser genauen Darlegung nichts entgegenzusetzen hat, gilt die Äußerung als wahr.[26]

217 **b) Mobbing durch mehrere Kollegen, § 830 Abs. 1, 2 BGB. aa)** Mobbing unter Kollegen erfolgt oft in der Weise, dass nicht nur ein Kollege, sondern eine ganze **Gruppe** – z.B. die Mitarbeiter einer Abteilung oder eines Großraumbüros – das Mobbingopfer abweisend, beleidigend oder demütigend behandeln. Dabei liegt es in der Natur der Sache, dass sich die belastende Wirkung nicht aus der Handlung jedes einzelnen, sondern gerade aus deren Zusammentreffen ergibt. Rechtsprechung und Literatur haben bislang noch keine Stellung dazu genommen, unter welchen Voraussetzungen Schadensersatzansprüche gegen Mitglieder einer Gruppe oder die Gesamtheit als solche geltend gemacht werden können.

218 Den Ansatz zur Lösung dieser Fälle bietet die **Zurechnungsnorm § 830 Abs. 1 BGB.**[27] § 830 Abs. 1 BGB erleichtert Opfern eines Delikts,

---

[24] Demgegenüber sollte der Beklagten für eine falsche Verdächtigung nach § 164 StGB der Vorsatz fehlen. Die Strafbarkeit des Unterlassens ergab sich dadurch, dass die Beklagte durch ihre Fälschungen eine Gefahrenlage geschaffen hatte.

[25] So ausdrücklich OLG Koblenz 23. 1. 2003 – 5 U 13/03, NZA 2003, 438; dazu schon oben Rn. 105.

[26] Dazu ausführlich LAG Hamm 30. 11. 2000 – 8 Sa 878/00, ArbuR 2001, 283; Kurzdarstellung *Wagner/Bergmann* AiB 2004, 103 (106); Palandt/*Thomas* § 823 Rn. 189a mit weiteren Nachweisen vor allem zu Pressedelikten; Staudinger/*Hager* § 823 Rn. 72 (prozessuale Besonderheiten), 265ff. (Beweislast).

[27] Angedeutet auch bei *Etzel* ArbuR 2002, 230 (231).

für das mehrere verantwortlich sind, die Geltendmachung von Schadensersatzansprüchen, stellt allerdings keine Beweiserleichterungsnorm dar.[28] Mittäter haften gemäß § 840 Abs. 1 BGB als **Gesamtschuldner,** d.h. der Geschädigte kann von jedem die volle Ersatzleistung fordern, der Ausgleich erfolgt im Innenverhältnis, §§ 421, 426 BGB. Nach § 830 Abs. 1 Satz 2 BGB kommt es nicht darauf an, welcher der Beteiligten den Schaden durch seine Handlung verursacht hat.[29]

Die Anwendung von § 830 Abs. 1 BGB auf Mobbing liegt in der Konsequenz des **Mobbingbegriffs** von Rechtsprechung und Literatur. Da die juristische Besonderheit der Mobbinghaftung gerade darin besteht, die Wirkung mehrerer Teilakte zusammenzufassen, muss das auch gelten, wenn die Teilakte von mehreren Personen stammen. Das gilt um so mehr, weil die Fallgruppe des Mobbings durch mehrere für den Betroffenen besonders belastend ist, wenn er sich einer feindlichen Gemeinschaft und Übermacht ausgesetzt sieht. Nach der Intention des Gesetzgebers soll § 830 Abs. 1 BGB gerade in solchen Fällen Schutz bieten.[30]

bb) Allerdings müssen die **Haftungsvoraussetzungen** von § 830 Abs. 1 **219**
BGB vorliegen. Die gemeinschaftliche Begehung gemäß § 830 Abs. 1 Satz 1 BGB entspricht der strafrechtlichen Mittäterschaft, setzt also ein bewusstes und gewolltes Zusammenwirken voraus.[31] Nicht von § 830 Abs. 1 BGB erfasst ist die sog. fahrlässige Nebentäterschaft, bei der der Erfolg durch mehrere selbständige Einzelhandlungen ohne bewusstes Zusammenwirken herbeigeführt wird.[32]

Bezogen auf Mobbing bedeutet das, dass zwischen den Kollegen eine irgendwie geartete **Übereinkunft** bestehen muss, beispielsweise die Verabredungen „mit dem reden wir nicht mehr" oder „die wollen wir loswerden". Wird ein Kollege von mehreren unabhängig voneinander z.B. unhöflich behandelt, kommt eine Anwendung von § 830 Abs. 1 BGB nicht in Betracht. Liegt – wie bei gruppendynamischen Prozessen häufig – **Mitverschulden** des Mobbingopfers vor, gilt: Zwar ist grundsätzlich die Mitverantwortung gegenüber jedem Schädiger abzuwägen; die Mitverschuldensquote ergibt sich jedoch aus einer Gesamtabwägung im Verhältnis zu allen Schädigern.[33]

---

[28] MünchKomm/*Wagner* § 830 Rn. 5, 16. Beachte aber § 287 ZPO!

[29] Zum Normzweck vgl. MünchKomm/*Wagner* § 830 Rn. 27ff., 45ff.

[30] Vgl. MünchKomm/*Wagner* § 830 Rn. 1ff.

[31] BGH 11. 5. 1971 – VI ZR 211/69, NJW 1972, 40 = JZ 1972, 127; Staudinger/*Belling/Eberl-Borges* § 830 Rn. 11f.; Palandt/*Thomas* § 830 Rn. 3.

[32] BGH 16. 6. 1959 – VI ZR 95/58, BGHZ 30, 203 = NJW 1959, 1772; NJW 1959, 2059; Palandt/*Thomas* § 830 Rn. 1.

[33] BGH 16. 6. 1959 – VI ZR 95/58, BGHZ 30, 203 = NJW 1959, 1772; NJW 1959, 2059; MünchKomm/*Wagner* § 830 Rn. 39.

220 cc) Geringere praktische Bedeutung in Mobbingfällen hat die Regelung in § 830 Abs. 2 BGB. Nach dieser Norm trifft auch **Anstifter und Gehilfen** bei deliktischen Handlungen die gesamtschuldnerische Haftung mit dem eigentlichen Täter. Auch die Begriffe Anstifter und Gehilfe sind im strafrechtlichen Sinne zu verstehen.[34] Es ist also ein doppelter Vorsatz erforderlich, der sowohl die Schädigung als auch die Anstiftung bzw. Hilfeleistung erfassen muss. Anstiftung und damit gesamtschuldnerische Haftung beider Beteiligten kommt vor allem in Betracht, wenn Arbeitgeber oder Vorgesetze nicht selbst Mobbinghandlungen vornehmen, aber Untergebene dazu auffordern, jemanden „hinauszuekeln".

221 c) **Haftung unbeteiligter Kollegen?** Wie bereits angedeutet, können Arbeitgeber für mobbingbedingte Schäden auch dann haften, wenn sie am Mobbing nicht beteiligt sind, weil sie beispielsweise ihre Fürsorgepflicht verletzen, wenn sie nicht gegen das Mobbing vorgehen. Es stellt sich daher die Frage, ob eine ähnliche Haftung auch für Kollegen in Betracht kommt, die von – auch geplanten – Mobbinghandlungen erfahren, aber nichts dagegen unternehmen.

Nach den allgemeinen schadensrechtlichen Grundsätzen kann auch ein Unterlassen einen Schaden zurechenbar verursachen, wenn eine **Pflicht zum Handeln** bestand. Derartige Pflichten zum Handeln können sich aus Gesetz, Vertrag, der Aufnahme von Vertragsverhandlungen oder vorangegangenem gefährlichen Tun ergeben.[35] Gesetzliche Beistandspflichten zwischen Kollegen bestehen nicht, solange nicht die Grenze des § 323c StGB (unterlassene Hilfeleistung) erreicht ist.

Soweit man auch vertragliche oder vertragsähnliche Ansprüche unter Kollegen ablehnt,[36] kommt also nur vorangegangenes **gefährliches Tun** in Betracht. Das wäre beispielsweise der Fall, wenn A dem B wahrheitswidrig erzählt hat, X wolle ihn „ausbooten" und an ihm vorbei befördert werden, und B dann mit Mobbing beginnt, um X aus dem Betrieb zu drängen oder ihn seinerseits verleumdet. Darüber hinaus können „schweigende" Kollegen ihre Vertragspflichten gegenüber dem Arbeitgeber verletzen, wenn diesem durch Entgeltfortzahlung oder beispielsweise bei Eingriffen in den Computer des Mobbingopfers Schäden drohen.[37] Ansprüche der Kollegen ergeben sich daraus allerdings nicht.

[34] Palandt/*Thomas* § 830 Rn. 4; im Einzelnen Staudinger/*Belling/Eberl-Borges* § 830 Rn. 28ff. 38ff.; MünchKomm/*Wagner* § 830 Rn. 11ff.
[35] Palandt/*Heinrichs* Vorb. vor § 249 Rn. 84.
[36] Im Einzelnen gleich unten.
[37] *Wolmerath,* Mobbing im Betrieb, Rn. 258; im Einzelnen unten Rn. 272.

3. Vertragliche Ansprüche unter Kollegen?

Die Kollegen im selben Betrieb haben zwar jeweils Arbeitsverträge 222 mit dem Arbeitgeber geschlossen, jedoch keine Verträge miteinander. Bis zur Schuldrechtsreform entsprach es daher allgemeiner Auffassung, dass eine **vertragliche Haftung** von Kollegen untereinander grundsätzlich ausscheidet; selbst Mitglieder einer Betriebsgruppe sollten untereinander keine vertragsähnliche Beziehung haben.[38]

Seit 2002 stellt der durch die Schuldrechtsreform neu geschaffene 223 § 311 Abs. 2 BGB jedoch einige rechtsgeschäftsähnliche Schuldverhältnisse den rechtsgeschäftlichen gleich. Das gilt nach § 311 Abs. 2 Nr. 3 BGB auch für **„ähnliche geschäftliche Kontakte“.** *Schaub* möchte diese Norm auch auf das Verhältnis von Arbeitnehmern zueinander anwenden, da auch zwischen Kollegen „geschäftsähnliche Kontakte tatsächlicher Art“ bestünden.[39] Folgte man dieser Ansicht, könnten auch Kollegen Ansprüche unter den Voraussetzungen von § 280 Abs. 1 BGB geltend machen.

Als **Konsequenz** wären reine Vermögensschäden auch unterhalb der Schwelle der §§ 823 Abs. 2, 826 BGB zu ersetzen. Außerdem wäre eine Zurechnung über § 278 BGB möglich. Zuletzt käme, wie eben ausgeführt, eine Haftung wegen Verletzung vertraglicher Schutzpflichten auch derjenigen Kollegen in Betracht, die sich am Mobbing nicht beteiligen.[40] Die Rechtsprechung hat zu dieser Frage noch nicht Stellung genommen.[41]

Es sprechen indes gewichtige Gründe dagegen, die Beziehungen unter 224 Arbeitskollegen als „ähnliche geschäftliche Kontakte“ gemäß § 311 Abs. 2 Nr. 3 BGB anzusehen. So sollte nach Absicht des Gesetzgebers § 311 Abs. 2, 3 BGB das frühere gewohnheitsrechtliche Institut der **culpa in contrahendo** (c.i.c.) ersetzen,[42] das ebenfalls keine Anwendung auf das Verhältnis von Arbeitnehmern untereinander gefunden hatte.

Ein Blick auf **Systematik und Zweck** des § 311 Abs. 2 BGB führt zum gleichen Ergebnis. Die anderen Fallgruppen des § 311 Abs. 2 BGB – Aufnahme von Vertragsverhandlungen und Anbahnung eines Vertrags – haben gemeinsam, dass die Beteiligten jeweils freiwillig und gezielt Kontakt miteinander aufnehmen und Pflichten oder Risiken eingehen. Das Gleiche gilt für diejenigen Fälle, die als „ähnliche geschäftliche

---

[38] Dazu ErfKomm/*Preis* § 611 BGB Rn. 190ff.; *Kollmer,* Mobbing im Arbeitsverhältnis, Rn. 73.

[39] *Schaub* EWiR § 823 1/03, 267 (268); schon vor der Schuldrechtsreform *Riesenhuber* JZ 1999, 711 (713ff.).

[40] Dazu oben Rn. 221; bejahend *Riesenhuber* JZ 1999, 711 (713ff.).

[41] Das OLG Koblenz 23. 1. 2003 – 5 U 13/03, NZA 2003, 438 hat in dem oben Rn. 215 erwähnten Fall keine vertraglichen Ansprüche geprüft.

[42] MünchKomm/*Emmerich* § 311 Rn. 51ff.; Palandt/*Heinrichs* § 311 Rn. 1.

Kontakte" gemäß § 311 Abs. 2 Nr. 3 BGB anerkannt sind: der Verkauf einer Sache durch mehrere Personen gemeinsam oder das Gefälligkeitsverhältnis.[43]

Zwischen Kollegen fehlt es dagegen an einem freiwilligen und gezielten Miteinander, da Arbeitnehmer in den seltensten Fällen Einfluss darauf haben, mit wem sie zusammenarbeiten. Ihre Kontakte sind weniger geschäftlicher als vielmehr **sozialer Natur.** Es wäre daher unbillig, Kollegen in die weitgehende vertragliche Haftung einzubeziehen.

II. Ersatz des immateriellen Schadens und Schmerzensgeld

225 Unter den Voraussetzungen des § 253 Abs. 2 BGB können Mobbingopfer auch von Kollegen **Schmerzensgeld** fordern.[44] Voraussetzung ist allerdings ein Schadensersatzanspruch, so dass auch hier vertragliche Ansprüche ausscheiden.[45] Bei der Bemessung des Schmerzensgeldes ist außerdem die persönliche Leistungsfähigkeit des Schuldners mit zu berücksichtigen.[46] Es ist daher nicht verwunderlich, dass in der Praxis auch bei Mobbing durch Kollegen Schmerzensgeldansprüche in der Regel dem Arbeitgeber gegenüber geltend gemacht werden, soweit eine Zurechnung möglich ist.[47] Beim Mobbing durch mehrere Kollegen richtet sich auch der Anspruch auf Schmerzensgeld nach § 830 Abs. 1 BGB.[48]

226 Bei Verletzungen des **Persönlichkeitsrechts** kann der Anspruch eigener Art auf Ersatz des **immateriellen Schadens** gegeben sein.[49] Wie oben ausführlich erörtert, stellt sich bei der Bemessung die Frage nach einer erhöhten Entschädigung nach den Grundsätzen der „Caroline-von-Monaco"-Rechtsprechung von BGH und BVerfG.[50] Dabei genügt die Erforderlichkeit von Prävention allein nicht, um die Vergleichbarkeit von Mobbing und Pressedelikten zu begründen. Das gilt für das Mobbing von Kollegen verstärkt, da es in diesen Fällen noch vielfältigere Motive geben kann als beim Mobbing durch den Arbeitgeber.

Entscheidend ist, ob der Mobbingfall einem Pressedelikt vergleichbar ist, weil auch hier das **Persönlichkeitsrecht kommerzialisiert** wird. Denkbar ist das vor allem in Fällen, in denen Mobbingmittel gezielt eingesetzt werden, um durch die Diffamierung des Kollegen die eigene Kar-

---

[43] *Canaris* JZ 2001, 499 (520); Palandt/*Heinrichs* § 311 Rn. 18; AnwKomm/*Krebs* § 311 Rn. 46; *Larenz/Wolff* BGB AT § 22 Rn. 36ff.

[44] Zur Bagatellschwelle AnwKomm/*Krebs* § 253 Rn. 47ff.

[45] Dazu oben Rn. 222ff.

[46] Zu Mobbingschäden *Wickler* ArbuR 2004, 87 (92f.); allgemein Palandt/*Heinrichs* § 253 Rn. 18ff.

[47] Zur Zurechnung unten Rn. 242ff., 251ff.

[48] Vgl. Palandt/*Thomas* § 830 Rn. 3; zu § 830 BGB oben Rn. 217ff.

[49] Zur Rechtsgrundlage oben Rn. 151ff.

[50] Oben Rn. 169ff.

riere voranzutreiben. Ein Beispiel bildet der Sachverhalt der bereits erwähnten Entscheidung des OLG Koblenz: Der Verdacht von Unterschlagungen war gezielt auf eine unbeteiligte Kollegin gelenkt worden.[51] Wenn sich Mobbing an gegenseitiger persönlicher Antipathie entzündet und hochschaukelt, scheidet eine erhöhte Entschädigung dagegen grundsätzlich aus.

---

[51] OLG Koblenz 23. 1. 2003 – 5 U 13/03, NZA 2003, 438; dazu oben Rn. 215.

F. Ansprüche gegen den Arbeitgeber bei Mobbing durch Kollegen

227 Wenn Arbeitnehmer von Kollegen gemobbt werden, ist es oft nicht erfolgversprechend, Ansprüche gegen die Kollegen selbst geltend zu machen: Die Durchsetzung vor allem höherer Schadensersatzansprüche wird meistens an der **finanziellen Leistungsfähigkeit** scheitern; beim Schmerzensgeld wirkt sich die Leistungsfähigkeit des Anspruchsgegners sogar konkret auf dessen Höhe aus. Vertragliche Ansprüche gegen Kollegen und damit die Geltendmachung von Vermögensschäden scheiden ohnehin in der Regel aus.[1] Zuletzt können Kollegen gegenüber auch keine Gestaltungsrechte wie Zurückbehaltungsrecht oder Kündigung geltend gemacht werden.

228 Daher ist es eine der praktisch wichtigsten Fragen im Zusammenhang mit Mobbing, ob Mobbingopfer Ansprüche und Rechte auch dann gegen ihren **Arbeitgeber** durchsetzen können, wenn dieser selbst am Mobbing nicht beteiligt ist.[2] Gesetzlich normiert sind entsprechende Pflichten allerdings nur in § 2 BeschSchG für den Sonderfall der sexuellen Belästigung; möglicherweise auch bei Umsetzung des Antidiskriminierungsgesetzes.[3] In einer seiner Entscheidungen aus dem Jahr 2001 leitete die Fünfte Kammer des LAG Thüringen die Verpflichtung, „gegenüber Mobbing ein klares Stop-Signal zu setzen", aus dem „aus der Verfassung vorgegebenen humanitären Wertesystem" ab.[4] 2004 hat sich die Erste Kammer desselben Gerichts skeptisch zu dieser Rechtsprechung geäußert.[5]

Die Skepsis ist berechtigt, denn ein solcher Rückgriff auf die Verfassung ist im Arbeitsrecht weder erforderlich noch geboten.[6] Die Verfassung und die Grundrechte der Arbeitnehmer verpflichten den Arbeitgeber nicht unmittelbar, sondern nur über die Interpretation von Generalklauseln und im Anwendungsbereich von § 75 BetrVG. Darüber hinaus bietet das einfache Recht hinreichend Ansatzpunkte für eine Haftung von Arbeitgebern bei Mobbing durch Kollegen.

---

[1] Dazu oben Rn. 222ff.

[2] Beteiligt sich der Arbeitgeber zusammen mit den Kollegen, kann er als Mittäter nach § 830 Abs. 1 BGB oder als Anstifter gemäß § 830 Abs. 2 BGB haften; dazu oben Rn. 217f.

[3] Dazu oben Rn. 82.

[4] LAG Thüringen 15. 2. 2001 – 5 Sa 102/00, NZA-RR 2001, 577; ausführlich dazu *Wickler* DB 2002, 477 (477ff.).

[5] LAG Thüringen 10. 6. 2004 – 1 Sa 148/01, ZTR 2004, 596.

[6] Ebenso *Kollmer* AR-Blattei ES 1215 Nr. 3, S. 36f.

So kann der Arbeitgeber in zweierlei Hinsicht haftbar gemacht werden: Erstens über die **Zurechnung** des Verhaltens seiner Arbeitnehmer und zweitens auch wegen **eigenen Verschuldens,** wenn er eine Pflicht zur Verhinderung von Mobbing verletzt hat. Deliktische Grundlagen dafür bilden § 831 BGB für die Zurechnung und § 823 Abs. 1 BGB für eine Haftung wegen Organisationsverschuldens. Vertraglich ist ebenfalls eine Zurechnung über § 278 BGB oder eine eigene Haftung wegen Verletzung der vertraglichen Fürsorgepflicht möglich. Seit der Reform des Schadensrechts im Jahr 2002 kann auch bei vertraglicher Haftung Schmerzensgeld geschuldet sein. Schließlich kann Mobbing durch Kollegen auch den Grund für eine außerordentliche Kündigung und ein Zurückbehaltungsrecht bilden. **229**

Die Verankerung der Haftung des Arbeitgebers im allgemeinen Haftungsrecht ermöglicht gleichzeitig ihre sinnvolle **Begrenzung.** So setzt eine Schadensersatzpflicht des Arbeitgebers grundsätzlich Verschulden voraus; sie scheidet also grundsätzlich aus, wenn der Arbeitgeber vom Mobbing nichts wissen kann oder ihm ein Einwirken auf den mobbenden Arbeitnehmer aus anderen Gründen nicht möglich ist, weil dieser beispielsweise durch Tarifvertrag ordentlich unkündbar ist oder aus anderen Gründen eine sichere Position hat.

I. Deliktische Schadensersatzansprüche

Deliktische Schadensersatzansprüche greifen unabhängig vom Vorliegen eines Schuldverhältnisses ein. Wie oben ausführlich dargelegt, ist daher ihr **Anwendungsbereich enger:** Sie erfassen nur die Verletzung bestimmter Rechtsgüter – so § 823 Abs. 1 BGB – oder bestimmte Verschuldensformen – so § 826 BGB.[7] Deliktische Haftung des Arbeitgebers beim Mobbing durch Kollegen ist in zweierlei Hinsicht möglich: als Haftung für den Kollegen als Verrichtungsgehilfen gemäß § 831 Abs. 1 BGB oder als Haftung für eigenes Organisationsverschulden; Anspruchsgrundlage ist dann § 823 Abs. 1 BGB. **230**

1. Haftung für Verrichtungsgehilfen, § 831 BGB

a) Rechtsnatur des § 831 BGB. In Rechtsprechung und Literatur herrscht weitgehend Einigkeit, dass Arbeitgeber deliktisch haften können, auch wenn sie am Mobbing durch Kollegen nicht selbst beteiligt sind.[8] Das Arbeitsgericht Dresden nannte in einem vielbeachteten Urteil **231**

---

[7] Oben Rn. 100ff., 118ff.

[8] LAG Thüringen 15. 2. 2001 – 5 Sa 102/00, NZA-RR 2001, 577; LAG Nürnberg 2. 7. 2002 – 6 (3) Sa 154/01, NZA-RR 2003, 121; *Rieble/Klumpp* ZIP 2002, 369 (379); *Wickler* DB 2002, 477 (483).

als **Anspruchsgrundlage** „§ 823 Abs. 1 BGB i.V.m. § 278 BGB".[9] Dabei werden aber die Besonderheiten der deliktischen Haftung grundlegend verkannt: § 278 BGB gilt nur innerhalb bestehender Schuldverhältnisse. Im Deliktsrecht ist die Haftung aufgrund einer Handlung eines Dritten nur auf Grundlage des § 831 BGB möglich.

§ 831 Abs. 1 BGB ist anders als § 278 BGB keine Zurechnungsnorm, sondern eine **eigene Anspruchsgrundlage.** Grundlage der Haftung ist auch nicht die Zurechnung fremder Schuld, sondern eigenes Fehlverhalten beim Einsatz von Hilfspersonen.[10] Dabei stellt § 831 Abs. 1 BGB eine – widerlegbare – **Verschuldensvermutung** auf, die auch die Kausalität zwischen Pflichtverletzung und Eintritt des Schadens erfasst.[11] Es ist aber Verschulden und Schuldfähigkeit des Geschäftsherrn erforderlich; die Haftung aus § 831 Abs. 1 BGB ist keine Gefährdungshaftung. Demgegenüber muss der Verrichtungsgehilfe zwar rechtswidrig handeln, Verschulden oder Verschuldensfähigkeit sind aber nicht erforderlich.[12]

232 Eine Besonderheit des § 831 Abs. 1 BGB ist die Möglichkeit der **Exkulpation:** Nach § 831 Abs. 1 Satz 2 BGB tritt die Ersatzpflicht nicht ein, wenn der Geschäftsherr bei Auswahl und Überwachung seiner Verrichtungsgehilfen „die im Verkehr erforderliche Sorgfalt beobachtet" hat oder wenn der Schaden auch bei Anwendung dieser Sorgfalt entstanden wäre.[13] Die Beweislast für die sorgfältige Auswahl und Überwachung trägt der Geschäftsherr, in den Fällen des Kollegenmobbing also der Arbeitgeber.

233 **b) Mobbing „in Ausführung einer Verrichtung"?** Auch wenn die Anwendbarkeit von § 831 Abs. 1 BGB auf die Arbeitgeberhaftung für mobbende Kollegen allgemein versichert wird, bleiben im Einzelnen Fragen offen. Unstreitig ist allerdings, dass Arbeitnehmer **Verrichtungsgehilfen** ihres Arbeitgebers sind, also Personen, die zu einer Verrichtung bestellt sind, sich im Einflussbereich des Geschäftsherrn – also des Arbeitgebers – befinden und zu ihm in einem Abhängigkeitsverhältnis stehen.[14]

234 Die Haftung für Verrichtungsgehilfen setzt jedoch auch voraus, dass der Schaden **„in Ausführung der Verrichtung"** zugefügt worden ist.

---

[9] ArbG Dresden 7. 7. 2003 – 5 Ca 5954/02, ArbuR 2004, 114.

[10] Palandt/*Sprau* § 831 Rn. 1. Zu den Unterschieden von § 278 BGB und § 831 Abs. 1 BGB ausführlich Staudinger/*Belling/Eberl-Borges* § 831 Rn. 23 f.

[11] Staudinger/*Belling/Eberl-Borges* § 831 Rn. 6 f.

[12] Staudinger/*Belling/Eberl-Borges* § 831 Rn. 3.

[13] Nach heute allgemeiner Ansicht erfasst § 831 Abs. 1 S. 2 BGB nicht nur die Auswahl, sondern auch die Überwachung der Hilfspersonen, Staudinger/*Belling/Eberl-Borges* § 831 Rn. 96; Palandt/*Sprau* § 831 Rn. 14.

[14] Zur Definition des Verrichtungsgehilfen und Arbeitnehmern als Verrichtungsgehilfen Staudinger/*Belling/Eberl-Borges* § 831 Rn. 59; Palandt/*Sprau* § 831 Rn. 6 f.

Der Arbeitgeber haftet daher nicht als Geschäftsherr für Handlungen, die sein Verrichtungsgehilfe nur „bei Gelegenheit" ausführt, beispielsweise einen Diebstahl beim Kunden oder einen Unfall auf dem Weg zur Arbeitstelle. Es muss ein unmittelbarer innerer Zusammenhang zwischen der aufgetragenen Verrichtung nach ihrem Art und Zweck und der schädigenden Handlung bestehen.[15]

In Mobbingfällen wird ein solcher innerer Zusammenhang regelmäßig vorliegen, wenn Mobbing durch **arbeitsrechtliche Maßnahmen,** beispielsweise durch Weisungen von Vorgesetzten, erfolgt. Dabei kann eine Handlung auch dann noch in Ausführung der Verrichtung erfolgen, wenn der Verrichtungsgehilfe von Weisungen des Arbeitgebers abweicht.[16] Der Zusammenhang zwischen Arbeitsleistung und Mobbing kann sich außerdem aus den tatsächlichen Umständen des Mobbings ergeben, wenn beispielsweise dem Mobbingopfer Arbeitsunterlagen vorenthalten werden.

Bei vielen Mobbinghandlungen ist aber das Eingreifen von § 831 **235**
Abs. 1 BGB keineswegs selbstverständlich. Das gilt beispielsweise beim häufigen „Schneiden", unfreundlichem Behandeln und anderen Unhöflichkeiten, ebenso bei Sachbeschädigungen und Tätlichkeiten, besonders wenn Mobbingmittel wie Motivation wenig mit der Arbeitsleistung zu tun haben, sondern vor allem auf einer gestörten **persönlichen Beziehung** beruhen. Nach einer Auffassung in der Literatur genügt für die Haftung des Arbeitgebers aus § 831 Abs. 1 BGB, wenn das Mobbing auf Fehler im „Führungsverhalten", beispielsweise Arbeitsüberlastung der Beschäftigten, zurückzuführen ist.[17]

Diese Auffassung verkennt jedoch die Natur der Haftung aus § 831 Abs. 1 BGB, die sich gerade auf die Auswahl und Überwachung bestimmter Personen bezieht, nicht auf die betrieblichen Strukturen allgemein. Fehler im **„Führungsverhalten"** fallen grundsätzlich nicht unter § 831 Abs. 1 BGB, sondern unter dem Aspekt des „Organisationsverschuldens" unter § 823 Abs. 1 BGB.[18] Eine Anwendung von § 831 Abs. 1 BGB in Mobbingfällen ist also nicht pauschal möglich, sondern es ist jeweils eine Einzelfallbeurteilung erforderlich.

c) Möglichkeit der Exkulpation, § 831 Abs. 1 Satz 2 BGB. Für den **236**
Entlastungsbeweis gemäß § 831 Abs. 1 Satz 2 BGB gelten in Mobbingfällen die allgemeinen Regeln. Der Arbeitgeber muss beweisen, dass er bei **Auswahl und Überwachung** des Mobbingtäters die erforderliche

---

[15] Staudinger/*Belling/Eberl-Borges* § 831 Rn. 79ff.; Palandt/*Sprau* § 831 Rn. 11.

[16] Palandt/*Sprau* § 831 Rn. 11; BGH 30. 10. 1967 – VII ZR 82/65, BGHZ 49, 19 = NJW 1968, 391.

[17] *Wolmerath,* Mobbing im Betrieb, Rn. 181.

[18] Dazu unten Rn. 238f.

Sorgfalt beachtet hat. Dabei stehen beide Faktoren in einer Wechselwirkung zueinander: Wer z.B. einen berüchtigten „Schleifer" als Vorarbeiter einstellt, muss diesen um so gründlicher überwachen.[19] In größeren Unternehmen kann der Entlastungsbeweis nach herrschender Auffassung **dezentralisiert** erfolgen, d.h. der Arbeitgeber muss sich nur hinsichtlich der ihrerseits zur Auswahl und Überwachung beauftragten höheren Angestellten entlasten.[20]

Nach § 831 Abs. 1 Satz 2 a.E. BGB ist dem Entlastungsbeweis auch Genüge getan, wenn der Geschäftsherr nachweist, dass der Schaden auch bei Anwendung der **erforderlichen Sorgfalt** eingetreten wäre. In Betracht kommt das vor allem bei Mobbingmaßnahmen, die durch Weisungen des Arbeitgebers oder Aufsichtsmaßnahmen nicht verhindert werden können, vor allem im Bereich bloßer Unhöflichkeit oder Ausgrenzung. Diese Frage wird wegen der größeren praktischen Bedeutung im Rahmen der vertraglichen Haftung erörtert.[21]

237 Gelingt der Entlastungsbeweis nicht, haften der Arbeitgeber und der schuldhaft handelnde Verrichtungsgehilfe dem Mobbingopfer als **Gesamtschuldner.**[22] Ein Mitverschulden des Mobbingopfers ist auch hier gemäß § 254 BGB zu berücksichtigen. In diesem Zusammenhang ist umstritten, ob das Gehilfenverschulden mit in die Abwägung nach § 254 BGB einzubeziehen ist. Überwiegend wird das zu Recht abgelehnt, da das Verschulden des Gehilfen für die Haftung nach § 831 Abs. 1 BGB generell keine Rolle spielt.[23]

2. Haftung aus Organisationsverschulden

238 Unabhängig von der Haftung für den Verrichtungsgehilfen können Arbeitgeber auch für Mobbing durch Kollegen haften, wenn ihnen **Organisationsverschulden** zur Last zu legen ist. Anspruchsgrundlage für die Haftung aus Organisationsverschulden ist § 823 Abs. 1 BGB. Nach herrschender Auffassung handelt es sich um einen Unterfall der Haftung wegen Verletzung von Verkehrssicherungspflichten: Wer ein Unternehmen betreibt, hat es so zu organisieren, dass durch den Betrieb niemand geschädigt wird.[24]

---

[19] Vgl. Staudinger/*Belling/Eberl-Borges* § 831 Rn. 96.

[20] Staudinger/*Belling/Eberl-Borges* § 831 Rn. 120 ff; Palandt/*Sprau* § 831 Rn. 15.

[21] Dazu unten Rn. 244 ff.

[22] Vgl. Staudinger/*Belling/Eberl-Borges* § 831 Rn. 13. Im Innenverhältnis kommt ein Freistellungsanspruch des Arbeitnehmers im Rahmen des innerbetrieblichen Schadensausgleichs in Betracht, dazu unten Rn. 277 ff. Für den Freistellungsanspruch spielt es keine Rolle, ob sich der Arbeitgeber nach § 831 Abs. 1 S. 2 BGB exkulpieren kann, Staudinger/*Belling/Eberl-Borges* § 831 Rn. 15.

[23] Dazu m. w. N. Staudinger/*Belling/Eberl-Borges* § 831 Rn. 40.

[24] Palandt/*Sprau* § 831 Rn. 2, 52.

Die Haftung aus § 823 Abs. 1 BGB besteht grundsätzlich neben § 831 Abs. 1 BGB, beide fallen aber oft zusammen. Aus § 831 Abs. 1 BGB leitet sich die **Aufsichtspflicht** über den einzelnen Beschäftigten ab, daher kommt § 823 Abs. 1 BGB praktisch nicht zum Zuge, soweit es um Maßnahmen der Auswahl und Überwachung von einzelnen geht.[25] Selbständige Bedeutung hat § 823 Abs. 1 BGB dagegen bei Verletzungen der allgemeinen Aufsichtspflicht.[26]

Da Mobbing typischerweise durch einzelne erfolgt, kommt eine reine Organisationshaftung somit vor allem in Betracht, wenn in einem Betrieb **Strukturen** bestehen, die Mobbing fördern, ohne dass der Arbeitgeber etwas dagegen unternimmt. Nach einer Entscheidung des LAG Thüringen muss ein Arbeitgeber seinen Betrieb so organisieren, dass Verletzungen des allgemeinen Persönlichkeitsrechts ausgeschlossen sind.[27] In einem Urteil des LAG Rheinland-Pfalz ist von einer Verpflichtung des Arbeitgebers die Rede, „allgemein für ein ausgeglichenes Betriebsklima zu sorgen".[28] **239**

Die Anforderungen an die **Organisationspflichten des Arbeitgebers** dürfen jedoch nicht zu pauschal überspannt werden.[29] So wird es dem Arbeitgeber kaum möglich sein, durch reine Maßnahmen der Aufsicht und Organisation alle Animositäten zu vermeiden, die beim Zusammenarbeiten von Menschen entstehen. Ebenfalls ergibt sich eine Haftung nicht bereits aus Strukturen, die Mobbing erfahrungsgemäß begünstigen, z.B. starkem Leistungsdruck und streng hierarchischen Strukturen. Oft entstehen solche Strukturen schon aus der Besonderheit des Betriebs, z.B. in Krankenhäusern.

Aber auch dann, wenn sich das Betriebsklima aufgrund von „Managementfehlern", beispielsweise Personalabbau oder ungeschickter Personalpolitik verschlechtert, führt das noch nicht zwangsläufig zur einer Haftung des Arbeitgebers für Mobbingfolgen:[30] Nicht in jedem Betrieb, in dem das Betriebsklima schlecht ist, fangen Kollegen an, sich gegenseitig zu mobben. Daher beschränkt sich die Haftung aus Organisationsverschulden in der Regel auf Fälle, in denen der Arbeitgeber über das Vorliegen mehrerer Mobbingfälle informiert ist, ohne **organisatorische Gegenmaßnahmen** zu ergreifen, beispielsweise durch Einrichtung von Ansprechstellen.[31]

---

[25] Staudinger/*Belling/Eberl-Borges* § 831 Rn. 19ff.; BGH 9. 5. 1957 – II ZR 327/55, BGHZ 24, 188 (199).

[26] Palandt/*Sprau* § 831 Rn. 52; s. bereits oben Rn. 235.

[27] LAG Thüringen 10. 4. 2001 – 5 Sa 403/00, NZA-RR 2001, 347; ähnlich *Wickler* DB 2002, 477 (483).

[28] LAG Rheinland-Pfalz vom 19. 2. 2004 – 2 Ta 12/04, NZA-RR 2004, 232; ähnlich MünchHdb ArbR/*Blomeyer* § 97 Rn. 37.

[29] Ähnlich *Rieble/Klumpp* FA 2002, 307 (309).

[30] So aber *Wolmerath,* Mobbing im Betrieb, Rn. 183.

[31] Zu den betriebsverfassungsrechtlichen Möglichkeiten dazu unten Rn. 368ff., 384ff.

II. Vertragliche Schadensersatzansprüche, § 280 Abs. 1 BGB

240 Obwohl zwischen Mobbingopfer und mobbenden Kollegen kein vertragliches Verhältnis besteht, kann Mobbing durch Kollegen zu vertraglichen Schadensersatzansprüchen führen, die gegen den Arbeitgeber geltend zu machen sind. Vertragliche Schadensersatzansprüche haben für das Mobbingopfer den Vorteil, dass reine **Vermögensschäden** auch unterhalb der Schwelle der §§ 823 Abs. 2, 826 BGB geltend gemacht werden können.

241 Auch auf dem Gebiet der vertraglichen Haftung ist die Haftung für fremdes und für eigenes Verhalten zu unterscheiden. **Fremdes Verschulden** eines Erfüllungsgehilfen wird dem Geschäftsherrn nach § 278 BGB unmittelbar und uneingeschränkt zugerechnet, eine Exkulpationsmöglichkeit wie in § 831 Abs. 1 Satz 2 BGB besteht nicht. Eine Haftung aus **eigenem Verschulden** kann sich ergeben, wenn der Arbeitgeber durch das Ermöglichen von Mobbing seine Fürsorgepflicht verletzt. Anspruchsgrundlage ist in solchen Fällen § 280 Abs. 1 BGB.

1. Zurechnung des Verschuldens von Erfüllungsgehilfen, § 278 BGB

242 a) **Rechtsnatur des § 278 BGB.** Anders als § 831 Abs. 1 BGB ist § 278 BGB keine Anspruchsgrundlage, sondern eine **Zurechnungsnorm:** Das Verschulden des Erfüllungsgehilfen wird dem Geschäftsherrn wie eigenes Verschulden zugerechnet. Voraussetzung ist das Bestehen eines Schuldverhältnisses zwischen dem Geschäftsherrn und dem Gläubiger des Schadensersatzanspruchs. Nach Rechtsprechung und Literatur kann grundsätzlich auch Mobbing durch Kollegen in dieser Weise dem Arbeitgeber zugerechnet werden;[32] Anspruchsgrundlage ist §§ 280 Abs. 1, 278 BGB. Auch die Rechtsfolgen ergeben sich aus § 280 Abs. 1 BGB.[33]

243 Der Begriff des **Erfüllungsgehilfen** ist weiter als der des Verrichtungsgehilfen nach § 831 Abs. 1 BGB: Erfüllungsgehilfe ist jeder, der nach den sachlichen Gegebenheiten des Falles mit dem Willen des Schuldners bei einer diesem obliegenden Verbindlichkeit als seine Hilfsperson tätig wird; Weisungsgebundenheit ist nicht erforderlich.[34] Arbeitnehmer sind also regelmäßig Erfüllungsgehilfen des Arbeitgebers.

---

[32] LAG Niedersachsen 3. 5. 2000 – 16a Sa 1391/99, NZA-RR 2000, 517; LAG Thüringen 15. 2. 2001 – 5 Sa 102/00, NZA-RR 2001, 577; LAG Nürnberg 2. 7. 2002 – 6 (3) Sa 154/01, NZA-RR 2003, 121; *Rieble/Klumpp* ZIP 2002, 369 (379f.).

[33] Dazu oben Rn. 136ff., 147ff.

[34] Palandt/*Heinrichs* § 278 Rn. 7; BGH 9. 10. 1986 – I ZR 138/84, BGHZ 98, 330 (334) = NJW 1987, 1323.

b) Mobbing „in Erfüllung einer Verbindlichkeit"? Die Zurechnung setzt aber auch voraus, dass der Erfüllungsgehilfe **bei der Erfüllung einer Verbindlichkeit** des Schuldners tätig wird.[35] Ansatzpunkt ist also eine Verletzung einer eigenen vertraglichen Haupt- oder Nebenpflicht des Schuldners. Gleichzeitig muss die vom Erfüllungsgehilfen verrichtete Tätigkeit im Bereich des vom Schuldner geschuldeten Verhaltens liegen. Wie im Rahmen von § 831 BGB ist auch für die Zurechnung nach § 278 BGB Voraussetzung, dass das Fehlverhalten des Erfüllungsgehilfen nicht nur bei der Gelegenheit der Erfüllung erfolgt ist.[36] 244

Für die Zurechnung von Mobbing ergeben sich dabei also in doppelter Hinsicht Einschränkungen. Erstens muss das Mobbing eine **Vertragspflicht** des Arbeitgebers verletzen. Das ist regelmäßig der Fall: Wie oben erörtert, verletzt jede Art von Mobbing zumindest die arbeitsvertragliche Fürsorgepflicht des Arbeitgebers, die auch das Persönlichkeitsrecht erfasst.[37] Zweitens muss aber auch der Zusammenhang zwischen der **Fürsorgepflicht** des Arbeitgebers und der Mobbinghandlung des Arbeitnehmers vorliegen.

Daher scheidet eine Zurechnung – ähnlich wie bei der Haftung nach § 831 Abs. 1 BGB –um so mehr aus, je mehr sich eine Mobbinghandlung von dem Bereich der arbeitsvertraglichen Pflichten entfernt, also bei persönlichen Animositäten und Unhöflichkeiten. Außerdem können Erfüllungsgehilfen nur solche Beschäftigten sein, die gegenüber dem Mobbingopfer die **Fürsorgepflicht** des Arbeitgebers **konkretisieren.** Damit kommen als Erfüllungsgehilfen fast nur vorgesetzte Kollegen in Betracht.[38] 245

Eine Zurechnung ist also beispielsweise möglich, wenn von vorgesetzten Kollegen unerfüllbare, unsinnige oder sogar das leibliche Wohl gefährdende **Weisungen** als Mobbingmittel eingesetzt werden. Das Gegenbeispiel bilden die Kollegen im Großraumbüro, die behaupten, das Mobbingopfer stinke und sich entsprechend verhalten (Grimassenschneiden, Wegsetzen usw.). So quälend das für den Betroffenen sein mag, fehlt doch jeder Zusammenhang mit der Fürsorgepflicht des Arbeitgebers. In solchen Fällen können Schadensersatzansprüche also nur gegen die Kollegen selbst geltend gemacht werden, ein Anspruch gegen den Arbeitgeber aus §§ 280 Abs. 1, 278 BGB ist nicht gegeben.

---

[35] Palandt/*Heinrichs* § 278 Rn. 12ff.; Staudinger/*Löwisch* § 278 Rn. 34ff.

[36] Zu den Gründen dafür Staudinger/*Löwisch* § 278 Rn. 50.

[37] Oben Rn. 137ff.

[38] So auch *Hartmann* AuA-PP 11/03, 8 (12). Zu pauschal *Wolmerath,* Mobbing im Betrieb, Rn. 197, nach dem bereits jeder Zusammenhang mit der Vorgesetzenstellung genügt. Wie hier *Kollmer,* Mobbing im Arbeitsverhältnis, Rn. 153.

2. Verletzung eigener Pflichten

246 Beim Mobbing durch Kollegen ist unabhängig von der Haftung über § 278 BGB auch eine vertragliche Haftung des Arbeitgebers aus eigenem Verschulden aus § 280 Abs. 1 BGB möglich. Voraussetzung ist eine Verletzung von Pflichten aus dem **Arbeitsvertrag** durch den Arbeitgeber selbst, die nach § 280 Abs. 1 Satz 2 BGB von diesem zu vertreten ist. § 280 Abs. 1 BGB erfasst neben der Nichterfüllung von Leistungspflichten und der Schlechtleistung auch die Verletzung von Nebenpflichten, insbesondere von Schutzpflichten.[39]

247 **a) Verletzung der Fürsorgepflicht.** Wie bereits beim Mobbing durch den Arbeitgeber selbst ist daher Grundlage der Haftung auch beim Mobbing durch Kollegen eine Verletzung der **arbeitsvertraglichen Fürsorgepflicht** des Arbeitgebers. Wie bereits oben erörtert, ist die Fürsorgepflicht des Arbeitgebers in Gestalt von Schutz- und Förderpflichten als Nebenpflichten des Arbeitsverhältnisses anerkannt und seit der Schuldrechtsreform in § 241 Abs. 2 BGB gesetzlich verankert.[40] Nach allgemeiner Ansicht verletzt ein Arbeitgeber, der selbst Mobbinghandlungen vornimmt, schon deshalb seine Fürsorgepflicht, weil diese auch das Persönlichkeitsrecht der Arbeitnehmer umfasst.

Ebenfalls unstreitig ist, dass die Fürsorgepflicht den Arbeitgeber nicht nur verpflichtet, selbst die Rechtsgüter des Arbeitnehmers zu beachten, sondern auch, den Arbeitnehmer vor Angriffen Dritter und auch vor Kollegen zu **schützen.**[41] Wenn Arbeitgeber ihre Arbeitnehmer nicht vor Mobbing durch Kollegen schützen, verletzen sie also grundsätzlich auch dann ihre Fürsorgepflicht, wenn sie selbst am Mobbing nicht beteiligt sind.[42]

248 **b) Vertretenmüssen, § 280 Abs. 1 Satz 2 BGB.** Der Schadensersatzanspruch nach § 280 Abs. 1 BGB setzt außerdem voraus, dass der

---

[39] Palandt/*Heinrichs* § 280 Rn. 12 ff., 28 ff.

[40] Zur Fürsorgepflicht ausführlich MünchHdb ArbR/*Blomeyer,* § 94; *Schaub,* ArbR-Hdb § 108; zur Verankerung in § 241 Abs. 2 BGB *Dütz* Arbeitsrecht Rn. 153, 174; ErfKomm/*Preis* § 611 BGB Rn. 753, 760; s. bereits oben Rn. 137 ff.

[41] *Gamerschlag/Perband* VersR 2002, 287 (289); *Wolmerath,* Mobbing im Betrieb, Rn. 178.

[42] *Hartmann* AuA-PP 11/03, 8 (12); *Kollmer* AR-Blattei SD, 1215 Mobbing, Rn. 40 ff.; *ders.,* Mobbing im Arbeitsverhältnis, Rn. 73 f.; *Mühlig-Seel* AuA 2002, 499 (499 f.); ErfKomm/*Preis* § 611 BGB Rn. 765; *Reiserer/Lemke* MDR 2002, 249 (251); *Rieble/Klumpp* ZIP 2002, 369 (379 f.); *Wickler* DB 2002, 477 (483). Das LAG Rheinland-Pfalz 19. 2. 2004 – 2 Ta 12/04, NZA-RR 2004, 232 sieht sogar „die Nebenpflicht aus dem Arbeitsverhältnis, das Opfer derartiger Belästigungen und Attacken zu schützen und allgemein für ein ausgeglichenes Betriebsklima zu sorgen". Letztere Anforderung ist in dieser Allgemeinheit zu weitgehend.

Schuldner die Pflichtverletzung gemäß § 276 BGB **zu vertreten** hat. Aus der negativen Formulierung von § 280 Abs. 1 Satz 2 BGB ergibt sich, dass die **Beweislast** den Schuldner trifft. An den Entlastungsbeweis des Schuldners sollen jedoch keine zu strengen Anforderungen gestellt werden.[43] Diese Beweislastverteilung gilt auch bei Schadensersatzansprüchen aus dem Arbeitsverhältnis gegen Arbeitgeber.[44]

Als Verschuldensform ist ausnahmsweise **Vorsatz** möglich, wenn der Arbeitgeber das Mobbing und seine Folgen kennt und billigt, in der Regel wird er aber gegen seine Pflicht zur Verhinderung von Mobbing **fahrlässig** verstoßen. In zwei Fällen kann dagegen das Vertretenmüssen des Arbeitgebers ausgeschlossen sein: Wenn er nichts von dem Mobbing weiß und/oder es ihm nicht möglich ist, das Mobbing zu verhindern. **249**

Grundsätzlich setzt Vertretenmüssen gemäß §§ 280 Abs. 1 Satz 2, 276 BGB voraus, dass der Arbeitgeber **Kenntnis** von den Mobbinghandlungen hat.[45] In Ausnahmefällen wird auch „Kennenmüssen" genügen, wenn der Arbeitgeber beispielsweise einen Bericht über einen Mobbingfall erhalten, diesen aber pflichtwidrig nicht gelesen oder sonstwie zur Kenntnis genommen hat.

In der Literatur wird oft übersehen, dass Arbeitgeber zwar grundsätzlich die Pflicht haben, Mobbing durch Kollegen zu verhindern, dazu aber nicht stets in der Lage sind. **Organisatorische Maßnahmen** wie die Einrichtung von Schlichtungs- oder Beschwerdestellen haben nicht stets den gewünschten Erfolg. Auch kann es sein, dass der Mobbingtäter Ermahnungen nicht zugänglich und auch arbeitsrechtlichen Sanktionen gegenüber unempfindlich ist, weil er beispielsweise besonderen Kündigungsschutz genießt und eine Versetzung organisatorisch nicht möglich ist. **250**

Schließlich kann der Arbeitgeber seinen Mitarbeitern gegenüber zwar die Erfüllung von Vertragspflichten durchsetzen, aber nicht allgemein höflichen und freundlichen Umgang erzwingen. So kann er Kollegen beispielsweise nicht daran hindern, sich in der Kantine wegzusetzen, wenn das Mobbingopfer sich an ihren Tisch setzt.[46] Nach einem Urteil des LAG Schleswig-Holstein hat der Arbeitgeber zudem einen Ermessensspielraum bei der Entscheidung, wie er auf Konflikte zwischen Arbeitnehmern reagiert.[47] Mobbing durch Kollegen hat also nicht in jedem Fall Schadensersatzansprüche gegen den Arbeitgeber zur Folge.

---

[43] Palandt/*Heinrichs* § 280 Rn. 40.

[44] § 619a BGB gilt nur bei Ansprüchen gegen Arbeitnehmer; Palandt/*Heinrichs* § 280 Rn. 41.

[45] So auch *Hartmann* AuA-PP 11/03, 8 (12); ähnlich *Wolmerath,* Mobbing im Betrieb, Rn. 193.

[46] So zutreffend *Gralka* BB 1995, 2651 (2653); anders *Däubler* BB 1995, 1347.

[47] LAG Schleswig-Holstein 12. 2. 2002 – 5 Sa 409c/01, DB 2002, 1056.

III. Schmerzensgeldansprüche

251 Seit dem 1. August 2002 befindet sich die Regelung des Schmerzensgeldes nicht mehr in § 847 BGB a.F., sondern in § 253 Abs. 2 BGB.[48] Der **Schmerzensgeldanspruch** ist also kein deliktischer Anspruch mehr, sondern ein Anspruch des allgemeinen Schuldrechts mit der Folge, dass Schmerzensgeldansprüche auch bei **Vertragsverletzungen** entstehen. Bei Ansprüchen gegen den Täter selbst spielt diese Gesetzesänderung allerdings kaum eine Rolle, da bei Verletzung der in § 253 Abs. 2 BGB genannten Rechtsgüter regelmäßig ohnehin eine unerlaubte Handlung vorliegt.[49] Allerdings hat die Anspruchsgrundlage § 280 Abs. 1 BGB für den Verletzten Vorteile hinsichtlich der Beweislast, da das Vertretenmüssen des Schädigers grundsätzlich vermutet wird.[50]

252 Daneben hat die Gesetzesänderung vor allem auf dem Gebiet der **Zurechnung** praktische Bedeutung. Anders als nach früherer Rechtslage kann nunmehr auch eine Zurechnung von Handlungen des Erfüllungsgehilfen über § 278 BGB zu Schmerzensgeldansprüchen führen. Daher schuldet der Arbeitgeber auch Schmerzensgeld, wenn Mobbinghandlungen von Kollegen über § 278 BGB zurechenbar sind und zu Gesundheitsschäden führen.[51] Nach früherer Rechtslage kam ein Schmerzensgeldanspruch in derartigen Fällen nur unter den Voraussetzungen des § 831 Abs. 1 BGB in Betracht; der Arbeitgeber hatte also die Möglichkeit der Exkulpation.[52]

253 Anders als im Gesetzentwurf zunächst vorgesehen, enthält der Wortlaut des § 253 Abs. 2 BGB **keine Bagatellgrenze** in der Weise, dass Schmerzensgeldansprüche bei unerheblichen Schäden ausgeschlossen sein sollen.[53] Das bedeutet jedoch keine Ausweitung des Schmerzensgeldanspruchs, da der Gesetzgeber auf diese Regelung ausdrücklich mit Hinweis auf die Rechtsprechung verzichtete, die in solchen Fällen schon zuvor Schmerzensgeld ausgeschlossen hatte.[54] Eine Ausnahme gilt bei vorsätzlichem Handeln: Hier fordert die Genugtuungs-

---

[48] Im Einzelnen oben Rn. 151 ff.

[49] *Wagner* NJW 2002, 2049 (2055).

[50] Palandt/*Heinrichs* § 253 Rn. 8; zur Beweislast bei § 280 Abs. 1 BGB bereits oben Rn. 146

[51] *Wickler* ArbuR 2004, 87 (92); zur praktischen Bedeutung *Wagner* NJW 2002, 2049 (2055 f.). Anders noch LAG Baden-Württemberg 5. 3. 2001 – 15 Sa 160/00, AP BGB § 611 Mobbing Nr. 2.

[52] So noch LAG Thüringen 15. 2. 2001 – 5 Sa 102/00, NZA-RR 2001, 577.

[53] Dazu: „Der Anspruch auf Schmerzensgeld wird ausgeweitet“, FAZ vom 5. Juni 2002, S. 22.

[54] BT-Drucks. 14/8780, S. 35; Palandt/*Heinrichs* § 253 Rn. 24; *Wagner* NJW 2002, 2049 (2056).

funktion auch bei geringfügigen Schäden einen Schmerzensgeldanspruch.[55]

254 Der Arbeitgeber haftet also bei Gesundheitsschäden durch Kollegenmobbing unter den gleichen Voraussetzungen auf Schmerzensgeld, unter denen er auch auf Schadensersatz haftet: aus eigenem **Organisationsverschulden** oder Verletzung der **Fürsorgepflicht** aus §§ 823 Abs. 1, 280 Abs. 1, 241 Abs. 2 BGB und für fremde Handlungen aus § 831 Abs. 1 und §§ 280 Abs. 1, 278 BGB, jeweils in Verbindung mit § 253 Abs. 2 BGB. Eine Ausnahme gilt nur für Bagatellschäden, die nicht vorsätzlich zugefügt wurden.

Für die Höhe des Schmerzensgeldanspruchs gelten die bereits oben dargestellten Kriterien.[56] Beim Mobbing durch Kollegen kann es Vorteile haben, Schmerzensgeldansprüche gegen den Arbeitgeber geltend zu machen, weil beim Schmerzensgeld die **finanzielle Leistungsfähigkeit** zu berücksichtigen ist.[57] Eventuelles Mitverschulden des Geschädigten ist beim Schmerzensgeldanspruch bereits im Rahmen seiner Bemessung zu berücksichtigen.[58]

IV. Ersatz des immateriellen Schadens bei Verletzung des Persönlichkeitsrechts

255 Der Anspruch auf Ersatz des **immateriellen Schadens** bei Verletzung des **Persönlichkeitsrechts** ist nach der Rechtsprechung, die der Gesetzgeber mit der Reform des Schadensrechts ausdrücklich bestätigt hat, ein Anspruch eigener Art auf Grundlage von § 823 BGB i.V.m. Artt. 1 Abs. 1, 2 Abs. 1 GG. Auch im Fall des Kollegenmobbings kann also ein solcher Anspruch bestehen, wenn der Arbeitgeber deliktisch aus Organisationsverschulden oder über § 831 Abs. 1 BGB haftet. Der Anspruch hat allerdings besondere Voraussetzungen, die sich aus der Natur des Persönlichkeitsrechts als **„offenes Recht"** ableiten, wobei insbesondere die Verletzung insbesondere nicht unerheblich sein darf.[59]

256 Fraglich ist, ob der Ersatzanspruch auch bei **Vertragsverletzungen** entstehen kann, ob also dem Arbeitgeber Persönlichkeitsrechtsverletzungen über §§ 280 Abs. 1, 278 BGB **zugerechnet** werden können. In der Literatur wird das bejaht mit der Begründung, der Anspruch auf Ersatz des immateriellen Schadens solle einen umfassenden Schutz des Persönlichkeitsrechts sichern.[60]

---

55 Palandt/*Heinrichs* § 253 Rn. 25.
56 Oben Rn. 162ff.
57 BGH 16. 2. 1993 – VI ZR 29/92, NJW 1993, 1531.
58 Palandt/*Heinrichs* § 253 Rn. 17.
59 Ausführlich oben Rn. 105f., 156ff.
60 *Wickler* ArbuR 2004, 87 (89f.).

Angesichts der geltenden Rechtslage ist das aber kaum vertretbar. Der Gesetzgeber hat den Anspruch auf Ersatz des immateriellen Schadens gerade nicht in § 253 Abs. 2 BGB aufgenommen und damit die Ableitung dieser Anspruchsgrundlage aus dem Deliktsrecht bestätigt. Die vertragliche Haftung für Persönlichkeitsverletzungen würde somit zu einer planwidrigen Ergänzung von § 253 Abs. 2 BGB führen. Ist verletztes Rechtsgut allein das Persönlichkeitsrecht, kommen dem Anspruch auf Ersatz des immateriellen Schadens somit die Vorteile der vertraglichen Haftung nicht zugute, insbesondere nicht die Verschuldensvermutung gemäß § 280 Abs. 1 Satz 2 BGB und die Zurechnung über § 278 BGB.

V. Gestaltungsrechte

257 Wird die Situation am Arbeitsplatz durch Mobbing unerträglich, stellt sich auch dann, wenn das Mobbing nicht vom Arbeitgeber ausgeht, die Frage nach einer **außerordentlichen Kündigung** des Arbeitsverhältnisses durch den betroffenen Arbeitnehmer und eines möglichen Schadensersatzanspruchs nach § 628 Abs. 2 BGB. In der Praxis werden Mobbingopfer aber meist nur als letztes Mittel ihren Arbeitsplatz aufgeben, so dass es vor allem darauf ankommt, ob und inwieweit Arbeitnehmer die **Kündigung** des Mobbingtäters durchsetzen können. Zuletzt stellt sich auch beim Kollegenmobbing die Frage nach einem **Zurückbehaltungsrecht** an der Arbeitskraft nach § 273 BGB. Weitere Handlungsmöglichkeiten ergeben sich aus dem BetrVG.

1. Außerordentliche arbeitnehmerseitige Kündigung

258 **a) Voraussetzungen der arbeitnehmerseitigen Kündigung.** Eine ordentliche arbeitnehmerseitige Kündigung ist unter Einhaltung der Fristen des § 622 BGB jederzeit möglich. In Mobbingfällen stellt sich daher besonders die Frage nach der Möglichkeit einer **außerordentlichen,** fristlosen arbeitnehmerseitigen **Kündigung.** Sie unterliegt nach § 626 BGB den gleichen Voraussetzungen wie die arbeitgeberseitige fristlose Kündigung: Es muss ein wichtiger Grund in Gestalt unstreitiger oder bewiesener Tatsachen vorliegen, die unter Berücksichtigung aller Umstände des Einzelfalls und Abwägung der betroffenen Interessen das Abwarten der Kündigungsfrist unzumutbar machen.[61] Die fristlose Kündigung muss

---

[61] Dazu bereits oben Rn. 178; BAG 19. 6. 1967 – 2 AZR 287/66, AP GewO § 124 Nr. 1; ErfKomm/*Müller-Glöge* § 626 BGB Rn. 193; Staudinger/*Preis* § 626 Rn. 237; Palandt/*Putzo* § 628 Rn. 37ff.; zur Gegenansicht Erman/*Belling* § 626 Rn. 85; Kittner/Däubler/Zwanziger/*Däubler,* KSchR, § 626 BGB Rn. 177.

nach § 626 Abs. 2 BGB innerhalb von zwei Wochen nach Kenntnis der maßgeblichen Tatsachen erklärt werden.[62]

Bei der Bewertung des Mobbings als Kündigungsgrund ist zu berücksichtigen, dass es **nicht der Arbeitgeber** ist, von dem das Mobbing ausgeht. So können Beleidigungen durch den Arbeitgeber Grund für eine außerordentliche Kündigung sein, Beleidigungen durch den Kollegen nicht unbedingt. Stützt sich eine Kündigung auf den Entzug von Arbeitsaufgaben, kann das zwar auch durch – vorgesetzte – Kollegen veranlasst sein, setzt aber als Kündigungsgrund zumindest zurechenbares Verschulden des Arbeitgebers voraus.[63] Wenn dagegen die Umstände der Arbeit die Gesundheit gefährden,[64] spielt für die Kündigung grundsätzlich keine Rolle, von wem das Mobbing ausgeht.

Von besonderer Bedeutung ist bei der außerordentlichen Kündigung **259**
wegen Kollegenmobbings die vorherige **Abmahnung** gegenüber dem Arbeitgeber.[65] Nach einem Urteil des LAG Hessen darf der Arbeitnehmer sogar von einem Zurückbehaltungsrecht erst Gebrauch machen, wenn er den Arbeitgeber konkret auf die Verletzungshandlung hingewiesen hat und – auch zeitlich – Gelegenheit zur Abstellung der Missstände gegeben wurde. Entsprechendes muss erst recht für das weitergehende Gestaltungsrecht der Kündigung gelten.[66]

Die arbeitnehmerseitige außerordentliche Kündigung beim Kollegenmobbing setzt also grundsätzlich voraus, dass der Arbeitgeber vom Mobbing **weiß** und zumindest die Gelegenheit hatte, etwas dagegen zu unternehmen. Das Erfordernis der Abmahnung kann zwar wegfallen, wenn sie von vornherein sinnlos ist, weil nicht mit einer Veränderung der Situation gerechnet werden kann.[67] Beim Kollegenmobbing wird das aber fast nie der Fall sein.

b) Schadensersatz nach § 628 Abs. 2 BGB. Ein Anspruch auf Scha- **260**
densersatz gegen den Arbeitgeber entsteht nur bei einer Teilgruppe der

---

[62] Zur Kündigungserklärungsfrist bei Dauertatbeständen wie Mobbing oben Rn. 181 ff.

[63] ErfKomm/*Müller-Glöge* § 626 BGB Rn. 197; BAG 15. 6. 1972 – 2 AZR 345/71, AP BGB § 628 Nr. 7; grundlegend BAG 27. 2. 1985 – GS 1/84, AP BGB § 611 Beschäftigungspflicht Nr. 14 = NZA 1985, 702; zum Mobbing LAG Berlin 17. 1. 2003 – 6 Sa 1735/02, EZA-SD 2003, Nrn. 6,10. Zum Entzug von Arbeitsaufgaben durch den Arbeitgeber oben Rn. 179.

[64] Zur Gesundheitsgefährdung als Kündigungsgrund Palandt/*Putzo* § 626 Rn. 59.

[65] Zur Abmahnung auch bei der arbeitnehmerseitigen Kündigung oben Rn. 180.

[66] LAG Hessen 26. 8. 1997 – 7 Sa 535/97, ArztR 1998, 146; Kurzdarstellung *Wagner/Bergmann* AiB 2004, 103 (104). Zum Zurückbehaltungsrecht im Einzelnen unten Rn. 265 f.

[67] Kittner/Däubler/Zwanziger/*Däubler,* KSchR, § 626 BGB Rn. 178; ErfKomm/*Müller-Glöge* § 626 BGB Rn. 193.

außerordentlichen arbeitnehmerseitigen Kündigungen: Es muss eine wirksame, fristgerecht erklärte außerordentliche Kündigung vorliegen, deren **Grund in einem Verhalten** des anderen Teils – hier des Arbeitgebers – liegt, wobei dieses Verhalten vertragswidrig und schuldhaft war.[68]

Wie bereits erwähnt, ist der Anspruch aus § 628 Abs. 2 BGB eine Sonderform der Haftung aus positiver Vertragsverletzung, seit der Schuldrechtsreform normiert in § 280 Abs. 1 BGB.[69] Er kann daher auch bei Kollegenmobbing eingreifen, wenn der Arbeitgeber das Mobbing nicht verhindert und damit schuldhaft gegen seine **Fürsorgepflicht** verstoßen hat, oder wenn ihm das Verhalten von Erfüllungsgehilfen nach § 278 BGB zugerechnet wird.[70]

261 Um zu einer Haftung des Arbeitgebers für das Verhalten Dritter zu kommen, müssen allerdings die **einschränkenden Voraussetzungen** der Haftung für das Verhalten anderer noch zu den engen Voraussetzungen von § 628 Abs. 2 BGB hinzukommen, so dass der Anspruch in der Praxis nur in wenigen Extremfällen des vom Arbeitgeber geduldeten Kollegenmobbings entstehen wird. Greift § 628 Abs. 2 BGB ein, richtet sich der Schadensersatzanspruch auf den Ersatz des Erfüllungsinteresses, der kündigende Arbeitnehmer ist also so zu stellen, wie er bei Fortbestand des Arbeitsverhältnisses gestanden hätte.[71]

2. Arbeitgeberseitige Kündigung des Mobbingtäters

262 **a) Rechtsansprüche auf Disziplinierung des Mobbingtäters?** Für einen Anspruch des Mobbingopfers auf Kündigung des Mobbingtäters fehlt es an einer **Anspruchsgrundlage:** Gemäß § 104 BetrVG kann nur der Betriebsrat die Entfernung betriebsstörender Arbeitnehmer verlangen. Auch andere personelle Maßnahmen können vom Geschädigten kaum juristisch durchgesetzt werden. Die Spezialregelung in § 4 Abs. 1 Nr. 1 Satz 1 BeschSchG gilt nur für sexuelle Belästigung und ist nicht auf Mobbing allgemein übertragbar.[72] Zwar ergibt sich aus der Verletzung von deliktisch geschützten Rechtsgütern ein quasinegatorischer Be-

---

[68] Im Einzelnen oben Rn. 183ff. Die Anwendung von § 628 Abs. 2 BGB ist auch bei Aufhebungsverträgen und anderen Beendigungsarten möglich, BAG 10. 5. 1971 – 3 AZR 126/70, AP BGB § 628 Nr. 6.

[69] Kittner/Däubler/Zwanziger/*Däubler,* KSchR, § 628 BGB Rn. 13; ErfKomm/*Müller-Glöge,* § 628 BGB Rn. 45; BAG 26. 7. 2001 – 8 AZR 739/00, AP BGB § 628 Nr. 13 = NZA 2002, 325 (326).

[70] Dazu oben Rn. 242ff., 246ff.

[71] BAG 5. 10. 1962 – 1 AZR 51/61, AP BGB § 628 Nr. 2 zu einer Kündigung durch den Arbeitgeber; BAG 20. 11. 1996 – 5 AZR 518/95, AP BGB § 611 Berufssport Nr. 12 = NZA 1997, 647; ErfKomm/*Müller-Glöge* § 628 BGB Rn. 64; Palandt/*Putzo* § 628 Rn. 8; im Einzelnen oben Rn. 186f.

[72] So aber *Grünwald/Hille,* Mobbing im Betrieb, S. 184f.

seitigungsanspruch analog §§ 12, 862, 1004 BGB,[73] der aber in aller Regel nur gegen den Täter selbst durchsetzbar ist.

Dem Arbeitgeber können Arbeitnehmer in der Regel **keine konkreten Maßnahmen** vorschreiben: Nach einer Entscheidung des LAG Schleswig-Holstein ist es „grundsätzlich Sache des Arbeitgebers, zu entscheiden, wie er auf Konfliktlagen unter Arbeitnehmern reagieren will, ohne dass es auf die Ursachen des Konflikts und die Schuldfrage ankommt". Bei Umsetzungen kann der Arbeitgeber beispielsweise im Rahmen des Direktionsrechts nach freiem unternehmerischem Ermessen entscheiden, wer umgesetzt wird.[74] Auch wenn in dem Gewährenlassen eines Mobbingtäters eine Verletzung der Fürsorgepflicht liegt, folgt daraus also möglicherweise ein Schadensersatzanspruch, aber kein Anspruch auf eine bestimmte personelle Maßnahme.

b) Druckkündigung. Jedoch besteht die Möglichkeit, dass sich der Ar- **263**
beitgeber faktischem Druck beugt und dem Mobbingtäter kündigt, weil beispielsweise das Mobbingopfer mit Eigenkündigung droht oder ein Teil der Belegschaft die Kündigung verlangt. In solchen Fällen stellt sich die Frage nach der Zulässigkeit einer **Druckkündigung.** Druckkündigungen sind als ordentliche oder außerordentliche Kündigungen möglich. Man unterscheidet zwei Arten: die unechte Druckkündigung, bei der ein Kündigungsgrund vorliegt, auf den sich aber Dritte (Arbeitnehmer oder Kunden) berufen, und die echte Druckkündigung, bei der ein Kündigungsgrund nicht nachweisbar ist, aber Arbeitnehmer oder Dritte mit nachteiligen Schritten drohen.[75]

Für die **unechte Druckkündigung** gelten keine rechtlichen Besonder- **264**
heiten: Ihre Wirksamkeit richtet sich nach den allgemeinen Regeln für die außerordentliche oder ordentliche Kündigung; der Druck kann bei der Interessenabwägung zu berücksichtigen sein. Einen Sonderfall bildet dagegen die **echte Druckkündigung.** In solchen Fällen ist der Arbeitgeber zwar grundsätzlich verpflichtet, sich vor den unter Druck geratenen Arbeitnehmer zu stellen und alle milderen Mittel auszuschöpfen. Wenn dem Arbeitgeber anderenfalls schwere wirtschaftliche Nachteile drohen, kann ausnahmsweise aber auch der Druck selbst Kündigungsgrund sein, soweit das Kündigungsverlangen nicht ganz willkürlich und die Kündigung der letzte Ausweg für den Arbeitgeber ist.[76] Das BAG hat eine außerordentliche Druckkündigung in einem Fall zugelassen, in dem ein unkündbarer Arbeitnehmer einen autoritären Führungsstil praktizierte und

---

[73] Dazu *Kollmer,* Mobbing im Arbeitsverhältnis, Rn. 76 a.

[74] LAG Schleswig-Holstein 12. 2. 2002 – 5 Sa 409c/01, DB 2003, 1056.

[75] ErfKomm/*Ascheid* § 1 KSchG Rn. 276 f.; ErfKomm/*Müller-Glöge* § 626 BGB Rn. 220 f.; *Wolmerath,* Mobbing im Betrieb, Rn. 224.

[76] ErfKomm/*Ascheid* § 1 KSchG Rn. 277, 281; Kittner/Däubler/Zwanziger/*Däubler* KSchR § 626 BGB Rn. 172.

daher eine kollektive Arbeitsniederlegung oder mehrere Kündigungen der Beschäftigten drohten.[77]

Anders als eine Verdachtskündigung setzt eine Druckkündigung nicht die Anhörung des zu Kündigenden voraus. Die Druckkündigung ist ausgeschlossen, wenn den Arbeitgeber selbst ein Mitverschulden an dem Entstehen der Konfliktsituation trifft. Bei **ungerechtfertigter Entlassung** kann gegen diejenigen Arbeitnehmer, die den Druck ausgeübt haben, ein Anspruch auf Schadensersatz gemäß § 826 Abs. 1 BGB entstehen; allerdings nicht, wenn sie sich auf berechtigte Interessen berufen können.[78]

3. Zurückbehaltungsrecht

265 Verletzt der Arbeitgeber seine Fürsorgepflicht durch Zulassen von Mobbing, kann daraus für das Mobbingopfer ebenso wie beim Mobbing durch den Arbeitgeber selbst ein **Zurückbehaltungsrecht** nach § 273 BGB entstehen: Der Arbeitnehmer kann dann seine Arbeitsleistung zurückhalten, da der Arbeitgeber die Fürsorgepflicht verletzt.[79] Unter den Voraussetzungen des § 615 BGB gerät der Arbeitgeber in Annahmeverzug, muss also das Arbeitsentgelt weiterzahlen. Als Einrede muss das Zurückbehaltungsrecht vom Arbeitnehmer geltend gemacht werden.

266 Das Zurückbehaltungsrecht hat jedoch enge Voraussetzungen, die verstärkt zum Tragen kommen, wenn das Mobbing nicht vom Arbeitgeber selbst ausgeht. Das wirkt sich vor allem auf die **Verhältnismäßigkeit** aus, da die Arbeitsverweigerung gegenüber der Verletzung der Fürsorgepflicht nicht unverhältnismäßig sein darf. Dabei kommt es auf die Intensität des Mobbings an, aber auch darauf, inwieweit der Arbeitgeber davon weiß und inwieweit er in der Lage ist, es zu beenden.

Nach einer Entscheidung des LAG Frankfurt muss der Arbeitnehmer vor Ausübung des Zurückbehaltungsrechts den Arbeitgeber auf die Missstände **hinweisen** und ihm auch zeitlich Gelegenheit geben, sie abzustellen.[80] Unterlässt der Arbeitnehmer das, läuft er Gefahr, wegen Arbeitsverweigerung gekündigt zu werden, da Mobbing – wie erwähnt – keinen Sonderkündigungsschutz begründet.[81]

---

[77] BAG 31. 1. 1996 – 2 AZR 158/95, AP BGB § 626 Druckkündigung Nr. 13 = NZA 1996, 581.

[78] ErfKomm/*Ascheid* § 1 KSchG Rn. 284 f.; Kittner/Däubler/Zwanziger/*Däubler* KSchR § 626 BGB Rn. 173 ff.

[79] Zum Zurückbehaltungsrecht des betroffenen Arbeitnehmers bei Mobbing *Grünwald/Hille,* Mobbing im Betrieb, S 187 ff.; *Kollmer* AR-Blattei SD, 1215 Mobbing Rn. 47; MünchHdb ArbR/*Blomeyer* § 49 Rn. 60; im Einzelnen oben Rn. 189 ff.

[80] LAG Frankfurt 26. 8. 1997 – 7 Sa 535/97, ArztR 1998, 146; Kurzdarstellung *Wagner/Bergmann* AiB 2004, 103 (104).

[81] LAG Hessen 21. 3. 2003 – 12 Sa 561/02, NZA-RR 2004, 356; im Einzelnen oben Rn. 200 ff.

4. Beschwerde nach §§ 84, 85 BetrVG

Nach §§ 84, 85 BetrVG hat jeder Arbeitnehmer das Recht, sich bei den zuständigen Stellen des Betriebs zu **beschweren,** wenn er sich von Arbeitnehmern des Betriebs benachteiligt, ungerecht behandelt oder in sonstiger Weise benachteiligt fühlt. Das Beschwerderecht gilt unabhängig vom Bestehen eines Betriebsrats; allerdings können Mitglieder des Betriebsrats zur Unterstützung herangezogen werden. Wie sich aus § 84 Abs. 2 BetrVG ergibt, stehen die Maßnahmen, die aufgrund der Beschwerde ergriffen werden, im Ermessen des Arbeitgebers. Für betroffene Arbeitnehmer kann eine Beschwerde aber von taktischer Bedeutung sein, da § 84 Abs. 3 BetrVG ein **Maßregelungsverbot** normiert, durch das sie geschützt werden.[82] Das Beschwerderecht wird im Einzelnen unten im Zusammenhang mit den Befugnissen des Betriebsrats erörtert.[83] **267**

---

[82] *Grünwald/Hille,* Mobbing im Betrieb, S. 184.
[83] Unten Rn. 355ff.

G. Ansprüche und Möglichkeiten des Arbeitgebers wegen Mobbings am Kollegen

268 Nicht nur die unmittelbar betroffenen Beschäftigten können durch Mobbing geschädigt werden, sondern auch ihr Arbeitgeber. Das folgt bereits daraus, dass Arbeitgeber – wie soeben dargelegt – auch dann auf Schadensersatz für Mobbing haften können, wenn sie an den Mobbinghandlungen selbst nicht unmittelbar beteiligt sind. Kollegenmobbing kann aber auch zu einer unmittelbaren **Schädigung des gemeinsamen Arbeitgebers** führen, wenn der Arbeitgeber Entgeltfortzahlung an mobbingbedingt erkrankte Arbeitnehmer leistet oder wenn durch Mobbinghandlungen ein Produktionsausfall entsteht.[1]

Auf dieser Grundlage können also auch Arbeitgeber **Schadensersatzansprüche** wegen Mobbings am Kollegen geltend machen. Außerdem werden sie in der Regel ein Interesse daran haben, durch **Gestaltungsrechte** und disziplinarische Maßnahmen das Mobbing zu beenden – schon um weiteren Schäden vorzubeugen. Dabei kommt vor allem eine ordentliche oder außerordentliche Kündigung des Mobbingtäters in Betracht, aber auch andere disziplinarische Maßnahmen wie Abmahnung, Umsetzung oder Versetzung.

I. Schadensersatzansprüche

1. Anspruchsgrundlagen

269 Wenn Arbeitgeber durch Kollegenmobbing geschädigt werden, scheiden **deliktische Schadensersatzansprüche** in aller Regel aus: Ansprüche aus § 823 Abs. 1 BGB scheitern daran, dass dem Arbeitgeber durch Mobbing am Kollegen regelmäßig nur Vermögensschäden entstehen werden. Ansprüche aus § 823 Abs. 2 BGB wegen Verletzung eines Schutzgesetzes oder aus § 826 BGB scheiden ebenfalls im Regelfall aus. Schadensersatzansprüche aus § 823 Abs. 2 BGB setzen voraus, dass das Schutzgesetz gerade dem Schutz des Geschädigten dient.[2] Die durch Mobbing verletzten Schutzgesetze werden aber meist nur das Opfer schützen, nicht jedoch seinen Arbeitgeber. Entsprechendes gilt für § 826 BGB, da auch hier der Vorsatz kaum auf eine Schädigung des Arbeitgebers gerichtet sein wird.

Schadensersatzansprüche des Arbeitgebers gegen seinen mobbenden Mitarbeiter werden sich also in den meisten Fällen nur auf **vertragliche**

---

[1] *Kollmer* AR-Blattei SD, 1215 Mobbing Rn. 65, 75.
[2] Staudinger/*Hager* § 823 Rn. 16ff.; MünchKomm/*Wagner* § 823 Rn. 340ff.

Anspruchsgrundlagen stützen können. Es kommt daher darauf an, ob das Mobbing am Kollegen Pflichten aus dem Arbeitsvertrag verletzt. Eine gesetzliche Sonderregelung gibt es nicht, so dass Anspruchsgrundlage auch hier vor allem § 280 Abs. 1 BGB ist. Für die Haftung von Arbeitnehmern gegenüber ihrem Arbeitgeber gelten jedoch in zweierlei Hinsicht Besonderheiten: Erstens gilt für die Beweislast die mit der Schuldrechtsreform eingeführte **Sonderregel** des **§ 619a BGB,** und zweitens greifen die allgemeinen Regeln der **Arbeitnehmerhaftung** ein, die unten erörtert werden.

2. Anspruchsvoraussetzungen

a) Pflichtverletzung. Voraussetzung der Haftung nach § 280 Abs. 1 **270**
BGB ist die Verletzung einer Pflicht aus dem Schuldverhältnis, die der Schuldner zu vertreten hat. Wie erwähnt, erfasst die Norm auch die Verletzung von Nebenpflichten. Wenn Arbeitgeber durch Mobbing am Kollegen geschädigt werden, kommt dabei vor allem eine Verletzung der **arbeitsrechtlichen Treuepflicht** des Mobbingtäters in Betracht. Die Treuepflicht ist mit der Fürsorgepflicht des Arbeitgebers vergleichbar. Aus dem historischen Begriff folgen eine Reihe von Nebenpflichten des Arbeitnehmers, die sich seit der Schuldrechtsreform auch aus § 241 Abs. 2 BGB ableiten lassen.[3]

Dazu gehört nach einhelliger Ansicht auch die Pflicht, sowohl vom **271**
Arbeitgeber als auch von anderen Arbeitnehmern **Schaden abzuwenden.**[4] Jedoch beeinträchtigt nicht jedes Mobbing gleichzeitig die Treuepflicht des Mobbingtäters. Da die Treuepflicht an das Arbeitsverhältnis anknüpft, ist zumindest ein gewisser Bezug zu den arbeitsrechtlichen Pflichten erforderlich. Auseinandersetzungen auf rein privater Ebene, auch wenn sie unter Kollegen stattfinden, betreffen die Treuepflicht daher nicht, sondern die Interessen des Arbeitgebers müssen zumindest mittelbar betroffen sein.

Das ist beim Kollegenmobbing allerdings meistens der Fall. So liegt also in folgenden Fällen eine Verletzung der Treuepflicht vor: Erstens, wenn der Arbeitgeber **unmittelbar geschädigt** wird, weil das Mobbingopfer – beispielsweise durch Eingriffe in die EDV – daran gehindert

---

[3] *Schaub* ArbR-Hdb./*Linck,* § 53 Rn. 1. Zur Fürsorgepflicht oben Rn. 137ff. Zur Unterscheidung von Fürsorgepflicht und Treuepflicht MünchKomm/*Kramer* § 241 Rn. 17; Einl. zu § 241 Rn. 79ff.; Staudinger/*Oetker* § 618 Rn. 94ff.

[4] MünchHdb ArbR/*Blomeyer* § 53 Rn. 29; *Grunewald* NZA 1993, 1071; *Haller/Koch* NZA 1995, 356 (359); *Schaub* ArbR-Hdb./*Linck,* § 53 Rn. 14; vgl. auch MünchKomm/*Roth* § 242 BGB Rn. 96. Vgl. dazu auch § 85 der vorliegenden Entwürfe für ein Arbeitsvertragsgesetz, wonach Arbeitnehmer verpflichtet werden sollen, „im Rahmen der betrieblichen Organisation mit den anderen Arbeitnehmern zusammenzuarbeiten und auf sie Rücksicht zu nehmen"; dazu MünchHdb ArbR/*Blomeyer* § 53 Rn. 29.

wird, seine Arbeit zu tun. Zweitens, wenn Mobbing kausal für eine **Erkrankung** ist und der Arbeitgeber Entgeltfortzahlung leistet. Drittens wird die Treuepflicht aber auch verletzt, wenn der Arbeitgeber aufgrund des Mobbings **Schadensersatzansprüchen** ausgesetzt ist. Eine Verletzung der Treuepflicht scheidet nur dann aus, wenn der Arbeitgeber vom Mobbing selbst überhaupt nicht betroffen ist: Nicht jede Verletzung von Rechtsgütern eines Kollegen muss zwingend gleichzeitig die Treuepflicht verletzen.

272 Schwieriger ist die Frage zu beantworten, ob auch in dem **Dulden** von Mobbinghandlungen eine Verletzung der Treuepflicht liegen kann. *Wolmerath* differenziert hier zutreffend zwischen gleichgestellten Kollegen und Vorgesetzen.[5] Bei Gleichgestellten wird in der Regel keine Pflichtverletzung vorliegen, da die Treuepflicht nicht zur Denunziation verpflichtet, und Gleichgestellte selten andere Möglichkeiten haben, den Mobbingtäter an seinem Tun zu hindern.

Bei **vorgesetzten Arbeitnehmern** kann das anders sein: Wenn vom Mobbing entweder unmittelbar eine Schädigung des Arbeitgebers oder eine Störung im Betriebsablauf ausgeht, sind sie gegenüber dem Arbeitgeber zum Tätigwerden verpflichtet. Erfährt beispielsweise der Abteilungsleiter, dass T die Computeranlage lahmlegen und den Verdacht auf O lenken will, muss er entsprechend tätig werden. Für die rechtliche Beurteilung ist eine Einzelfallentscheidung erforderlich, die die jeweiligen Aufgaben und Kompetenzen des vorgesetzten Arbeitnehmers berücksichtigt.

273 **b) Kausalität.** Außerdem setzt der Schadensersatzanspruch **Kausalität** der Pflichtverletzung für den Schaden voraus. Für Schadensersatzansprüche des Arbeitgebers ist dabei auf den Schaden abzustellen, der dem Arbeitgeber entstanden ist, nicht auf den des Mobbingopfers. Besteht die Pflichtverletzung im Untätigsein, kommt es für die Kausalität darauf an, ob Tätigwerden des Arbeitnehmers den Schaden des Arbeitgebers verhindert hätte.

Beim Mobbing durch Tun liegt Kausalität regelmäßig vor, wenn sich der Schaden des Arbeitgebers **unmittelbar** aus dem Mobbing ergibt, weil der betroffene Arbeitnehmer durch Krankheit am Arbeiten gehindert wird oder in seiner Produktivität eingeschränkt ist, weil er nervös ist. Oft zielt Mobbing sogar bewusst darauf ab, die Produktivität des Opfers zu verhindern, indem beispielsweise nötige Unterlagen vorenthalten werden. Kausal ist das Mobbing aber auch für **Schäden,** die gegenüber dem Arbeitgeber aus §§ 831 Abs. 1, 280 Abs. 1 i.V.m. 278 oder 628 Abs. 2 BGB geltend gemacht werden.

274 **c) Vertretenmüssen.** Für das Vertretenmüssen gilt im Verhältnis des Arbeitgebers zum Arbeitnehmer – wie erwähnt – als **Sonderregel für**

---

[5] *Wolmerath,* Mobbing im Betrieb, Rn. 258.

die Beweislast § 619a BGB. Diese Norm enthält eine Ausnahme von § 280 Abs. 1 Satz 2 BGB.[6] Nach § 280 Abs. 1 Satz 2 BGB wird das Vertretenmüssen des Schuldners vermutet; es obliegt also diesem, sich zu entlasten. Nach § 619a BGB muss dagegen der Arbeitgeber dem Arbeitnehmer beweisen, dass dieser eine Pflichtverletzung gemäß § 276 BGB zu vertreten hat.[7] § 619a BGB bestätigt damit die vor der Schuldrechtsreform gewohnheitsrechtliche Regel der Rechtsprechung, die bereits von einer entsprechenden Verteilung der Beweislast ausgegangen war.[8] Übertragen auf das Mobbing bedeutet das: Ein Arbeitgeber muss dem Mobbingtäter nachweisen, dass dieser ihn vorsätzlich oder fahrlässig geschädigt hat.

Aber auch unabhängig von der Beweislastumkehr werden Ersatzan- **275**
sprüche des Arbeitgebers gegen mobbende Kollegen nicht selten am Erfordernis des **Vertretenmüssens** scheitern. Auch wenn Mobbing sogar oft vorsätzlich erfolgt, ist der Vorsatz so gut wie nie auf eine Schädigung des Arbeitgebers gerichtet; im Gegenteil wird der Mobber nicht selten glauben, im Interesse des Betriebs tätig zu werden. Selbst Fahrlässigkeit setzt voraus, dass der Mobbingtäter wusste oder zumindest hätte wissen müssen, dass durch sein Tun auch der Arbeitgeber geschädigt werden kann. Es wird aber kaum einem Arbeitnehmer deutlich sein, dass der Arbeitgeber z.B. über § 278 BGB für eine Verletzung des Persönlichkeitsrechts haftet, die er selbst nicht begangen hat.

Damit scheidet Vertretenmüssen in fast allen Fällen aus, in denen Arbeitgeber Schadensersatz an Mobbingopfer leisten müssen; ein Rückgriff gegenüber dem Mobbingtäter wird bei dieser Konstellation also selten möglich sein. Anders ist es bei den Kosten für die Entgeltfortzahlung, wenn die Krankheit erkennbar mobbingbedingt war: Die meisten Arbeitnehmer wissen, dass Arbeitgeber in solchen Fällen Lohnfortzahlung schulden. Vorsätzlich oder fahrlässig ist die Schädigung des Arbeitgebers außerdem vor allem bei unmittelbaren Eingriffen in den Betriebsablauf (Beispiel Computerstörung); in der Regel auch dann, wenn durch das Mobbing die Produktivität der Betroffenen gemindert oder sogar schwer ersetzbare Mitarbeiter zur Kündigung getrieben werden. Als „Faustregel" kann man grundsätzlich von Verschulden ausgehen, wenn der Mobbingtäter bewusst die **Leistungsfähigkeit** seines Opfers beeinträchtigt.

---

[6] AnwKomm/*Dauner-Lieb* § 280 Rn. 60.

[7] Im Deliktsrecht ist § 619a BGB nicht anwendbar; Staudinger/*Oetker* § 619a Rn. 5.

[8] BAG 17. 9. 1998 – 8 AZR 175/97, AP BGB § 611 Mankohaftung Nr. 2 = NZA 1999, 141; zur Reform BT-Drucks. 14/7052, S. 204; *Canaris* JZ 2001, 512; *Joussen* NZA 2001, 748; *Löwisch* NZA 2001, 466; Staudinger/*Oetker* § 619a Rn. 1ff.; ErfKomm/*Preis,* § 619a BGB Rn. 2.

276 **d) Rechtsfolgen.** Liegen die Voraussetzungen des § 280 Abs. 1 BGB vor, erfasst der **Schadensersatzanspruch** alle unmittelbaren und mittelbaren Nachteile aufgrund des schädigenden Verhaltens, soweit sie nicht außerhalb des Schutzzwecks der verletzten Pflicht liegen.[9] Dazu gehören grundsätzlich Kosten der Entgeltfortzahlung, Produktionsausfall, Kosten für die Suche nach neuen Mitarbeitern und ggf. Schadensersatzzahlungen an Arbeitnehmer für deren mobbingbedingte Schäden. In der Praxis wird es für den Arbeitgeber allerdings schwer nachzuweisen sein, inwieweit diese Schäden tatsächlich auf das Mobbing zurückzuführen sind.

Zuletzt kann der Anspruch des Arbeitgebers durch **Mitverschulden** gemindert sein. Entscheidend ist dafür nicht das Verhalten des Mobbingopfers, sondern das schuldhafte Verhalten des Arbeitgebers. Mitverschulden wird oft vorliegen, wenn sich die Haftung nicht auf die Zurechnung fremden Verhaltens, sondern auf Organisationsverschulden stützt.[10]

3. Besonderheiten der Arbeitnehmerhaftung

277 Während sich Schadensersatzansprüche von Arbeitnehmern gegen Arbeitgeber und unter Kollegen grundsätzlich nach den allgemeinen Regeln des BGB richten, kann die Haftung von Arbeitnehmern gegenüber dem Arbeitgeber eingeschränkt sein oder trotz Vorliegens der Voraussetzungen von §§ 280 Abs. 1, 823 Abs. 1 BGB auch ganz entfallen. Hintergrund sind die gewohnheitsrechtlichen Regeln des **innerbetrieblichen Schadensausgleichs** und der Arbeitnehmerhaftung.

278 **a) Grundlagen des innerbetrieblichen Schadensausgleichs.** Die Regeln des innerbetrieblichen Schadensausgleichs und der **Arbeitnehmerhaftung** haben sich mit der Rechtsprechung des BAG entwickelt und sind im Einzelnen umstritten, im Grundsatz aber anerkannt.[11] Ihr Grund liegt in der Besonderheit des Arbeitsverhältnisses:[12] Die Arbeitsleistung kommt letztlich dem Arbeitgeber zugute; jedoch gehen Arbeitnehmer oft mit sehr wertvollen Produktionsmitteln um. Ein Beispiel dafür bildet die Tätigkeit des Kraftfahrers; nicht ohne Grund sind die meisten Entscheidungen zur Arbeitnehmerhaftung zu Kraftfahrerfällen entstanden. Vereinfacht gesagt, beruhen die Regeln des innerbetrieblichen Schadensausgleichs auf folgenden Überlegungen: Das Risiko, dass bei der beruflichen Tätigkeit irgendwann ein Schaden entsteht, der die finanziellen Möglichkeiten des Arbeitnehmers übersteigt, ist übermäßig hoch. Daher

---

[9] Palandt/*Heinrichs* § 280 Rn. 32.

[10] Dazu oben Rn. 238f.

[11] In der Begründung zur Schuldrechtsreform bestätigt der Gesetzgeber diese Grundsätze mittelbar, indem er deutlich macht, daß daran nichts geändert werden soll; s. BT-Drucks. 14/7052, S. 204.

[12] Ausführlich *Otto/Schwarze,* Die Haftung des Arbeitnehmers, Rn. 1ff.

sollen Arbeitgeber, die von Arbeitnehmern durch betriebliche Tätigkeit geschädigt werden, zumindest einen Teil des Schadens selbst tragen.

Die noch herrschende Auffassung begründet diese Abweichung vom Wortlaut der Haftungsregeln des BGB mit einer analogen Anwendung der Regelung über das **Mitverschulden,** § 254 BGB. Nach der Begründung zum Schuldrechtsmodernisierungsgesetz sollen sich die Grundsätze der Arbeitnehmerhaftung nunmehr aus dem neugeregelten § 276 Abs. 1 Satz 1 BGB ergeben. Nach dieser Regelung kann eine „strengere oder mildere Haftung" u.a. „aus dem sonstigen Inhalt des Schuldverhältnisses" zu entnehmen sein.[13]

Beide möglichen Begründungen kommen zum selben Ergebnis. Danach gelten für die Haftung des Arbeitnehmers gegenüber dem Arbeitgeber folgende Grundsätze:[14] Arbeitnehmer haften ihrem Arbeitgeber nur dann auf vollen Schadensersatz, wenn sie ihn **vorsätzlich** geschädigt haben. Auch bei **grob fahrlässigem** Vorgehen ist meist voller Schadensersatz geschuldet. Bei sog. **„mittlerer" Fahrlässigkeit** ist der Schaden zu teilen, die Quoten richten sich nach Billigkeits- und Zumutbarkeitsgesichtspunkten. Bei **leichtester Fahrlässigkeit,** d.h. bei typischem Abweichen, entfällt die Haftung des Arbeitnehmers ganz. **279**

b) Mobbing als betriebliche Tätigkeit. Beim Kollegenmobbing wird – **280** wie erwähnt – Vorsatz und grobe Fahrlässigkeit gegenüber dem Arbeitgeber nur selten vorliegen, weil es den Tätern vor allem auf die Schädigung des Mobbingopfers ankommt und eventuelle Folgen für den Arbeitgeber nicht auf der Hand liegen. Damit stellt sich die Frage, ob in Mobbingfällen die Haftung des mobbenden Kollegen gegenüber dem Arbeitgeber nach den Grundsätzen der Arbeitnehmerhaftung reduziert ist oder ganz wegfällt.

Voraussetzung für die Anwendung der Regeln über die Arbeitnehmerhaftung ist seit einer Entscheidung des Großen Senats des BAG aus dem Jahr 1994, dass der vom Arbeitnehmer verursachte Schaden im Rahmen einer „betrieblichen" oder **„betrieblich veranlassten" Tätigkeit** eingetreten ist.[15] Der Begriff der betrieblichen Tätigkeit ist § 105 Abs. 1 SGB VII entlehnt.

Betrieblich ist eine Tätigkeit, wenn sie dem Arbeitnehmer entweder ausdrücklich von dem Betrieb oder für den Betrieb übertragen ist, die im Interesse des Betriebs ausgeführt wird oder im Zusammenhang mit dem

[13] BT-Drucks. 14/6857, S. 48; zur Herleitung mit weiteren Nachweisen ErfKomm/*Preis,* § 619a BGB Rn. 10.

[14] Ausführlich *Otto/Schwarze,* Die Haftung des Arbeitnehmers, Rn. 163ff.

[15] BAG 27. 9. 1994 – GS 1/89, BAGE 78, 56 = AP BGB § 611 Haftung des Arbeitnehmers Nr. 103 = NZA 1994, 1083. Das BAG gab mit diesem Erfordernis die früher geltende Voraussetzung der „gefahrgeneigten Arbeit" auf; zur Entwicklung der Rechtsprechung ErfKomm/*Preis,* § 619a BGB Rn. 9f.

Betrieb oder dem betrieblichem Wirkungskreis steht. Ein nur räumlicher und sachlicher Zusammenhang mit der Arbeit genügt nicht; allerdings geht der betriebliche Zusammenhang nicht dadurch verloren, dass der Arbeitnehmer seine Pflichten grob verletzt.[16]

281 Wendet man diese Abgrenzungen auf **Mobbinghandlungen** an, so scheint Mobbing mit arbeitsrechtlichen Mitteln, beispielsweise durch unsinnige Weisungen, Abmahnungen, Entzug von Aufgaben, unter die Definition der betrieblichen Tätigkeit zu fallen. Anders ist es mit Mobbinghandlungen im zwischenmenschlichen Bereich wie Schneiden, Beleidigungen oder körperlichen Misshandlungen ohne betrieblichen Anlass. Soweit es um den Rückgriff von Arbeitgebern wegen der Ansprüche des Mobbingopfers geht, ist diese Zweiteilung auch sachgerecht, da – wie dargelegt – Arbeitgeber für Mobbinghandlungen im zwischenmenschlichen Bereich in der Regel ohnehin nicht haften.[17]

Anders ist es aber mit den sonstigen Schäden des Arbeitgebers, für welche die Stichworte „Entgeltfortzahlung“ und „Produktionsausfall“ stehen. Es ist nicht sachgerecht, wenn diejenigen Arbeitnehmer, die ihre Kollegen mit schikanösen Weisungen in eine Krankheit treiben, nach den Grundsätzen der Arbeitnehmerhaftung privilegiert haften; diejenigen, deren zwischenmenschliche Unhöflichkeiten zum gleichen Ergebnis führen, dagegen nicht. Das gilt um so mehr, als im ersten Fall meist vorgesetzte Arbeitnehmer tätig werden, im zweiten Fall dagegen gleichgestellte.

282 Die mögliche Lösung, alle Mobbinghandlungen als betrieblich veranlasst anzusehen, führt ebenfalls nicht zum richtigen Ergebnis, weil damit mobbenden Kollegen die Wohltaten der Arbeitnehmerhaftung zugute kämen, die sie nicht verdient haben. Statt dessen ist es gerechtfertigt, Mobbinghandlungen grundsätzlich aus dem Anwendungsbereich der privilegierten Haftung **herauszunehmen.** Der Begriff der betrieblichen Tätigkeit muss für Mobbinghandlungen also begrenzt werden.

Begründen lässt sich das mit **Sinn und Zweck** der privilegierten Arbeitnehmerhaftung. Wenn ein vorgesetzter Arbeitnehmer seine betrieblichen Befugnisse zu Mobbing, Schikane und Demütigung einsetzt, verwirklicht sich darin nicht ein allgemeines Risiko seiner beruflichen Tätigkeit. Unsinniges Vorgehen und gezielte Schädigung wie in den oben erwähnten Bankdirektor-Fällen[18] stehen nicht in Zusammenhang

---

[16] ErfKomm/*Preis,* § 619a BGB Rn. 12; ausführlich *Otto/Schwarze,* Die Haftung des Arbeitnehmers, Rn. 135ff.; zur betrieblichen Tätigkeit bei Schädigung eines Kollegen BAG 22. 4. 2004 – 8 AZR 159/03, AP SGB VII § 105 Nr. 3.

[17] Oben Rn. 245.

[18] LAG Thüringen 10. 4. 2001 – 5 Sa 403/00, NZA-RR 2001, 347; LAG Rheinland-Pfalz 16. 8. 2001 – 6 Sa 415/01, NZA-RR 2002, 121; zum Sachverhalt im Einzelnen oben Rn. 5.

mit dem Betrieb, sondern stellen vielmehr einen Missbrauch der beruflichen Stellung dar. Die Anwendung der Regeln der Arbeitnehmerhaftung zugunsten von Mobbingtätern ist damit grundsätzlich ausgeschlossen, sie haften ihren Arbeitgebern unter den Voraussetzungen der §§ 280 Abs. 1, 823 Abs. 1 BGB nach den allgemeinen Regeln auf Schadensersatz.

II. Gestaltungsrechte

Im vorhergehenden Abschnitt ist deutlich geworden, dass Mobbing 283
zwar oft Schäden des Arbeitgebers verursacht, ein Rückgriff gegen den Mobbingtäter wegen dieser Schäden aber oft nicht möglich ist. Es liegt daher im Interesse betroffener Arbeitgeber, Mobbingtäter durch Kündigung oder andere **disziplinarische Mittel** an ihrem Tun zu hindern.[19] Nach dem ultima-ratio-Prinzip ist die Kündigung gegenüber milderen Mitteln wie Versetzung nachrangig, wird aber wegen ihrer größeren praktischen Bedeutung zuerst erörtert.

1. Arbeitgeberseitige Kündigung des Mobbingtäters

a) Ordentliche und außerordentliche Kündigung. Für Grundlage 284
und Wirksamkeit einer arbeitgeberseitigen Kündigung kommt es darauf an, ob sie als ordentliche oder außerordentliche Kündigung ausgesprochen wird. Die **außerordentliche Kündigung** des Arbeitsvertrages ist für Arbeitgeber wie für Arbeitnehmer in § 626 BGB geregelt. Die Wirksamkeitsvoraussetzungen sind ebenfalls für beide Seiten gleich: Es muss ein wichtiger Grund in Gestalt unstreitiger oder bewiesener Tatsachen vorliegen, die unter Berücksichtigung aller Umstände des Einzelfalls und Abwägung der betroffenen Interessen das Abwarten der Kündigungsfrist unzumutbar machen und es muss eine negative Prognose für die Zukunft bestehen.[20] Nach § 626 Abs. 2 BGB muss die Kündigung innerhalb von zwei Wochen nach Kenntnis der maßgeblichen Tatsachen erklärt werden. Als fristlose Kündigung wird die außerordentliche Kündigung mit Zugang der Kündigungserklärung wirksam.[21]

Demgegenüber gelten für die **ordentliche arbeitgeberseitige Kündi-** 285
gung des Arbeitsverhältnisses die Fristen des § 622 Abs. 2 BGB; Abweichungen und Besonderheiten sind in § 622 Abs. 3 bis 6 BGB geregelt. Greift das Kündigungsschutzgesetz ein (§§ 1 Abs. 1, 23 KSchG), muss die ordentliche arbeitgeberseitige Kündigung nach § 1 KSchG sozial gerechtfertigt sein. Danach ist sie nur wirksam, wenn Gründe in der Person oder dem Verhalten des Arbeitnehmers oder dringende betriebli-

---

[19] Zur Kündigung des Mobbingopfers oben Rn. 197 ff.
[20] Zur arbeitnehmerseitigen Kündigung oben Rn. 175 ff., 258 ff.
[21] ErfKomm/*Müller-Glöge,* § 626 BGB Rn. 224.

che Erfordernisse vorliegen. Bei jeder Kündigung ist nach § 102 BetrVG eine Anhörung des Betriebsrats erforderlich.[22]

Wird der Arbeitgeber durch Mobbing unmittelbar oder mittelbar geschädigt – Produktionsausfall, Entgeltfortzahlung, Schadensersatzansprüche – hat er grundsätzlich ein Interesse daran, das Arbeitsverhältnis mit dem Mobbingtäter so schnell wie möglich zu beenden. Daher wird er in der Regel eine **außerordentliche Kündigung** aussprechen. Die ordentliche Kündigung hat in Mobbingfällen daher vor allem praktische Bedeutung, wenn eine Schädigung des Arbeitgebers ausgeschlossen ist. Allerdings kann Mobbing nicht pauschal als Grund für eine ordentliche oder außerordentliche Kündigung angesehen werden; es ist jeweils eine Betrachtung des Einzelfalles erforderlich.

286 **b) Mobbing als Kündigungsgrund.** Wenn Kollegen selbst Mobbinghandlungen vornehmen oder andere dazu auffordern, kommt grundsätzlich eine Kündigung aus **verhaltensbedingten Gründen** in Betracht.[23] Das Verhalten eines Arbeitnehmers kann eine ordentliche Kündigung nach § 1 Abs. 2 Satz 1 KSchG sozial rechtfertigen, es kann aber auch einen wichtigen Grund nach § 626 Abs. 1 BGB bilden. Auch für die Abgrenzung zwischen ordentlicher und außerordentlicher Kündigung ist eine Einzelfallbetrachtung nach der Intensität des Mobbings und den Gesamtumständen erforderlich. Entscheidend ist, ob angesichts des Verhaltens des Mobbingtäters dem Arbeitgeber ein Abwarten der Kündigungsfrist zumutbar ist.

287 **aa) Verhaltensbedingte Kündigung.** *Wolmerath* hält eine Kündigung von Mobbingtätern auch aus **personenbedingten Gründen** für möglich, wenn dem Mobbingtäter beispielsweise ein „autoritärer Führungsstil sowie die mangelnde Fähigkeit zur Menschenführung“ zur Last zu legen ist.[24] Dabei wird der Begriff der personenbedingten Kündigung jedoch verkannt, da nur die Fälle erfasst werden, in denen der Arbeitnehmer aufgrund persönlicher Fähigkeiten, Eigenschaften oder nicht vorwerfbarer Einstellungen nicht in der Lage ist, künftig eine vertragsgemäße Leistung zu erbringen.[25] Eine Persönlichkeitsstruktur, die einen Arbeitnehmer zwangsläufig zum Mobbing bringt, wird jedoch eher selten sein. Die personenbedingte Kündigung kommt damit nur für pathologische Fälle des „krankhaften Mobbings“ in Frage.

288 Eine solche Einordnung ist auch nicht erforderlich, weil der Mobbingbegriff der Rechtsprechung es ermöglicht, die meisten Mobbingfälle un-

---

[22] Vgl. dazu unten Rn. 416.

[23] *Mühlig-Seel* AuA 2002, 499 (500); ErfKomm/*Müller-Glöge* § 626 BGB Rn. 98 a; zur Anstiftung zum Mobbing *Etzel* ArbuR 2002, 226 (231).

[24] *Wolmerath,* Mobbing im Betrieb, Rn. 226.

[25] BAG 20. 5. 1988 – 2 AZR 682/87, AP KSchG 1969 § 1 Personenbedingte Kündigung Nr. 9 = NZA 1989, 464; ErfKomm/*Ascheid,* § 1 KSchG Rn. 170.

ter die Fallgruppen der **verhaltensbedingten Kündigung** zu subsumieren. Das gilt auch dann, wenn Mobbingtäter es – möglicherweise bewusst – vermeiden, drastische Einzelakte zu begehen, die bereits für sich einen Kündigungsgrund bilden. Wie erwähnt, können nach Rechtsprechung und herrschender Lehre unter dem Aspekt des Mobbings solche Einzelakte zu einer Gesamtbetrachtung zusammengefasst werden.[26] So können mehrere weniger schwerwiegende Beleidigungen oder körperliche Übergriffe zusammen durchaus einen Kündigungsgrund bilden; ebenso mehrere Teilakte fehlerhaften Führungsverhaltens durch unsinnige Weisungen oder ähnliches.

Oft einfacher zu beweisen sind dagegen **einzelne Teilakte,** die bereits für sich eine Kündigung von Mobbingtätern rechtfertigen. So können grobe Beleidigungen von Arbeitskollegen und körperliche Übergriffe einen Grund für eine ordentliche wie außerordentliche Kündigungen bilden.[27] Auch Straftaten im Betrieb – Körperverletzung, Sachbeschädigung, Freiheitsberaubung – sowie sexuelle Übergriffe können grundsätzlich Kündigungsgründe sein, auch dann, wenn sie sich nicht gegen den Arbeitgeber richten.[28]

bb) Auseinandersetzungen zwischen Kollegen als Kündigungsgrund. 289 Grundsätzlich kommt es für die Kündigung im Mobbingfällen allerdings nicht darauf an, in welchem Maße das Opfer leidet, sondern inwieweit der zu kündigende Arbeitnehmer seine **Vertragspflichten** gegenüber dem Arbeitgeber verletzt hat. Bei Auseinandersetzungen zwischen Kollegen ist nach bisheriger Rechtsprechung eine außerordentliche Kündigung nur dann gerechtfertigt, wenn sich daraus eine Störung des Betriebsfriedens ergibt, das Ereignis also einen **„kollektiven Bezug"** aufweist.[29]

Nach einem der Urteile der Fünften Kammer des LAG Thüringen aus dem Jahr 2001 soll in Mobbingfällen eine Ausnahme von diesem Grundsatz gemacht werden.[30] Diese Einschränkung ist jedoch angesichts der Unschärfe des Mobbingbegriffs[31] riskant. Außerdem ist sie überflüssig: Wenn per definitionem Mobbing vorliegt, ist der **Betriebsfrieden** in der

---

[26] Anders Ascheid/Preis/Schmidt/*Dörner* Kündigungsrecht § 626 BGB Rn. 238e f.; dazu bereits oben Rn. 25ff.

[27] ErfKomm/*Müller-Glöge,* § 626 BGB Rn. 95, 152; Backmeister/Trittin/Mayer/*Mayer,* KSchG, § 1 KSchG Rn. 250ff.; ausführlich *Kollmer,* Mobbing im Arbeitsverhältnis, Rn. 85ff.

[28] Kittner/Däubler/Zwanziger/*Däubler* KSchR § 626 BGB Rn. 78ff., 101f.; ebenda *Kittner* § 1 KSchG Rn. 242, 244; Backmeister/Trittin/Mayer/*Mayer* KSchG § 1 KSchG Rn. 279, 281; *Wolmerath,* Mobbing im Betrieb, Rn. 225, 229.

[29] Palandt/*Putzo,* § 626 Rn. 50; Kittner/Däubler/Zwanziger/*Kittner* KSchR § 1 KSchG Rn. 206f.; BAG 9. 12. 1982 – 2 AZR 620/80, AP BGB § 626 Nr. 73.

[30] LAG Thüringen 15. 2. 2001 – 5 Sa 102/00, NZA-RR 2001, 577.

[31] Dazu oben Rn. 63ff.

Regel ohnehin betroffen. So definiert das BAG Betriebsfrieden als „die Summe aller derjenigen Faktoren, die unter Einschluss des Arbeitgebers das Zusammenleben und Zusammenwirken der im Betrieb tätigen Betriebsangehörigen ermöglichen, erleichtern oder nur erträglich machen".[32] Mobbing wird sich in aller Regel nicht nur bei zwei Betroffenen bemerkbar machen, sondern sich auf die Gesamtatmosphäre auswirken. Schließlich ist die betriebliche Sphäre spätestens betroffen, wenn das Mobbingopfer erkrankt, Minderleistungen erbringt oder Schadensersatzansprüche gegen den Arbeitgeber drohen.

290 **cc) Sonstige Voraussetzungen der Kündigung.** Bei der ordentlichen wie der außerordentlichen Kündigung gilt das **Prognoseprinzip:** Da die Kündigung keine Sanktion für vergangenes Verhalten ist, kommt es darauf an, ob die Störung des Arbeitsverhältnisses auch zukünftig zu erwarten ist.[33] Wenn Mobbing über einen längeren Zeitraum andauert, ist in aller Regel eine negative Prognose gegeben. Anders kann es sein, wenn das Mobbingopfer bereits den Betrieb verlassen hat oder eine Versetzung erfolgt ist. Hier kommt es darauf an, ob der Mobbingtäter generell zu derartigen Handlungen neigt oder ob eine besondere persönliche Beziehung zwischen den Betroffenen eine Rolle gespielt hat.

291 Nur für außerordentliche Kündigungen gilt nach § 626 Abs. 2 BGB eine **Kündigungserklärungsfrist** von zwei Wochen. Auch für diese Frist ist auf die Gesamtheit der Teilakte abzustellen. Die Kündigungserklärungsfrist beginnt nicht bereits dann, wenn der Kündigungsberechtigte von einzelnen Handlungen Kenntnis erlangt, da diese jeweils noch nicht ausreichen können, um die Kündigung zu rechtfertigen. Abzustellen ist also auf den jeweils letzten Teilakt des Gesamtkomplexes.[34] Wenn Mobbinghandlungen fortgeführt werden, setzt jeder Teilakt die Kündigungserklärungsfrist erneut in Gang.[35]

292 **c) Vorrang der Abmahnung.** Verhaltensbedingte Kündigungen sind grundsätzlich erst dann möglich, wenn das fragliche Verhalten zuvor Gegenstand einer **Abmahnung** war. Etwas anderes gilt nach herrschender Meinung nur, wenn die Vertrauensgrundlage zwischen Arbeitgeber und Arbeitnehmer angesichts der Schwere oder der Folgen des Verhaltens zerstört ist oder wenn die Abmahnung keine Aussicht auf Erfolg verspricht.[36] Das BAG hielt beispielsweise bei unflätiger und fortgesetz-

---

[32] BAG 9. 12. 1982 – 2 AZR 620/80, AP BGB § 626 Nr. 73.

[33] *Junker,* Grundkurs Arbeitsrecht, Rn. 363; 404; Ascheid/Preis/Schmidt/*Dörner* Kündigungsrecht § 626 BGB Rn. 96ff.

[34] So auch Thüringer LAG 15. 2. 2001 – 5 Sa 102/00, NZA-RR 2001, 577.

[35] Dazu bereits oben Rn. 181f.

[36] Kittner/Däubler/Zwanziger/*Kittner* KSchR Einl. Rn. 83ff.; *Lorenz* PersR 2002, 65 (72); ErfKomm/*Müller-Glöge* § 626 BGB Rn. 45ff., insb. Rn. 49; Palandt/*Putzo,* § 626 Rn. 18.

ter Beschimpfung und Handgreiflichkeiten gegenüber Kollegen eine Abmahnung für entbehrlich.[37]

Nach einer Entscheidung des LAG Sachsen-Anhalt ist bei Kündigung eines Mobbingtäters grundsätzlich eine Abmahnung erforderlich.[38] Demgegenüber macht einer der umstrittenen Entscheidungen der Fünften Kammer des LAG Thüringen aus dem Jahr 2001 eine grundlegende Ausnahme für Mobbingfälle: Eine Abmahnung soll **entbehrlich** sein, wenn der Betroffene erkrankt ist und das Mobbing dennoch fortgesetzt wird.[39] Solche pauschalen Sonderregelungen für Mobbing sind jedoch bedenklich, weil sie die Gefahr mit sich bringen, dass Arbeitnehmern mit der Behauptung, sie hätten gemobbt, ein Teil ihres Kündigungsschutzes – die „letzte Warnung" – genommen wird. In Extremfällen kann dadurch sogar unbegründeten Mobbingbehauptungen als besonders subtiles Mobbingmittel Vorschub geleistet werden. 293

Dagegen kann auch nicht argumentiert werden, die Krankheit des Mobbingopfers habe eine ähnliche Warnfunktion wie eine Abmahnung. Davon kann allenfalls die Rede sein, wenn der Täter weiß oder zumindest grob fahrlässig übersieht, dass die Erkrankung auf das Mobbing zurückzuführen ist. In solchen Fällen lässt sich aber auch nach den allgemeinen Regeln die Entbehrlichkeit der Abmahnung begründen: Ein Arbeitnehmer, der Kollegen bewusst in die Arbeitsunfähigkeit treibt, begeht einen schweren Vertrags- und auch Vertrauensbruch gegenüber seinem Arbeitgeber.[40]

2. Andere Maßnahmen

Für verhaltensbedingte außerordentliche wie ordentliche Kündigungen gilt das Prinzip der **ultima ratio.**[41] Danach ist eine Kündigung nur zulässig, wenn nicht mit anderen, milderen Maßnahmen eine Verhaltensänderung erreicht werden kann. In Mobbingfällen ist also entscheidend, ob der Mobbingtäter durch andere Maßnahmen dazu gebracht werden kann, 294

[37] BAG 12. 7. 1984 – 2 AZR 320/83, AP BetrVG § 102 Nr. 32 = NZA 1985, 96.

[38] LAG Sachsen-Anhalt 27. 1. 2000 – 9 Sa 473/99, n. v., Kurzdarstellung *Wagner/Bergmann,* AiB 2004, 103 (105); *Kollmer,* Mobbing im Arbeitsverhältnis, Rn. 145 p f.

[39] LAG Thüringen 15. 2. 2001 – 5 Sa 102/00, NZA-RR 2001, 577; vgl. auch *Otto* Arbeitsrecht Rn. 319.

[40] Vgl. ArbG Paderborn 11. 5. 1994 – 2 Ca 376/94, EzA § 1 KSchG Verhaltensbedingte Kündigung Nr. 46. Nach der Entscheidung ist eine Kündigung ohne Abmahnung möglich, wenn ein Arbeitnehmer für den Fall verweigerter Pausenregelungen seine eigene Arbeitsunfähigkeit ankündigt.

[41] BAG 22. 7. 1982 – 2 AZR 30/81, AP KSchG 1969 § 1 Verhaltensbedingte Kündigung Nr. 5; Kittner/Däubler/Zwanziger/*Däubler* KSchR § 626 BGB Rn. 34 f.; § 1 KSchG Rn. 162 ff.

von seinem Tun abzulassen. Als mildere Mittel kommen Ermahnung, Abmahnung, Umsetzung oder Versetzung in Betracht,[42] außerdem eine Suspendierung von der Arbeit.

295 **a) Abmahnung, Ermahnung.** Abmahnung und Ermahnung dienen dazu, dem betroffenen Arbeitnehmer vor Augen zu führen, dass sein Verhalten vom Arbeitgeber unerwünscht ist und Konsequenzen haben kann. Sie unterscheiden sich dadurch, dass die **Abmahnung** begriffsnotwendig die Drohung mit einer Kündigung enthalten muss, die **Ermahnung** als „Vorstufe" dagegen noch nicht.[43] Abmahnung und Ermahnung können in Betriebsordnungen näher geregelt sein und dann auch mit Betriebsbußen wie z.B. Lohnabzügen verbunden werden. Voraussetzung solcher Betriebsordnungen ist allerdings die Zustimmung des Betriebsrats nach § 87 Abs. 1 Nr. 1 BetrVG.[44]

296 Darüber hinaus hat die Ermahnung keine konkreten Rechtsfolgen. Anders ist es mit der **Abmahnung,** die seit der Schuldrechtsreform in § 314 Abs. 2 Satz 1 BGB ausdrücklich geregelt ist: Sie ist in der Regel Voraussetzung für die Wirksamkeit einer verhaltensbedingten Kündigung.[45] Der Inhalt der Abmahnung ergibt sich aus ihren Funktionen: Der Arbeitgeber muss deutlich machen, dass er das Verhalten des Arbeitnehmers beanstandet **(Hinweisfunktion),** er muss den Arbeitnehmer zum einem künftigen vertragsgemäßen Verhalten auffordern (Ermahnungsfunktion) und ihm für den Wiederholungsfall eine Kündigung androhen **(Warnfunktion).**[46]

297 Für die Wirksamkeit einer Abmahnung ist nicht erforderlich, dass bereits eine einmalige Wiederholung des abgemahnten Verhaltens eine Kündigung rechtfertigen würde; jedoch muss zumindest die mehrfache **Wiederholung** einen Kündigungsgrund darstellen. Mobbing bildet regelmäßig einen Grund für eine Abmahnung, wenn der Mobber seine Vertragspflichten gegenüber dem Arbeitgeber verletzt. Nach einer Entscheidung des LAG Hamm aus dem Jahr 2000 kann bereits die Missachtung der Persönlichkeitsrechte eines Kollegen allein eine Abmahnung rechtfertigen.[47] Der Entscheidungsfall war allerdings drastisch, da der abgemahnte Arbeitnehmer einen geistig behinderten Kollegen mit Wasser bespritzt und ihm vorgespiegelt hatte, es handele sich um Urin.

298 **b) Umsetzung, Versetzung.** Umsetzung und Versetzung eines der Beteiligten ermöglichen es, räumlichen und organisatorischen **Abstand**

---

[42] Dazu *Esser/Wolmerath* Mobbing S. 275 ff.; *Hartmann* AuA-Personal-Profi 11/2003, 8 (12); *Wolmerath,* Mobbing im Betrieb, Rn. 217 ff.

[43] Küttner/*Eisemann* 2 Abmahnung Rn. 6; *Wolmerath,* Mobbing im Betrieb, Rn. 218.

[44] Dazu unten Rn. 389.

[45] Zur Abmahnung und ihrer Entbehrlichkeit oben Rn. 292 f.

[46] *Junker,* Grundkurs Arbeitsrecht, Rn. 406.

[47] LAG Hamm 10. 5. 2000 – 2 Sa 1669/99, NZA-RR 2001, 238.

zwischen den Beteiligten herzustellen und können damit auch wirksam sein, wenn der Mobbingtäter uneinsichtig ist.

aa) Umsetzung des Mobbingopfers. Die Rechtsprechung billigt dem Arbeitgeber bei diesen personellen Maßnahmen einen deutlichen **Beurteilungsspielraum** zu. So besteht nach einer Entscheidung des BAG kein Rangverhältnis zwischen Abmahnung und Umsetzung in der Weise, dass der Arbeitgeber vor einer Umsetzung erst abmahnen müsste.[48] **299**

Insbesondere ist der Arbeitgeber keineswegs verpflichtet, zwingend den „Schuldigen" umzusetzen. Nach einer Entscheidung des LAG Schleswig-Holstein verfügt der Arbeitgeber über ein **Entscheidungsermessen,** mit welchen personellen Maßnahmen er auf einen Konflikt zwischen Mitarbeitern reagiert.[49] Nach einem Urteil des ArbG Frankfurt/Main kommt ein Arbeitgeber seiner Fürsorgepflicht nach, wenn er dem geschädigten Arbeitnehmer eine räumliche Trennung und einen Wechsel des Vorgesetzten anbietet.[50]

Diese Entscheidungen lassen sich allerdings nicht vollständig verallgemeinern. So überschreitet eine Versetzung des Mobbingopfers anstelle des Täters die Ermessensgrenzen, wenn die Opferstellung eindeutig ist, das Mobbing erheblich war und die „Umsetzung" mit einer Verschlechterung verbunden ist.

bb) Wirksamkeitsvoraussetzungen. Der Begriff der **Versetzung** ist in § 95 Abs. 3 BetrVG definiert.[51] Versetzungen sind nach § 99 Abs. 1 BetrVG von der Zustimmung des Betriebsrats abhängig; Voraussetzungen und Verfahren der Zustimmungsverweigerung sind in § 99 Abs. 2–4 BetrVG geregelt. **Umsetzungen** sind alle Veränderungen des Arbeitsorts und -bereichs, die nicht unter § 95 Abs. 3 BetrVG und damit nicht unter das Mitbestimmungsrecht des § 99 BetrVG fallen. **300**

Umsetzungen wie Versetzungen müssen außerdem **individualrechtlich** zulässig sein. Spricht der Arbeitgeber eine Umsetzung als Weisung aus, muss er innerhalb der Grenzen handeln, die seinem Direktionsrecht durch Arbeitsvertrag, Tarifvertrag und Gesetz gezogen sind.[52] Dabei kommt es vor allem darauf an, ob im Arbeitsvertrag eine Versetzung vorbehalten ist und welcher Betrieb als Arbeitsort festgelegt ist.[53]

---

[48] BAG 24. 4. 1996 – 5 AZR 1031/94, AP BGB § 611 Direktionsrecht Nr. 48 = NZA 1996, 1088.

[49] LAG Schleswig-Holstein 12. 2. 2002 – 5 Sa 409c/01, DB 2002, 1056.

[50] ArbG Frankfurt/Main 21. 6. 1999 – 15 Ca 8106/95, n. v., Kurzdarstellung *Wolmerath,* PersR 2004, 327 (331).

[51] Zur Definition im Einzelnen ErfKomm/*Hanau/Kania,* § 99 BetrVG Rn. 13ff.

[52] Küttner/*Reinecke* 449 Versetzung Rn. 2ff.; Küttner/*Giese* 462 Weisungsrecht Rn. 6ff.

[53] Vgl. *Junker,* Grundkurs Arbeitsrecht, Rn. 215.

301 Ist eine Versetzung durch Ausübung des Direktionsrechts danach nicht möglich, ist eine Versetzung nur durch **Abänderungsvertrag** oder durch Änderungskündigung möglich. Die einvernehmliche Änderung des Arbeitsvertrags ist vom Einverständnis des betroffenen Arbeitnehmers abhängig, wird also vor allem im Zusammenwirken mit Mobbingopfern möglich sein.[54]

Gegenüber Mobbingtätern ist dagegen meist eine **Änderungskündigung** erforderlich.[55] Änderungskündigungen sind als außerordentliche oder ordentliche Änderungskündigungen möglich. Sie enthalten zwei Willenserklärungen: eine Kündigung und ein Änderungsangebot.[56] Die Kündigung muss dabei allen Wirksamkeitsanforderungen einer Kündigung genügen, es muss also der Betriebsrat nach § 102 BetrVG angehört werden, es müssen ein wichtiger Grund nach § 626 BGB oder soziale Rechtfertigung nach dem KSchG und die übrigen Voraussetzungen vorliegen.[57] Gemäß § 2 KSchG haben von einer Änderungskündigung betroffene Arbeitnehmer die Möglichkeit, das Änderungsangebot unter Vorbehalt anzunehmen.

302 c) **Suspendierung.** In der Literatur wird als „Warnschuss" oder „Denkzettel" für einen Mobbingtäter auch auf das Instrument der **Suspendierung** von der Arbeit hingewiesen.[58] Voraussetzung ist, dass die Interessen des Arbeitgebers das aus dem allgemeinen Persönlichkeitsrecht abgeleitete Recht des Arbeitnehmers, beschäftigt zu werden, überwiegen.[59] Das ist der Fall, wenn dem Arbeitgeber bei Weiterbeschäftigung schwere Schäden drohen, beispielsweise durch Kündigung wichtiger Mitarbeiter. Liegt ein Grund für eine Kündigung vor, kann die Suspendierung aber auch unter dem Gesichtspunkt des milderen Mittels gerechtfertigt sein.

Bei einer Suspendierung bleiben allerdings die Pflichten des Arbeitgebers aus dem Arbeitsvertrag bestehen, insbesondere schuldet er weiter Lohnzahlung. Daher ist sie nur als vorübergehende Maßnahme geeignet und kommt nur in Frage, wenn zu erwarten ist, dass ein **Mobbingtäter** aufgrund dieser Warnung von sich aus weitere Mobbinghandlungen unterlässt.

303 Wenn der Arbeitgeber sich nicht imstande sieht, Mobbing zu verhindern, und dennoch die Schädigung des **Mobbingopfers** verhindern will, kann er auch das Mobbingopfer von der Arbeitsleistung suspendieren.

---

[54] *Wolmerath,* Mobbing im Betrieb, Rn. 220.

[55] *Wolmerath,* Mobbing im Betrieb, Rn. 222.

[56] *Hromadka/Maschmann* Arbeitsrecht Bd. I § 10 Rn. 377, 380.

[57] Zu Mobbing als Kündigungsgrund oben Rn. 286 ff.

[58] *Kollmer,* Mobbing im Arbeitsverhältnis, Rn. 78 a ff.

[59] Zum Beschäftigungsanspruch aus der arbeitsrechtlichen Fürsorgepflicht Rn. 138 f.

Da aber – wie erwähnt – aus dem allgemeinen Persönlichkeitsrecht von Arbeitnehmern grundsätzlich ein Beschäftigungsanspruch folgt, wird das in der Regel nur mit dem Einverständnis des Betroffenen möglich sein.

H. Gerichtliche Durchsetzung: Beweisnot und Beweiserleichterung in Mobbingfällen

304 In der Praxis wichtiger als Probleme des materiellen Rechts ist oft die Frage, wie und unter welchen Voraussetzungen sich Ansprüche und Rechte gerichtlich durchsetzen lassen. Grundsätzlich bestehen für Klagen wegen Mobbings keine prozessualen Besonderheiten. Zuständig sind in der Regel die **Arbeitsgerichte,** die nach § 2 Abs. 1 Nr. 9 ArbGG auch bürgerliche Rechtsstreitigkeiten zwischen Kollegen entscheiden. Wenn der Gesundheitszustand eines Betroffenen es erfordert, ist nach einer Entscheidung des LAG Baden-Württemberg in Mobbingfällen eine **einstweilige Verfügung** möglich.[1]

305 Die bisher von der Rechtsprechung entschiedenen Fälle haben deutlich gemacht, dass dennoch ein Kernproblem des Mobbings auf der prozessualen Ebene zu finden ist. Es handelt sich um das **Beweisproblem.** In Beweisnot geraten Mobbingopfer, aber auch betroffene Arbeitgeber insbesondere unter zwei Gesichtspunkten: beim Beweis der **einzelnen Mobbinghandlungen** und beim Beweis der mobbingbedingten Schäden. Obwohl sich die Wirkung des Mobbings meist gerade aus dem Zusammenspiel mehrerer Einzelakte ergibt, wird es Mobbinggeschädigten oft nicht möglich sein, die verschiedenen Einzelakte gemäß den prozessualen Vorschriften darzulegen und zu beweisen. Ähnliches gilt für **Mobbingfolgen,** insbesondere Gesundheitsschäden, da der Verletzte nicht nur darlegen und beweisen muss, dass seine Gesundheit geschädigt ist, sondern auch, dass diese Gesundheitsschädigung kausal auf das Mobbing zurückzuführen ist.

306 Es überrascht daher nicht, wenn das zunehmende Bewusstsein für Mobbingphänomene oft mit der Forderung einhergeht, Mobbingopfern **Beweiserleichterungen** zu ermöglichen. Die deutsche Rechtsprechung der Landesarbeitsgerichte hat in dieser Frage noch nicht zu einer einheitlichen Linie gefunden. In dem eingangs erwähnten französischen Gesetz zum Kampf gegen Mobbing findet sich eine Sonderregelung, die aber auch eher Hilflosigkeit zum Ausdruck bringt: Das Gesetz sieht eine Beweislastregel in der Form vor, dass das „Opfer“ nur Umstände darlegen und beweisen muss, die den Mobbingtatbestand erfüllen, der Beklagte muss dann beweisen, dass seine Maßnahmen auf sachlichen Erwägungen beruhen.[2] Daraus

---

[1] LAG Baden-Württemberg 27. 7. 2001, 5 Sa 72/01, insoweit n.v. (Kurzwiedergabe in PersR 2002, 9).

[2] Art. 122–52 code du travail n.F. (dazu bereits oben Rn. 3); vgl. dazu *Gruber* RdA 2002, 250.

ergibt sich die Schwierigkeit, dass in den nicht seltenen Fällen des gegenseitigen Anfeindens derjenige den Prozess gewinnt, der zuerst klagt und den anderen in die „Beweislastfalle" bringt.

I. Darlegungs- und Beweislast

Der Ausgang eines Prozesses hängt in der Praxis meist nicht von der **307**
Auslegung der maßgeblichen Rechtssätze ab, sondern von den Tatsachen, auf die sich der Kläger beruft und aus denen sich die tatsächlichen Voraussetzungen der anspruchsbegründenden Normen ergeben. Im Urteilsverfahren vor den Arbeitsgerichten gilt wie im Prozess vor den Zivilgerichten nicht der Grundsatz der Wahrheitsermittlung von Amts wegen.[3] Statt dessen haben die **Parteien** des Prozesses die maßgeblichen Tatsachen darzulegen und ggf. zu beweisen. Gelingt dies nicht, ist es eine Frage der Behauptungs-, Substantiierungs- bzw. **Beweislast,** zu wessen Lasten sich das im Prozess auswirkt.

1. Bedeutung

Der Begriff der **Darlegungs- und Beweis„last"** umschreibt das Er- **308**
gebnis, das eintritt, wenn eine Tatsache nicht hinreichend dargelegt oder bewiesen ist. So muss beispielsweise ein Mobbingopfer, das auf Schadensersatz oder Schmerzensgeld klagt, die Handlungen darlegen, durch die seine Gesundheit geschädigt wurde. Beschwert es sich nur allgemein über den „schlechten Führungsstil" eines Vorgesetzten, genügt das nicht zum Beleg seiner Klage, der Prozess geht verloren. Demgegenüber muss grundsätzlich der Arbeitgeber Gründe für eine Kündigung darlegen und beweisen. Ist zwar nicht bewiesen, dass kein Kündigungsgrund gegeben ist, lässt sich aber auch das Vorliegen nicht beweisen, liegt ein sogenanntes **„non liquet"** vor. Dieses wirkt sich zuungunsten des Beweisbelasteten aus: Der Arbeitnehmer gewinnt also den Kündigungsschutzprozess, auch wenn nicht erwiesen ist, dass es keinen Kündigungsgrund gibt.[4]

Im Einzelnen werden im Zivilprozess folgende drei „Lasten" unter- **309**
schieden, wobei der Begriff der Darlegungslast meist als Oberbegriff für die Behauptung und die Substantiierung vorgetragener Tatsachen gebraucht wird:

1. **Behauptungslast:** die belastete Partei muss bestimmte Tatsachen vortragen,

---

[3] Vgl. dagegen für den Strafprozess § 221 StPO. Auch im Beschlussverfahren vor den Arbeitsgerichten, das vor allem für betriebsverfassungsrechtliche Streitigkeiten Anwendung findet, gilt nach § 83 Abs. 1 ArbGG der Grundsatz der Amtsermittlung.

[4] Im Einzelnen unten Rn. 312ff.

2. **Substantiierungslast:** die belastete Partei muss zu den Tatsachen nähere Ausführungen machen,
3. **Beweislast:** die belastete Partei muss die Tatsachen beweisen.

310 Durch Behauptungs- und Beweislast ist stets dieselbe Partei betroffen, da die Behauptungslast der Beweislast folgt. Die **Beweislast** richtet sich traditionell nach folgender Grundregel: Der Anspruchsteller trägt die Beweislast für die rechtsbegründenden Tatsachen, der Anspruchsgegner für den Beweis der rechtshindernden, rechtsvernichtenden oder rechtshemmenden Tatbestandsmerkmale.[5]

Bei einer Klage auf Schadensersatz oder Schmerzensgeld muss also der geschädigte Kläger grundsätzlich die schädigende Handlung, den eingetretenen Schaden und die Kausalität beweisen. Bei einer Kündigungsschutzklage muss dagegen der Arbeitgeber die Voraussetzungen einer ordnungsgemäßen Kündigung als rechtsvernichtendem Tatbestand beweisen, insbesondere den Kündigungsgrund. Die zulässigen **Beweismittel** richten sich auch vor den Arbeitsgerichten nach der ZPO. Beweismittel sind danach: Zeugen, Sachverständige, Urkunden, Augenschein und Parteivernehmung, §§ 371–455 ZPO.[6]

311 Anders als die Behauptungslast läuft die **Substantiierungslast** nicht immer parallel mit der Beweislast, sondern kann nach § 138 Abs. 2, 3 ZPO vom Vortrag des Prozessgegners abhängen. Im Einzelnen unterscheidet man folgende Unterformen der fehlenden Substantiierung:[7]

- fehlende **Individualisierung:** Klage lässt ihren Gegenstand nicht erkennen;
- fehlende **Schlüssigkeit:** Mit der Klage werden nicht alle zur Begründung der beantragten Rechtsfolge erforderlichen Tatsachen vorgetragen;
- fehlende **Substantiierung:** Trotz Bestreitens werden die Einzelheiten, aus denen sich die zur Schlüssigkeit erforderlichen Tatsachen ergeben, nicht vorgetragen.

Zunächst dürfen an die **Darlegungspflicht** keine überzogenen Anforderungen gestellt werden; es genügt die Wiedergabe der Umstände, aus denen sich die gesetzlichen Voraussetzungen der begehrten Rechtsfolge ergeben. Jedoch ergibt sich aus der Darlegung die – oben zuletzt genannte – Pflicht zur Substantiierung im engeren Sinne, die nach § 138 Abs. 2 und 3 den Prozessgegner trifft. Sie ist in Bestehen und Umfang davon abhängig, was die darlegungspflichtige Partei vorgetragen hat.[8]

---

[5] Germelmann/Matthes/Prütting/*Prütting* ArbGG § 58 Rn. 77, 89f.
[6] Germelmann/Matthes/Prütting/*Prütting* ArbGG § 58 Rn. 18ff.
[7] Zöller/*Greger* ZPO vor § 253 Rn. 24; s. zum Klagegrund auch a.a.O. § 253 Rn. 12a.
[8] Zöller/*Greger* ZPO § 138 Rn. 8f.

2. Regeln für die Verteilung

Die oben dargelegten Grundsätze der Verteilung von Darlegungs- und Beweislast deuten bereits an, welche Schwierigkeiten Mobbingopfer oder durch Mobbing geschädigte Arbeitgeber bei der Durchsetzung ihrer Ansprüche bekommen können.[9] Ein Beschluss des BAG aus dem Jahr 2003 zeigt, dass die Probleme bereits bei der **Substantiierung** beginnen können.[10] Das BAG wies in dem Beschluss die Beschwerde zurück, die gegen die Nichtzulassung der Revision gegen eine Entscheidung des LAG Berlin eingelegt worden war.[11] In der Entscheidung des LAG Berlin hieß es: „Die Anforderungen an die Substantiierungspflicht bei Mobbing-Vorwürfen verpflichten den Arbeitnehmer nicht nur nach Art und Inhalt der einzelnen Vorfälle vorzutragen, sondern diese des weiteren unter genauer Datumsangabe wiederzugeben. Die Angabe von zwei nach genauem Datum konkretisierten Vorwürfen genügt nicht, um eine Mobbingsituation zu bejahen".[12] 312

Stellt also schon die Substantiierung Mobbingopfer vor erhebliche Anforderungen, ergeben sich aus der **Behauptungs- und Beweislast** weitere Schwierigkeiten. Oft trifft die Beweislast das Mobbingopfer als Geschädigten. So gilt für Schadensersatzansprüche sowie für Ansprüche auf Schmerzensgeld und Ersatz der immateriellen Schäden, dass grundsätzlich alle anspruchsbegründenden Tatsachen vom Anspruchsteller – also meistens dem Kläger – zu beweisen sind, insbesondere auch die Kausalität zwischen der schädigenden Handlung und dem geltend gemachten Schaden sowie die Zusammenfassung von Einzeltatsachen zu einem Gesamtkomplex.[13] 313

Günstiger kann die Beweislast für Mobbingopfer beim **Verschulden** oder Vertretenmüssen sein. Wie erwähnt, wird bei Vorliegen der Voraussetzungen von § 280 Abs. 1 BGB das Vertretenmüssen vermutet, an den Entlastungsbeweis des Schädigers sind aber keine zu hohen Ansprüche zu stellen.[14] Eine noch weitergehende Umkehr der Beweislast gilt bei Verstößen gegen § 618 BGB:[15] Der Arbeitnehmer muss hier beweisen, dass ein ordnungswidriger Zustand vorgelegen hat, der geeignet war, den eingetretenen Schaden herbeizuführen; der Arbeitgeber hat dann zu be- 314

---

9 Ebenso *Wolmerath,* Mobbing im Betrieb, Rn. 171ff. zu den Beispielen Schmerzensgeldklage und Klage des Arbeitgebers aus § 280 Abs. 1 BGB.

10 BAG 20. 3. 2003 – 8 AZN 27/03, n.v., nachzulesen über http://www.bundesarbeitsgericht.de; red. Leitsatz JR 2004, 218 m. Anm. *Faber.*

11 LAG Berlin 7. 11. 2002 – 16 Sa 938/02, n.v.

12 Im Einzelnen unten Rn. 325f.

13 Germelmann/Matthes/Prütting/*Prütting* ArbGG § 58 Rn. 10.

14 Oben Rn. 146.

15 Dazu oben Rn. 135; zu Beweiserleichterung über § 618 BGB im Einzelnen unten Rn. 333ff.

weisen, dass ihn kein Verschulden trifft.[16] Im Rahmen der Haftung für Verrichtungsgehilfen nach § 831 Abs. 1 BGB muss der Geschäftsherr – hier in der Regel der Arbeitgeber – die sorgfältige Auswahl und Überwachung des Verrichtungsgehilfen beweisen.[17]

315 Für die Haftung des Arbeitnehmers gegenüber dem Arbeitgeber gilt allerdings, wie bereits erwähnt, **§ 619a BGB:** Geschädigte Arbeitgeber müssen ihren Arbeitnehmern beweisen, dass sie eine Pflichtverletzung – auch durch Mobbing – zu vertreten haben.[18] Weitere Besonderheiten gelten für die Rechtswidrigkeit einer Schädigung: Falls der Schädiger sich auf Rechtfertigungsgründe wie Notwehr beruft, muss er deren Voraussetzungen darlegen und beweisen. Sonderregeln gibt es schließlich noch für die Haftung wegen übler Nachrede.[19]

316 Die Voraussetzungen einer wirksamen **Kündigung** sind – wie erwähnt – vom Kündigenden zu beweisen, bei der arbeitgeberseitigen Kündigung also vom Arbeitgeber, bei der arbeitnehmerseitigen Kündigung vom Arbeitnehmer. Das betrifft insbesondere das Vorliegen eines wichtigen Grundes nach § 626 Abs. 1 BGB oder der sozialen Rechtfertigung nach § 1 KSchG. Im Fall der ordentlichen Kündigung hat allerdings grundsätzlich der Arbeitnehmer das Bestehen eines Arbeitsverhältnisses und die persönlichen Voraussetzungen des § 1 KSchG zu beweisen.[20]

317 Entsprechendes gilt für die Geltendmachung eines **Zurückbehaltungsrechts:** Die Beweislast für das Vorliegen der Voraussetzungen eines Zurückbehaltungsrechts trifft denjenigen, der sich darauf beruft, im Mobbingfall also meist den Arbeitnehmer.[21] Wie erwähnt, kann das schwere Folgen haben, da der Arbeitgeber wegen Arbeitsverweigerung kündigen kann, wenn die Voraussetzungen eines Zurückbehaltungsrechts nicht bewiesen werden.[22]

318 Zuletzt können in Mobbingfällen noch folgende Besonderheiten der Beweislast von Bedeutung sein:[23]

– **Abmahnung:** Es gelten die gleichen Grundsätze wie bei der Kündigung, die Beweislast trifft also den, der die Abmahnung ausspricht;

---

[16] BAG 27. 2. 1970 – 1 AZR 258/69, AP BGB § 618 Nr. 16; ErfKomm/*Wank,* § 618 BGB Rn. 42.

[17] Ausführlich oben Rn. 236ff.; zur Beweislast und Beweisschwierigkeiten auch *Wolmerath,* Mobbing im Betrieb, Rn. 192, 203ff.

[18] Oben Rn. 274.

[19] LAG Hamm 30. 11. 2000 – 8 Sa 878/00, ArbuR 2001, 283, dazu bereits oben Rn. 216.

[20] Germelmann/Matthes/Prütting/*Prütting* ArbGG § 58 Rn. 91 Kündigung, Kündigungsschutz.

[21] *Lorenz* PersR 2002, 65 (68).

[22] Dazu oben Rn. 192.

[23] Ausführlich Germelmann/Matthes/Prütting/*Prütting* ArbGG § 58 Rn. 91.

- **Beendigung** des Arbeitsverhältnisses: Die Beweislast trägt generell derjenige, der sich auf das Ende des Arbeitsverhältnisses beruft;
- **Entgeltfortzahlung** im Krankheitsfall: die Voraussetzungen der Entgeltfortzahlung muss der erkrankte Arbeitnehmer beweisen.

II. Sonderregeln für Mobbingopfer?

Die Regeln der Darlegungs- und Beweislast wirken sich in mehrfacher Hinsicht zugunsten des Mobbingtäters aus: Die Voraussetzungen von Schadensersatz- und Schmerzensgeldansprüchen gegen Mobbingtäter oder Arbeitgeber müssen vom geschädigten Mobbingopfer bewiesen werden. Will der Arbeitgeber dem Mobbingtäter kündigen, muss er die Voraussetzungen der Kündigung darlegen und beweisen. Wenn er seinerseits Schadensersatzansprüche geltend machen will, kommt dem mobbenden Kollegen § 619a BGB zugute. 319

In Rechtsprechung und Literatur werden daher **Beweiserleichterungen** zugunsten von Mobbingopfern und zu Lasten der Täter diskutiert. Dabei geht es in der Literatur vor allem um den Beweis schuldhaften Handels des Arbeitgebers.[24] In der Rechtsprechung seit 2001 haben sich dagegen zwei andere Problemschwerpunkte herauskristallisiert: Die Darlegungs- und Beweislast hinsichtlich einzelner Mobbinghandlungen und der Beweis der Kausalität des Mobbings für die Erkrankung des Opfers.

1. Meinungsstand der Rechtsprechung

a) Die umfassendsten Ausführungen zu Beweiserleichterungen für Mobbingopfer finden sich in den schon mehrfach erwähnten Entscheidungen der Fünften Kammer des LAG Thüringen aus dem Jahr 2001.[25] Nach den Urteilsbegründungen ist „die Beweisnot nach dem Grundsatz eines fairen Verfahrens (Art. 6 I EMRK) auszugleichen".[26] Daraus folge, dass ein „mobbingtypischer" medizinischer Befund oder ein Suizidversuch ein „wichtiges **Indiz"** für die Richtigkeit der Behauptungen eines Mobbingopfers darstelle. Aus der Ausprägung des Befundes oder einer Suizidreaktion ließen sich Rückschlüsse auf die Intensität des Mobbings ziehen. Wenn eine „Konnexität" zu den feststehenden Handlungen vorliege, bestehe eine tatsächliche Vermutung, dass die Handlungen den Gesundheitsschaden verursacht hätten.[27] In einer Entscheidung der Ers- 320

---

[24] Vgl. *Kollmer,* Mobbing im Arbeitsverhältnis, Rn. 163b f.

[25] Zu den zugrundeliegenden Sachverhalten oben Rn. 5, 6.

[26] LAG Thüringen 10. 4. 2001 – 5 Sa 403/00, NZA-RR 2001, 347.

[27] LAG Thüringen 15. 2. 2001 – 5 Sa 102/00, NZA-RR 2001, 577 (Ls. 9); ähnlich LAG Thüringen 10. 4. 2001 – 5 Sa 403/00, NZA-RR 2001, 347 (Ls. 5); dazu *Kerst-Würkner* ArbuR 2001, 251 (255ff.); *Wickler* DB 2002, 477 (482f.).

ten Kammer des LAG Thüringen aus dem Jahr 2004 werden die Entscheidungen aus dem Jahr 2001 grundlegend kritisiert, allerdings finden sich hier keine Ausführungen zur Beweisproblematik.[28]

321 **b)** In anderen Gerichtsentscheidungen werden demgegenüber **Beweiserleichterungen** aus dem Gesichtspunkt des Mobbings ausdrücklich **abgelehnt.** So machte ebenfalls im Jahr 2001 eine Altenpflegerin vor dem LAG Baden-Württemberg Schmerzensgeldansprüche wegen Mobbings durch ihren Vorgesetzten, den unstreitig alkoholkranken Pflegedienstleiter, geltend. Nach der Urteilsbegründung des LAG ergab sich aus dem Vorbringen der Klägerin nicht einmal andeutungsweise, dass ihr adäquat kausal ein körperlicher Schaden zugefügt worden wäre. Zwar hatte die Klägerin ein Attest vorgelegt, wonach sie „aufgrund massiven Mobbings erkrankt sei", es ergebe sich jedoch nicht aus dem Attest, auf welcher Grundlage es erstellt sei. Im Übrigen erschöpfe sich das Vorbringen der Klägerin in pauschalen Behauptungen, wobei es nicht ausreiche, dass die Arbeitspflichtverletzungen als Mobbing empfunden worden seien.[29]

Eine Entscheidung des ArbG München aus demselben Jahr weicht ausdrücklich von der Rechtsprechung des LAG Thüringen ab. Danach dürfen die Anforderungen an die Darlegungs- und Beweislast eines Mobbingvorwurfs nicht herabgesetzt werden, da ein unmittelbarer Beweis der Kausalität des Verhaltes der einen Seite für die psychischen Erkrankungen der anderen Seite nicht möglich sei. Die einzelnen Vorwürfe müßten nach Zeitpunkt, Häufigkeit und Intensität substantiiert vorgetragen werden.[30]

Nahezu wortgleich ist eine Entscheidung des LAG Schleswig-Holstein aus dem Jahr 2002. Die Klägerin – ebenfalls eine Altenpflegerin – könne sich nicht „auf Beweiserleichterungen wegen des behaupteten Mobbings berufen". Sie müsse zumindest substantiiert Tatsachen behaupten, die auf das Vorliegen von Mobbing schließen ließen. Nur die Tatsache, dass die Klägerin früher gesund gewesen sei, beweise nicht, dass ihre Erkrankungen auf die Verhältnisse am Arbeitsplatz zurückzuführen seien.[31]

322 **c)** Mit einem **Sonderfall der Kausalität** befasst sich eine Entscheidung des LAG Nürnberg. Befindet sich ein Arbeitnehmer bereits im Stadium der Arbeitsunfähigkeit, bedürfe es besonderer Darlegungen dafür, dass weitere behauptete Pflichtwidrigkeiten des Arbeitgebers oder Vorgesetzten kausal für das Weiterbestehen der psychischen oder psychoso-

---

[28] LAG Thüringen 10. 6. 2004 – 1 Sa 148/01, ZTR 2004, 596.

[29] LAG Baden-Württemberg, 5. 3. 2001 – 15 Sa 160/00, AP BGB § 611 Mobbing Nr. 2.

[30] ArbG München 25. 9. 2001 – 8 Ca 1562/01, NZA-RR 2002, 123.

[31] LAG Schleswig-Holstein 19. 3. 2002 – 3 Sa 1/02, NZA-RR 2002, 457 (457f.).

matischen Erkrankungen des Arbeitgebers seien.[32] Nach einem Urteil des LAG Bremen trägt die Klägerin eines Prozesses auf Schmerzensgeld wegen Mobbings die Darlegungs- und Beweislast für die Rechtsgutsverletzung und den eingetretenen Schaden. Ein Prima-facie-Beweis sei zwar bei einem typischen Geschehensablauf möglich; dafür genüge es aber nicht, wenn für einen Zeitraum von 3½ Jahren neun Vorfälle behauptet würden.[33]

Eine strikte Linie zur Darlegungs- und Beweislast von Mobbingopfern wird auch in mehreren Urteilen des LAG Berlin vertreten. So müsse der betroffene Arbeitnehmer Mobbinghandlungen konkret darlegen und beweisen, außerdem dadurch kausal verursachte Verletzungen von Rechtsgütern des Arbeitnehmers sowie einen zurechenbaren Schaden und Verschulden des Arbeitgebers.[34] Eine Arbeitnehmerin, die behaupte, durch „despotisches Führungsverhalten" krank geworden zu sein, müsse eine größere Anzahl einzelner Tathandlungen nach Zeit, Situation und sonstigen Umständen darlegen und unter Beweis stellen.[35]

In weiteren Entscheidungen des LAG Berlin zu (vorgeblichen) Mobbingfällen finden sich folgende Aussagen: Wer infolge von Mobbing Schmerzensgeld wegen Verletzung des Persönlichkeitsrechts, der Ehre oder Gesundheit gemäß §§ 823, 847 (a.F.) BGB verlangt, müsse die erforderlichen tatbestandlichen Voraussetzungen in ausreichendem Umfang darlegen.[36] Wenn ein Arbeitnehmer mit der Behauptung, eine vertraglich geschuldete Arbeit schade seiner Gesundheit, die Arbeit verweigere und eine nachträglich am selben Tag ausgestellte Arbeitsunfähigkeitsbescheinigung einreiche, könne der Beweiswert dieses Attests erschüttert sein.[37]

d) Das **BAG** hat zu dieser Problematik noch nicht Stellung genommen. **323**
Wie oben erwähnt, lehnte der Achte Senat des BAG eine Nichtzulassungsbeschwerde ab, da keine Divergenz zwischen der Entscheidung des LAG Berlin zum „despotischen Führungsverhalten" und der Rechtsprechung des LAG Thüringen aus dem Jahr 2001 festgestellt werden konnte.[38] Dabei stützt sich der Beschluss allerdings vor allem auf die zutreffende Begründung, dass das Urteil des LAG Berlin sich auf die Substantiierung bezog, das Urteil des LAG Thüringen auf die Beweis-

---

[32] LAG Nürnberg 2. 7. 2002 – 6 (3) Sa 154/01, NZA-RR 2003, 121.

[33] LAG Bremen 17. 10. 2002 – 3 Sa 78/02, ArbuR 2003, 37.

[34] LAG Berlin 1. 11. 2002 – 19 Sa 940/02, NZA-RR 2003, 232.

[35] LAG Berlin 7. 11. 2002 – 16 Sa 938/02, n.v., Kurzdarstellung *Wagner/Bergmann* AiB 2004, 103 (108f.).

[36] LAG Berlin 6. 3. 2003 – 18 Sa 2299/02, n.v., Kurzdarstellung *Wolmerath* PersR 2004, 327 (334).

[37] LAG Berlin 14. 11. 2002 – 16 Sa 970/02, NZA-RR 2003, 523.

[38] BAG 20. 3. 2003 – 8 AZN 27/03 (redaktioneller Leitsatz JR 2004, 218).

erbringung. Festgestellt wird immerhin, dass das angefochtene Urteil nicht generell die konkrete Datumsangabe der Mobbingvorwürfe verlangt, sondern auch die Schilderung der konkreten Situation mit ungefährer Zeitangabe genügen lasse.

2. Stellungnahme

324 **a) Darlegung und Beweis von Mobbinghandlungen.** Als ganz überwiegende Auffassung in der Rechtsprechung lässt sich also zusammenfassen, dass für die Darlegungs- und Beweislast in Mobbingfällen **keine Besonderheiten** gelten. Daher sind Mobbinghandlungen im Einzelnen darzulegen, pauschale Behauptungen genügen grundsätzlich nicht. Nach einer Entscheidung des LAG Niedersachsen aus dem Jahr 2000 bezieht sich dieses Erfordernis auch auf den Klagantrag: So sei ein Antrag auf „Unterlassung von Handlungen, die das Persönlichkeitsrecht oder die Gesundheit der Kl. verletzen oder sie sonst wegen ihres Alters benachteiligen" unzulässig, da nicht hinreichend bestimmt.[39]

325 Mobbingopfer müssen also grundsätzlich die **Situation der Mobbinghandlungen** im Einzelnen beschreiben. Wie dem Beschluss des BAG zu entnehmen ist, genügt aber eine ungefähre Datumsangabe. Dem ist auch zu folgen: Wer Erleichterungen bei der Darlegungslast von Mobbingopfern fordert, verkennt oft, dass die Regeln der Darlegungs- und Beweislast auch dem Schutz des Beklagten vor unbestimmten Klaganträgen dienen. Der Schutz von Mobbingopfern darf nicht zu Missbrauchsmöglichkeiten führen. Anderenfalls könnten möglicherweise ganz arglose Kollegen oder Arbeitgeber mit der vagen Behauptung, Mobbing ausgeübt zu haben, in die Situation gebracht werden, ihre Unschuld nachweisen zu müssen.

Darüber hinaus ist eine substantiierte Darlegung der zugrundeliegenden Tatsachen in der Regel auch aus **Rechtsgründen** erforderlich. So müssen vor allem bei der Feststellung der Höhe von Schmerzensgeld, aber auch bei Schadensersatz, sämtliche Einzelheiten der Verletzungssituation berücksichtigt werden. Entsprechendes gilt bei einer Kündigungsschutzklage, da vor allem bei verhaltensbedingten Kündigungen eine Interessenabwägung vorgenommen wird. Es ist Gerichten nicht möglich, beispielsweise aufgrund der bloßen Behauptung „despotischen Führungsverhaltens" zu einem Urteilstenor zu kommen.

326 Zuletzt werden Mobbingopfer mit diesem Erfordernis in der Regel auch nicht unangemessen belastet. Etliche Urteile belegen, dass es durchaus möglich ist, die fraglichen Mobbinghandlungen im Einzelnen zu beschreiben – beispielsweise in den Bankdirektor-Fällen.[40] Betroffene

---

[39] LAG Niedersachsen 3. 5. 2000 – 16 a Sa 1391/99, NZA-RR 2000, 517 (521).
[40] Dazu oben Rn. 5.

schwerer Persönlichkeitsrechtsverletzungen können sich meist sehr gut an die zugrundeliegenden Situationen erinnern. Als Gedächtnisstütze wird Betroffenen in der Ratgeberliteratur zu Recht empfohlen, ein **„Mobbingtagebuch"** zu führen.[41] In diesem Mobbingtagebuch können auch Beweismittel, beispielsweise Kollegen als Zeugen oder schriftliche Weisungen als Urkunden angeführt werden.

Beim Beweis von Mobbinghandlungen zeigt sich eine bemerkenswerte Differenz von Literatur und Rechtsprechung: Während die Literatur in der Regel von dem „heimlichen" Mobbingtäter ausgeht, der es bewusst darauf anlegt, seine Taten zu verschleiern, scheitern in der Praxis Klagen eher an der Darlegungs- als an der Beweislast. Möglicherweise ist das darauf zurückzuführen, dass Mobbingtäter sich oft im Recht fühlen und daher keinen Grund sehen, ihr Tun zu verbergen.

b) Beweiswert ärztlicher Befunde und Atteste. aa) Das Hauptprob- **327**
lem bei der praktischen Geltendmachung von Mobbingschäden liegt daher weniger auf der Ebene der einzelnen Mobbinghandlungen, sondern vor allem auf der Ebene der Kausalität für Schäden. Das gilt vor allem für **Erkrankungen.**[42] Zwar lassen sich auch psychische und psychosomatische Erkrankungen durch ärztliche Atteste beweisen, es ist aber oft schwer zu belegen, dass diese Krankheiten gerade auf das Mobbing zurückzuführen sind.

Wie oben ausgeführt, sind die meisten Gerichte in dieser Frage extrem zurückhaltend. Mitunter wird bereits der Beweiswert des **Attests** für die Krankheit als solche angezweifelt. Nicht zu Unrecht sind Gerichte auch skeptisch, wenn ein Arzt, der die Verhältnisse am Arbeitsplatz nicht kennt, Mobbing als Krankheitsursache attestiert. Zuletzt wird in vielen Urteilen auf andere mögliche Ursachen der Erkrankung des Klägers hingewiesen.

Beweiserleichterungen sehen nur die Urteile der Fünften Kammer des **328**
LAG Thüringen aus dem Jahr 2001 vor, nach denen ein **„mobbingtypischer" medizinischer Befund** die Richtigkeit der Behauptungen eines Mobbingopfers indizieren könne und bei „Konnexität" zu Mobbinghandlungen vermutet werden könne, dass diese den Gesundheitsschaden verursacht hätten.[43] Diese Formel enthält jedoch streng genommen einen Zirkelschluss, da die Krankheit die Handlung indizieren soll und diese wieder die Kausalität für die Krankheit.[44] Darüber hinaus ist sie durch den vagen Begriff der Konnexität äußerst unbestimmt. Auch stellt sich

---

41 *Esser/Wolmerath* Mobbing S. 178, 292, 294; *Grünwald/Hille,* Mobbing im Betrieb, S. 84, 115, 144, 167, 225.

42 Zur Problematik auch *Wolmerath,* Mobbing im Betrieb, Rn. 156f.

43 Oben Rn. 320.

44 So auch ArbG München 25. 9. 2001 – 8 Ca 1562/01, NZA-RR 2002, 123 (124).

die Frage, was „mobbingtypische“ Krankheiten sein sollen. Das gilt um so mehr, da damit automatisch andere Befunde als nicht mobbingtypisch von den Beweiserleichterungen ausgenommen werden.

329 **bb)** Auf der anderen Seite erscheint es zynisch, von einem Zufall auszugehen, wenn ein vorher gesunder Mensch in zeitlichem Zusammenhang mit schweren Verletzungen des Persönlichkeitsrechts am Arbeitsplatz psychisch oder psychosomatisch erkrankt oder sogar einen Suizidversuch unternimmt. Man wird daher **differenzieren** müssen: Sicherlich beweist die reine Tatsache einer Erkrankung noch nicht das Vorliegen von Mobbinghandlungen.

Auch wenn ein Arzt ein entsprechendes Gutachten ausstellt, wird das regelmäßig auf der Basis der Aussagen seines Patienten geschehen, da der Arzt nicht das Geschehen am Arbeitsplatz beurteilen kann. Selbst wenn man also andere Ursachen ausschließen und einige Befunde als „typisch“ beurteilen kann, beweist das **ärztliche Gutachten** lediglich, dass der Betroffene psychischem Druck ausgesetzt ist.[45] In diesem Zusammenhang kommt also nur eine schwache Indizwirkung des Attests im Zusammenhang mit anderen Beweismitteln in Betracht.

330 Anders ist es auf der Ebene der **Kausalität.** Kaum ein unbefangener Leser der Sachverhalte einiger Entscheidungen zu schweren Mobbingfällen – beispielsweise der Bankfälle – wird zu dem Ergebnis kommen, dass die Erkrankungen der Betroffenen nichts mit den geschilderten Schikanehandlungen zu tun haben. Wenn also in **zeitlichem Zusammenhang** mit feststehenden Mobbinghandlungen Erkrankungen auftreten, die nach ärztlicher Feststellung auf **psychischen Druck** zurückzuführen sind, spricht ein starkes Indiz für die Kausalität.[46] Danach ist es Sache der Gegenseite, dieses Indiz zu entkräften, indem beispielsweise andere mögliche Ursachen für die Erkrankung substantiiert vorgetragen werden.

Auch das oben erwähnte Urteil des LAG Nürnberg trifft eine zu pauschale Aussage.[47] Auch wenn ein Arbeitnehmer **bereits erkrankt** ist, kann er noch unter der Situation am Arbeitsplatz leiden – zumindest, solange eine Rückkehr vorgesehen ist. Erhält der Kranke beispielsweise an jedem Tag seiner Krankheit ein unsinniges Abmahnungsschreiben an seine Privatadresse, ist das kaum weniger belastend als entsprechende Maßnahmen am Arbeitsplatz. Anders ist es selbstverständlich, wenn der erkrankte Arbeitnehmer von den objektiv vorliegenden Mobbinghandlungen nichts erfährt.

---

[45] Skeptisch gegenüber subjektiven Empfindungen des Arbeitnehmers auch BAG 21. 3. 2001 – 5 AZR 352/99, AP MuSchG 1968 § 3 Nr. 16 = NZA 2001, 1017 (1020); ArbG Lübeck 7. 9. 2000 – ÖD 2 Ca 1850 b/00, AuA 2001, 138.

[46] Ähnlich *Rieble/Klumpp* FA 2003, 307 (311).

[47] LAG Nürnberg 2. 7. 2002 – 6 (3) Sa 154/01, NZA-RR 2003, 121; zur Entscheidung oben Rn. 322.

cc) Zusammenfassend kann also festgestellt werden: Nach den allgemeinen Regeln kann in Mobbingfällen davon ausgegangen werden, dass eine nachweislich auf psychischem Druck beruhende **Krankheit kausal durch feststehende Mobbinghandlungen** hervorgerufen worden ist. Sonst gelten im Zusammenhang mit Mobbing keine Besonderheiten. 331

Weitere **Beweiserleichterungen** würden auch zu Brüchen im deutschen Haftungsrecht führen. Grundsätzlich werden Beweiserleichterungen nur anerkannt, wenn der Anspruchsgegner das Geschehen wesentlich besser überblickt als der eigentlich beweisbelastete Geschädigte, so bei der Produzentenhaftung und der Arzthaftung. Beim Mobbing ist das nicht der Fall.[48] Mobbing ist kein so außergewöhnliches und so sehr von anderen Verletzungshandlungen abweichendes Phänomen, dass es besondere Regeln der Beweislast rechtfertigen würde, die eine erhebliche Gefahr des Missbrauchs mit sich brächten.

III. Beweiserleichterung nach allgemeinen Regeln

Darüber hinaus hat ein Mobbingopfer auch unter Geltung der allgemeinen Regeln verschiedene Möglichkeiten, die anspruchs- oder rechtsbegründenden Tatsachen zu beweisen. Im **materiellen Recht** begründet § 618 BGB eine besondere Beweislast. Im **Prozessrecht** kommen besondere Beweismittel, der Beweis des ersten Anscheins, ein abgesenktes Beweismaß, und Indizien und Vermutungen in Betracht. Auch kann es hilfreich sein, bei Beweisproblemen im Wege der Feststellungsklage vorzugehen. 332

1. Anwendung von § 618 BGB

Wie oben ausführlich erörtert, kann bei bestimmten Mobbingmaßnahmen ein **Verstoß gegen § 618** BGB vorliegen.[49] Diese Norm verpflichtet Dienstberechtigte und Arbeitgeber, die Räume, Vorrichtungen und Gerätschaften so einzurichten und Dienstleistungen so zu regeln, dass der Verpflichtete gegen Gefahren für Leben und Gesundheit so weit geschützt ist, wie die Natur der Dienstleistung es gestattet. Verletzt ein Arbeitgeber diese Pflicht, können Arbeitnehmer Schadensersatzansprüche aus §§ 282, 280 Abs. 1 BGB geltend machen. 333

Bei Verstößen gegen die Pflichten aus § 618 BGB gelten nach der Rechtsprechung Besonderheiten für die **Beweislast:** Der Arbeitnehmer hat den ordnungswidrigen Zustand am Arbeitsplatz zu beweisen, der Arbeitgeber muss sich hinsichtlich des Verschuldens und der Kausalität

---

[48] *Rieble/Klumpp* ZIP 2002, 369 (380f.).
[49] Dazu oben Rn. 135.

entlasten.[50] Wenn Arbeitgeber oder Vorgesetzte im Rahmen des Mobbings gegen die Schutzpflichten des § 618 BGB verstoßen, kommt diese Beweiserleichterung auch Mobbingopfern zugute.

334 In der Literatur wird indes die Auffassung vertreten, die Beweisregeln des § 618 BGB könnten auch bei Verletzungen des Persönlichkeitsrechts oder sogar allgemein bei Mobbing Anwendung finden.[51] Als Grund wird die Vergleichbarkeit von Verletzungen des Persönlichkeitsrechts mit Körper- oder Gesundheitsverletzungen angeführt. Gegen eine solche **Analogie** bestehen jedoch in mehrfacher Hinsicht Bedenken.

Im Zivilrecht gelten grundsätzlich für den Schutz des **Persönlichkeitsrechts** andere Regeln als für Körper- und Gesundheitsverletzungen. Zwar ist das Persönlichkeitsrecht auch durch § 823 Abs. 1 BGB geschützt, als „offenes Recht" aber nur unter einschränkenden Voraussetzungen.[52] Verletzungen des Persönlichkeitsrechts führen nicht zu einem Schmerzensgeldanspruch nach § 253 Abs. 2 BGB, sondern zu einem Anspruch eigener Art auf Ersatz des immateriellen Schadens.[53] Zudem geht das Schadensrecht generell von Verschuldensprinzip aus, so dass Abweichungen im materiellen und im Beweisrecht wie beispielsweise in § 831 BGB ausdrücklich geregelt werden müssen.

2. Prozessuale Möglichkeiten

335 **a) Parteianhörung; Parteivernehmung.** In der Literatur wird für Mobbingopfer, denen kein anderes Beweismittel für den Beleg der Mobbinghandlungen zur Verfügung steht, auf die Möglichkeit der **Parteianhörung** nach § 141 ZPO oder der **Parteivernehmung** gemäß §§ 445–455 ZPO hingewiesen.[54] Die Parteivernehmung ist nur als Vernehmung des Gegners, also der nicht beweisbelasteten Partei, möglich. Sie kann von der beweispflichtigen Partei beantragt, aber auch von Amts wegen angeordnet werden. Die vernommene Partei ist wie ein Zeuge zur wahren Aussage verpflichtet und kann auch vereidigt werden (§§ 451 f. ZPO). Verweigert die Partei die Vernehmung, gilt § 446 ZPO. Das Ergebnis der Aussage ist nach § 453 Abs. 1 ZPO frei zu würdigen.[55] Die

---

[50] BAG 27. 2. 1970 – 1 AZR 258/69, AP BGB § 618 Nr. 16; Germelmann/Matthes/Prütting/*Müller-Glöge/Prütting* ArbGG § 58 Rn. 91 Schutzmaßnahmen; Palandt/*Putzo,* § 618 Rn. 8; ErfKomm/*Wank,* § 618 Rn. 42; jeweils m. w. N.

[51] MünchHdb ArbR/*Blomeyer* § 97 Rn. 45 zum Persönlichkeitsrecht; *Kollmer,* Mobbing im Arbeitsverhältnis, Rn. 163c, beruft sich auf *Blomeyer,* um § 618 BGB auf Mobbing generell anzuwenden.

[52] Dazu oben Rn. 106 ff., 156 ff.

[53] Ausführlich oben Rn. 151 ff.

[54] *Rieble/Klumpp* ZIP 2002, 369 (380 f.); *dies.* FA 2003, 307 (311); auch *Schneppendahl* AiB 2002, 302 (303).

[55] Ausführlich zur Parteivernehmung Zöller/*Greger* ZPO vor § 445 Rn. 1 ff.; Germelmann/Matthes/Prütting/*Müller-Glöge/Prütting* ArbGG § 58 Rn. 31.

Erfolgsaussichten einer Parteivernehmung werden zu Recht meist skeptisch beurteilt; in der Prozesspraxis kommt sie nur selten vor.

b) Anscheinsbeweis. Erheblich größere praktische Bedeutung hat der sog. Beweis des ersten Anscheins oder **Prima-facie-Beweis.** Diese Begriffe umschreiben die Anwendung bestimmter gefestigter Sätze der Lebenserfahrung auf typische Geschehensabläufe. Beispielsweise ist bei einem Streik prima facie davon auszugehen, dass dem Arbeitgeber ein Schaden entsteht. Der Beweis des ersten Anscheins ist im Grundsatz anerkannt; umstritten ist allerdings, ob es sich um einen Teil der Beweiswürdigung handelt oder ob in diesen Fällen das Beweismaß gesenkt ist.[56] **336**

Nach einer Entscheidung des LAG Bremen ist im Fall des Mobbings ein Prima-facie-Beweis für die Verletzung von Rechtsgütern des Geschädigten und die eingetretenen Schäden möglich, wenn ein **typischer Geschehensablauf** vorliegt. Im Entscheidungsfall wurde der Anscheinsbeweis allerdings abgelehnt, da nur neun Vorfälle in einem Zeitraum von 3½ Jahren vorgetragen waren.[57]

c) Absenkung des Beweismaßes. Unabhängig vom Anscheinsbeweis können Mobbingopfern auch andere Absenkungen des **Beweismaßes** zugute kommen. Das Beweismaß ist die Beweisstärke, die Sicherheit für den Richter. Grundsätzlich gilt im Zivil- und Arbeitsprozess das hohe Regelbeweismaß des § 286 Abs. 1 ZPO: Eine Tatsache ist erst dann erwiesen, wenn der Richter sie „für wahr erachtet". Neben gesetzlichen sind jedoch auch richterrechtliche Abweichungen von diesem Regelbeweismaß möglich. In der Literatur werden sie vor allem für Fragen der **Kausalität** diskutiert.[58] Möglicherweise setzen sich derartige Überlegungen vor dem Hintergrund der Probleme von Mobbingopfern durch, die Kausalität des Mobbings für Verletzungen und Schäden zu beweisen.[59] **337**

d) Indizien und Vermutungen. Zuletzt können Mobbinggeschädigten auch **Indizien und Vermutungen** zugute kommen. Indizien erreichen nicht das Maß des Anscheinsbeweises, können aber ggf. in Verbindung mit anderen Beweismitteln das Beweismaß erhöhen. Bereits oben wurde erwähnt, dass bei einer feststehenden belastenden Situation am Arbeitsplatz und einem zeitlichen Zusammenhang mit psychischen oder psychosomatischen Krankheiten die Kausalität in der Regel indiziert ist.[60] **338**

---

[56] Germelmann/Matthes/Prütting/*Müller-Glöge/Prütting* ArbGG § 58 Rn. 64ff.

[57] LAG Bremen 17. 10. 2002 – 3 Sa 78/02, ArbuR 2003, 37.

[58] Zu allem Germelmann/Matthes/Prütting/*Müller-Glöge/Prütting* ArbGG § 58 Rn. 57f. zum Regelbeweismaß, Rn. 61f. zu Abweichungen m.w.N.

[59] Zum Kausalitätsproblem oben Rn. 322 und *Wolmerath,* Mobbing im Betrieb, Rn. 156f.

[60] Dazu oben Rn. 330ff.; ebenso *Hahn* AiB 2002, 644 (645); ähnlich LAG Schleswig-Holstein 19. 3. 2002 – 3 Sa 1/02, NZA-RR 2002, 457 (457f.).

Keine Einigkeit besteht in der Rechtsprechung der Landesarbeitsgerichte zu der Frage, ob der Beweis **einzelner Mobbinghandlungen** die Wahrheit weiterer Behauptungen indiziert.[61] Möglicherweise kann aus der Art und Intensität der Mobbinghandlungen auch auf die subjektive Willensrichtung und das schuldhafte Vorgehen des Täters geschlossen werden.[62] Jedoch ist jeweils eine Einzelbetrachtung des konkreten Falles erforderlich. Pauschale Beweisregeln und Erleichterungen sind angesichts der Vielzahl der Mobbingfälle kaum möglich und hilfreich.

339 e) **Feststellungsantrag wegen künftiger Schäden.** Eine mittelbare Hilfe bei Beweisproblemen kann die Möglichkeit eines Feststellungsantrags wegen **künftiger** oder noch nicht beweisbarer **Schäden** sein. In Prozessen um Schadensersatz und Schmerzensgeld kann im Urteilstenor festgestellt werden, dass ein Schädiger auch für weitere und zukünftige Gesundheits-, Vermögens- oder sonstige Schäden Ersatz zu leisten hat.[63] Voraussetzung ist allerdings ein **Feststellungsinteresse** nach § 256 ZPO. Daraus folgt insbesondere die Subsidiarität des Feststellungsantrags gegenüber dem Leistungsantrag, der Kläger darf also nicht Feststellung beantragen, wenn er unmittelbar auf Leistung klagen könnte.

Nach einer Entscheidung des ArbG Dresden ist ein Feststellungsantrag auch für weitere Schäden durch **Persönlichkeitsrechtsverletzungen durch Mobbing** zulässig. Voraussetzung sei, dass diese nach Art und Umfang noch nicht bestimmbar seien.[64] Daraus ergibt sich für Mobbingopfer die prozesstaktische Möglichkeit, zu nicht beweisbaren Schäden zunächst nicht vorzutragen und diese auf Grundlage des Feststellungstenors erst später geltend zu machen, wenn beispielsweise die Kausalität zwischen Mobbing und Erkrankung feststeht.

---

[61] Vgl. LAG Schleswig-Holstein 19. 3. 2002 – 3 Sa 1/02, NZA-RR 2002, 457; skeptisch LAG Bremen 17. 10. 2002 – 3 Sa 78/02, ArbuR 2003, 37.

[62] *Ruberg* ArbuR 2002, 201 (202).

[63] Dazu *Musielak/Foerste* ZPO § 256 Rn. 14ff.

[64] ArbG Dresden 7. 7. 2003 – 5 Ca 5954/02, ArbuR 2004, 114 (115).

3. Teil: Mobbing und Betriebsrat

I. Einführung

I. Kollektivrechtliche Aspekte von Mobbing

1. Verhältnis zum Tarifrecht

Der Abschnitt über das **kollektive Arbeitsrecht** des Mobbings steht 340
unter der Überschrift: „Mobbing und Betriebsrat", obwohl das Betriebsverfassungsrecht nur einen Teil des kollektiven Arbeitsrechts ausmacht. Der Grund liegt darin, dass Mobbing sich in aller Regel auf der betrieblichen Ebene auswirkt und dem Betriebsrat auch die meisten Möglichkeiten zustehen, auf Mobbing zu reagieren.

So ist es zwar theoretisch möglich, im **Tarifvertrag** Regeln zu Mobbing aufzustellen. Diese Regeln werden aber notwendig sehr allgemein bleiben müssen, da die Tarifparteien nicht die Besonderheiten der betroffenen Betriebe berücksichtigen können. Auch Unternehmen, in denen ein Haustarifvertrag gilt, beispielsweise die Volkswagen AG, regeln in der Praxis das Thema „Mobbing" in Betriebsvereinbarungen.[1]

Außerdem sind die kollektivrechtlichen Instrumente des Betriebsver- 341
fassungsgesetzes zum Umgang mit Mobbing vergleichsweise am besten geeignet. Der Grund liegt in der auf Zusammenarbeit ausgelegten Struktur des Betriebsverfassungsrechts und der Einbeziehung von Individualrechten einzelner Arbeitnehmer im Gesetz. So kann das **Beschwerderecht** der §§ 84, 85 BetrVG in Mobbingfällen hilfreich sein. Daneben stellt das Gesetz verschiedene **Sanktionsinstrumente** zur Verfügung, z. B. §§ 23 Abs. 1, 2; 104 BetrVG. Wie erwähnt, können **Betriebsvereinbarungen** zum Thema „Mobbing" geschlossen werden. Freiwillige Betriebsvereinbarungen sind dabei grundsätzlich möglich; umstritten ist, ob Betriebsräte ein erzwingbares Mitbestimmungsrecht zum Thema „Mobbing" haben.

---

[1] Die VW-Betriebsvereinbarung „Partnerschaftliches Verhalten am Arbeitsplatz" aus dem Jahr 1996 ist abrufbar unter http://www.igmetall.de/betriebsraete/betriebsvereinbarungen/vw_mobbing.html; auszugsweise abgedruckt in ArbuR 1996, 443 f und bei *Kollmer,* Mobbing im Arbeitsverhältnis, Rn. 121.

2. Personalvertretungsrecht und andere Interessenvertretungen

342 Es ist bereits deutlich geworden, dass nicht wenige Mobbingfälle sich im **öffentlichen Dienst** abspielen. Nach § 130 BetrVG gilt das BetrVG hier nicht. Das Bundespersonalvertretungsgesetz (BPersVG) und die Personalvertretungsgesetze der Bundesländer enthalten aber in der Regel parallele Regelungen. Aus Gründen der Übersichtlichkeit geht die folgende Darstellung vom Betriebsverfassungsrecht aus. Die entsprechende Regelung im BPersVG oder dem jeweiligen Landesgesetz kann Synopsen der Gesetze entnommen werden;[2] im Übrigen wird auf Besonderheiten hingewiesen. Abgesehen vom öffentlichen Dienst gelten weitere Sondervorschriften für die Seeschiffahrt, die Luftfahrt sowie sog. Tendenzbetriebe und Religionsgemeinschaften, vgl. §§ 114–118 BetrVG.

343 Im BetrVG sind neben dem Betriebsrat noch andere Interessenvertretungen der Arbeitnehmer vorgesehen. Unter den Voraussetzungen des § 47 BetrVG ist ein **Gesamtbetriebsrat** für Unternehmen mit mehreren Betrieben zu bilden. Der Gesamtbetriebsrat kann beispielsweise eine Betriebsvereinbarung zum Thema „Mobbing" für das gesamte Unternehmen schließen. Entsprechendes gilt für Konzerne und den **Konzernbetriebsrat** nach §§ 54ff. BetrVG.

Für Jugendliche und Auszubildende ist die **Jugend- und Auszubildendenvertretung** (auch Konzern- und Gesamtjugend- und Auszubildendenvertretung) zusätzlicher Ansprechpartner neben dem Betriebsrat. Schließlich ermöglicht es das Betriebsverfassungsrecht, zusätzliche Interessenvertretungen und Gremien auf freiwilliger Basis zu errichten, beispielsweise eine betriebliche **Beschwerdestelle** nach § 86 Satz 2 BetrVG. Weitere Einrichtungen sind auf der Basis einer freiwilligen Betriebsvereinbarung gemäß § 88 BetrVG möglich.

344 Neben den Interessenvertretungen des Betriebsverfassungsgesetzes sehen einige Sondergesetze Interessenvertretungen für bestimmte Beschäftigtengruppen vor. Für leitende Angestellte gilt das Sprecherausschussgesetz (SprAuG): Sie werden durch den **Sprecherausschuss** vertreten, der allerdings nur schwache Beteiligungsrechte hat. Für Heimarbeiter werden bei den zuständigen Behörden **Heimarbeitsausschüsse** nach § 4 HAG errichtet, die die Einhaltung der Schutzvorschriften des HAG überwachen. Da Mobbing nicht selten Schwerbehinderte betrifft, kommt den **Schwerbehindertenvertretungen** nach §§ 94ff. SGB IX besondere praktische Bedeutung zu. Sie sind auch der Adressat bei einem Verstoß des Arbeitgebers gegen seine Pflichten aus § 81 SGB IX, insbesondere gegen das Diskriminierungsverbot des § 81 Abs. 2 SGB IX.[3]

---

[2] Z.B. *Müller, Bernd,* Arbeitsrecht im öffentlichen Dienst, 5. Aufl. 2001, S. 374ff.

[3] *Hartmann* AuA-Personal-Profi 11/2003, 8 (13).

II. Rechte und Ansprüche: Überblick

In den vorhergehenden Abschnitten ist deutlich geworden, welche unterschiedlichen Anspruchskonstellationen, Anspruchsarten und sonstige Rechte zwischen Arbeitgeber, Mobbingopfer und möglicherweise mobbendem Kollegen möglich sind.[4] Im Abschnitt „Mobbing und Betriebsrat" kommt noch der **Betriebsrat** als weiterer Rechtsträger hinzu. Weitere Besonderheiten ergeben sich daraus, dass der Betriebsrat zwar eigentlich zugunsten der Arbeitnehmer tätig sein soll, es aber durchaus möglich ist, dass Mitglieder des Betriebsrats Mobbing ausüben. 345

1. Hilfestellung des Betriebsrats für Mobbingopfer

Im Vordergrund bei der individuellen Hilfestellung des Betriebsrats steht das **Beschwerderecht** der Arbeitnehmer gemäß §§ 84, 85 BetrVG. Mitglieder des Betriebsrats können Arbeitnehmer bei einer Beschwerde gegenüber dem Arbeitgeber unterstützen, aber auch selbst Beschwerden entgegennehmen. Aus dem Beschwerderecht folgt nach § 84 Abs. 3 BetrVG ein Maßregelungsverbot. 346

Daneben können Betriebsräte auch außerhalb des formalisierten Beschwerdeverfahrens **Hilfestellung** für Mobbingopfer leisten. Ihre Zuständigkeit dafür folgt grundsätzlich aus § 75 Abs. 2 BetrVG und in vielen Fällen auch aus § 80 BetrVG, beispielsweise § 80 Abs. 1, Nrn. 1, 2, 3, ggf. auch Nrn. 2a, 4, 6 und 7 BetrVG. Aus diesen Vorschriften können sich auch durchsetzbare Ansprüche und Kontrollrechte ergeben. Zuletzt kann Mobbing zum Gegenstand einer Betriebsversammlung (§§ 42ff. BetrVG) gemacht werden.

2. Sanktionen gegen den Betriebsrat bei Mobbing

Sanktionen gegen den Betriebsrat als solchen oder seine Mitglieder sind aus Aspekten des Tuns oder des Unterlassens möglich: Mitglieder des Betriebsrats können selber Mobbingtäter sein oder es kann ihnen vorgeworfen werden, gegen Mobbing durch den Arbeitgeber oder Kollegen trotz Kenntnis nichts unternommen zu haben. Als Sanktionen kommen in diesen Fällen Schadensersatzansprüche und die betriebsverfassungsrechtlichen Sanktionen des § 23 BetrVG in Betracht. 347

Wenn Mitglieder des Betriebsrats selbst Mobbingtäter sind, können neben den im vorangegangenen Teil erörterten Anspruchsgrundlagen

---

[4] Übersicht oben Rn. 70ff.

gegen mobbende Kollegen weitere Anspruchsgrundlagen eingreifen, beispielsweise § 823 Abs. 2 BGB i.V.m. § 75 Abs. 2 BetrVG.[5] Schadensersatzansprüche wegen Untätigkeit sind ebenfalls theoretisch möglich, werden aber in der Praxis selten eingreifen. Unter den Voraussetzungen des § 23 Abs. 1 BetrVG können Mitglieder des Betriebsrats bei Verstößen gegen ihre gesetzlichen Pflichten aus dem Betriebsrat **ausgeschlossen** oder der Betriebsrat **aufgelöst** werden. Da kaum der Betriebsrat als Gremium mobben wird, ist hier vor allem der Ausschluss mobbender Betriebsratsmitglieder von praktischer Bedeutung. Nach der Literatur kann § 23 Abs. 1 BetrVG aber auch die Untätigkeit des Betriebsrats erfassen.

3. Betriebsverfassungsrechtliche Sanktionen gegen Kollegen und Arbeitgeber

348 Wenn Kollegen oder Arbeitgeber Mobbingtäter sind, stellt das Betriebsverfassungsrecht besondere Sanktionsmöglichkeiten neben den individualrechtlichen Sanktionen zur Verfügung. Nach § 104 BetrVG kann der Betriebsrat die **Entlassung oder Versetzung** eines Arbeitnehmers verlangen, wenn dieser durch grobe Verstöße gegen die Grundsätze des § 75 Abs. 1 BetrVG den Betriebsfrieden wiederholt ernstlich stört. Weigert sich der Arbeitgeber, die verlangte Maßnahme durchzuführen, kann der Betriebsrat einen entsprechenden Antrag beim Arbeitsgericht stellen.

349 Daneben enthält das Betriebsverfassungsgesetz eine Sanktionsmöglichkeit für den Fall, dass der Arbeitgeber seine **gesetzlichen Pflichten verletzt:** Nach § 23 Abs. 3 BetrVG kann der Betriebsrat beim Arbeitgericht beantragen, dem Arbeitgeber aufzugeben, Handlungen durchzuführen, zu unterlassen oder zu dulden. Wenn der Arbeitgeber einem entsprechenden Urteil nicht Folge leistet, kann er zu einem Zwangsgeld verurteilt werden.

Eine Anwendung von § 23 Abs. 3 BetrVG kommt vor allem in Betracht, wenn der Arbeitgeber selbst Mobbingtäter ist. Wenn er Mobbing nur duldet, kann § 23 Abs. 3 BetrVG nur Extremfälle erfassen. Verletztes Gesetz wird in diesen Fällen vor allem **§ 75 BetrVG** sein. § 23 Abs. 3 BetrVG kann aber auch eingreifen, wenn ein Arbeitgeber als Mobbingmaßnahme beispielsweise den Betroffenen versetzt, ohne den Betriebsrat zu beteiligen.

4. Betriebsvereinbarungen zum Thema „Mobbing"

350 Betriebsvereinbarungen zum Thema „Mobbing" haben bereits mehrfach die Gerichte beschäftigt. Unstreitig ist allerdings, dass Mobbing

---

[5] So *Reiserer/Lemke* MDR 2002, 249 (251); streitig. Im Einzelnen dazu unten Rn. 381f.

Gegenstand einer **freiwilligen Betriebsvereinbarung** nach § 88 BetrVG sein kann. Im Grundsatz ergibt sich das bereits aus §§ 75 Abs. 2, 80 Abs. 1 BetrVG. Wie erwähnt, haben etliche Betriebe und Verwaltungen entsprechende Betriebsvereinbarungen oder Dienstvereinbarungen geschlossen.[6]

Auch innerhalb der Rechtsprechung ist jedoch umstritten, ob Betriebsräte derartige Betriebsvereinbarungen auch gegen den Willen des Arbeitgebers durchsetzen können. Im Einzelnen geht es darum, ob für diese Frage die **Einigungsstelle** zuständig ist und ob ein **Initiativrecht** des Betriebsrats besteht. Dabei kommt es meist darauf an, ob die in der Betriebsvereinbarung vorgesehenen Regelungen unter die Tatbestände der Mitbestimmung in sozialen Angelegenheiten nach § 87 BetrVG fallen.

5. Einfluss des Betriebsrats durch Beteiligung

Der Einfluss des Betriebsrats durch seine **Beteiligungsrechte** kann **351**
sich im Zusammenhang mit Mobbing unterschiedlich auswirken. So ist der Betriebsrat zu beteiligen, wenn sich personelle Einzelmaßnahmen wie Versetzung oder Kündigung gegen den – möglicherweise nur vermeintlichen – Mobbingtäter richten. Unter den Voraussetzungen des § 87 Abs. 1 Nr. 1 BetrVG ist auch eine Beteiligung bei sonstigen Maßnahmen der Ordnung des Betriebs möglich.

Besondere Bedeutung haben die Beteiligungsrechte aber beim Arbeitgeber- oder Vorgesetztenmobbing, da der Betriebsrat hier Mobbingmaßnahmen verhindern kann, soweit es sich um mitbestimmungspflichtige Einzelmaßnahmen handelt. Bei den **personellen Einzelmaßnahmen** des § 99 BetrVG hat der Betriebsrat ein volles Mitbestimmungsrecht; bei der Kündigung nach § 102 BetrVG ein Recht auf Anhörung und ggf. Widerspruch. Das Mitbestimmungsrecht des § 99 BetrVG kann beispielsweise auch den Entzug von Arbeitsaufgaben erfassen.[7] Wie erwähnt, kann außerdem § 87 Abs. 1 Nr. 1 BetrVG eingreifen.

Zuletzt können Fragen der Verhinderung von Mobbing bei **anderen Beteiligungsrechten** des Betriebsrats mittelbar eine Rolle spielen. Neben den personellen Maßnahmen und dem bereits genannten § 87 Abs. 1 Nr. 1 BetrVG betrifft das beispielsweise Regeln über den Gesundheitsschutz nach § 87 Abs. 1 Nr. 7 BetrVG sowie die Beteiligungsrechte im Zusammenhang mit Arbeitsschutz (§ 89 BetrVG) und der Gestaltung des Arbeitsplatzes (§§ 90, 91 BetrVG).

---

6 Im Einzelnen unten Rn. 390.

7 *Fischer* ArbuR 2004, 253; im Einzelnen unten Rn. 413 ff.

6. Ansprüche bei Schulungsveranstaltungen

352 Nur einen mittelbaren Einfluss auf konkrete Mobbingfälle hat die Frage, ob und inwieweit Betriebsräten Ansprüche wegen **Schulungsveranstaltungen** im Zusammenhang mit Mobbing zustehen. Jedoch zeigt sich die praktische Bedeutung dieser Frage bereits daran, dass sich der größte Teil der veröffentlichten Gerichtsentscheidungen zum Thema „Mobbing und Betriebsrat" sich mit der Schulung beschäftigt.

Den Hintergrund für die Auseinandersetzung um Schulung und Weiterbildung der Betriebsratsmitglieder bilden die erheblichen **Kosten,** die für den Arbeitgeber damit verbunden sind: Nach § 37 Abs. 2, 6 BetrVG haben Mitglieder des Betriebsrats einen Anspruch auf Arbeitsbefreiung unter Entgeltfortzahlung für Schulungs- und Bildungsveranstaltungen, die Kenntnisse vermitteln, welche für die Arbeit des Betriebsrats erforderlich sind. Gemäß § 40 BetrVG hat der Arbeitgeber außerdem die Kosten zu tragen, die dem Betriebsratsmitglied durch die Teilnahme an einer solchen Schulungsveranstaltung entstehen.

Seit einer Entscheidung des BAG aus dem Jahr 1997 ist anerkannt, dass die Teilnahme von Betriebsratsmitgliedern an einer **Schulungsveranstaltung zum Thema „Mobbing"** grundsätzlich erforderlich sein kann.[8] Auch innerhalb der Rechtsprechung ist allerdings umstritten, ob dafür ein aktueller betrieblicher Konflikt dargelegt werden muss. Weitere Detailfragen ranken sich um die Anzahl der teilnahmeberechtigten Mitglieder des Betriebsrats sowie die Kosten der Veranstaltung im Einzelnen.

---

[8] BAG 15. 1. 1997 – 7 ABR 14/96, AP BetrVG 1972 § 37 Nr. 118 = NZA 1997, 781.

J. Verhältnis des Betriebsrats zu den betroffenen Arbeitnehmern

Die Vielzahl verschiedener Anspruchskonstellationen lässt sich in zwei übergeordnete Gruppen einteilen: diejenigen, die das Verhältnis des Betriebsrats zu den **Arbeitnehmern** regeln und diejenigen, die sein Verhältnis zum **Arbeitgeber** regeln. Ganz unterschiedlich kann in diesen Fällen die Rolle der betroffenen Arbeitnehmer sein. So sind die Mitwirkungs- und Beschwerderechte der Arbeitnehmer eigentlich Individualrechte, normieren aber auch Befugnisse des Betriebsrats zur Hilfestellung. Sanktionen können in den unterschiedlichsten Konstellationen geltend gemacht werden. Betriebsvereinbarungen zu Mobbing betreffen die Arbeitnehmer als Kollektiv, bei der Mitbestimmung zu personellen Einzelmaßnahmen sind sie dagegen individuell betroffen. Nur eine mittelbare Bedeutung für die Arbeitnehmer haben zuletzt Schulungen des Betriebsrats zum Thema „Mobbing". **353**

I. Hilfestellung des Betriebsrats für Mobbingopfer

Hilfestellung des Betriebsrats ist in formalisierter und informeller Weise möglich. Einen **formellen Weg** für Mobbingopfer, der zu einer Entscheidung der Einigungsstelle führen kann, bildet das **Beschwerderecht der §§ 84, 85 BetrVG.** Das Beschwerderecht ist ein Individualanspruch, der auch in Betrieben gilt, in denen kein Betriebsrat existiert.[1] Die §§ 81–86 BetrVG bilden daher im BetrVG einen systematischen Bruch und sind nur dort geregelt, weil sie einen betriebsbezogenen Charakter und „kollektive Bezugspunkte" haben.[2] Außerdem normiert § 84 Abs. 1 Satz 2 BetrVG das Recht des Arbeitnehmers, bei seiner Beschwerde ein Mitglied des Betriebsrats „zur Unterstützung oder Vermittlung hinzuzuziehen". **354**

Daneben hat der Betriebsrat verschiedene **informelle Mittel,** das Thema „Mobbing" im Betrieb zur Sprache zu bringen und sich für Mobbingopfer einzusetzen. Seine Zuständigkeit, Kompetenzen und die Rechtsfolgen sowie die Durchsetzbarkeit richten sich dabei nach dem

---

[1] *Fitting* BetrVG § 81 Rn. 2; *Kollmer* AR-Blattei SD, 1215 Mobbing Rn. 53; *Reiserer/Lemke* MDR 2002, 249 (250); Richardi/*Thüsing* BetrVG vor § 81 Rn. 5 auch zur Frage der Anwendbarkeit in nicht betriebsratsfähigen Betrieben.

[2] Hess/Schlochauer/Worzalla/Glock/*Hess* BetrVG vor §§ 81–86 Rn. 1.; kritisch Richardi/*Thüsing* BetrVG vor § 81 Rn. 1 f.

jeweiligen Verfahren und dem individuellen Fall, so dass hier nur Möglichkeiten aufgezeigt werden können.

1. Beschwerderecht, §§ 84, 85 BetrVG

355 Das **Beschwerderecht der §§ 84, 85 BetrVG** gibt Mobbingopfern einen durchsetzbaren Anspruch darauf, angehört zu werden und eine Entscheidung über ihren Fall zu erzwingen. Sie können sich dabei an den Betriebsrat oder direkt an den Arbeitgeber wenden und im letzteren Fall ein Mitglied des Betriebsrats zur Unterstützung heranziehen. Eine Beschwerde ist aber auch ohne Beteiligung des Betriebsrats möglich; wie erwähnt, gelten §§ 81–86 BetrVG auch in betriebsratslosen Betrieben. Im öffentlichen Dienst folgt ein ähnliches Beschwerderecht aus § 68 Abs. 1 Nr. 3 BPersVG.[3]

Rechtsfolge einer Beschwerde ist in jedem Fall ein Benachteiligungs- und Maßregelungsverbot zugunsten des Arbeitnehmers, der die Beschwerde erhoben hat, § 84 Abs. 3 BetrVG. Wenn der Betriebsrat die Beschwerde für berechtigt hält, kann er gegenüber dem Arbeitgeber eine Entscheidung der Einigungsstelle erzwingen, § 85 Abs. 2 BetrVG.

356 Das **Beschwerderecht** gilt auch für Leiharbeitnehmer und Auszubildende, allerdings nicht für leitende Angestellte.[4] Für diese ist in § 26 Abs. 1 SprAuG lediglich das Recht vorgesehen, bei der Wahrnehmung ihrer Angelegenheiten ein Mitglied des Sprecherausschusses zur Unterstützung und Vermittlung hinzuzuziehen. Unabhängig von BetrVG und SprAuG können sich für alle Beschäftigten weitere Beschwerderechte aus **Spezialgesetzen** ergeben; so gilt beispielsweise § 3 BeschSchG, wenn sexuelle Belästigung als Mittel des Mobbings eingesetzt wird.[5] Sind durch Mobbing Arbeitssicherheit und Gesundheitsschutz betroffen, so können sich Arbeitnehmer nach § 17 Abs. 2 ArbSchG an die zuständigen Behörden wenden; auch hier gilt ein Benachteiligungsverbot entsprechend § 84 Abs. 3 BetrVG.[6]

357 **a) Mobbing als Beschwerdegegenstand.** Zu dem **Beschwerdegegenstand** im Sinne der §§ 84, 85 BetrVG finden sich im Gesetz kaum Einschränkungen: Nach § 84 Abs. 1 BetrVG genügt es, wenn ein Arbeitnehmer sich „vom Arbeitgeber oder von Arbeitnehmern des Betriebs benachteiligt oder ungerecht behandelt oder in sonstiger Weise benachteiligt fühlt". Aus dem Wortlaut der Vorschrift folgt, dass es auf das **sub-**

---

[3] *Hartmann* AuA-Personal-Profi 11/2003, 8 (12f.); *Wolmerath,* Mobbing im Betrieb, Rn. 243.

[4] *Kollmer* AR-Blattei SD, 1215 Mobbing Rn. 53; Richardi/*Thüsing* BetrVG vor § 81 Rn. 5; *Wolmerath,* Mobbing im Betrieb, Rn. 243.

[5] *Reiserer/Lemke* MDR 2002, 249 (250).

[6] S. auch *Wolmerath,* Mobbing im Betrieb, Rn. 246.

jektive Empfinden ankommt; für das bloße Recht zur Beschwerde ist also eine tatsächliche Benachteiligung nicht erforderlich. Wenn über die Beschwerde entschieden wird, ist allerdings die objektive Sachlage entscheidend. Nach allgemeiner Ansicht in der Literatur kann Mobbing Beschwerdegegenstand im Sinne der §§ 84, 85 BetrVG sein.[7]

Allerdings kann eine Beschwerde nur von jemandem erhoben werden, der von der Angelegenheit selbst und unmittelbar berührt ist. Unzulässig ist also eine sog. **Popularbeschwerde:**[8] Es können weder Beschwerden für einen Kollegen erhoben werden noch Angelegenheiten Gegenstand einer Beschwerde sein, welche die gesamte Belegschaft betreffen. Im letzteren Fall ist eine Anregung nach § 86a BetrVG oder nach § 80 Abs. 1 Nr. 3 BetrVG an den Betriebsrat möglich, für die dann aber nicht die formellen Befugnisse der §§ 84, 85 BetrVG gelten. **358**

Eine Popularbeschwerde liegt beispielsweise vor, wenn allgemein das schlechte Betriebsklima gerügt wird. Demgegenüber ist das Beschwerderecht noch nicht ausgeschlossen, wenn eine Beschwerde von mehreren Arbeitnehmern gleichzeitig vorgetragen wird, die sich z.B. über die Wutanfälle ihres gemeinsamen Vorgesetzten äußern. Entscheidend ist, ob ein individueller Bezug gegeben ist.[9]

b) Verfahrensvarianten. aa) Das Gesetz stellt für die Beschwerde verschiedene Verfahrensvarianten zur Verfügung.[10] Wie erwähnt, kann die Beschwerde sowohl beim **Arbeitgeber (84 BetrVG)** als auch beim **Betriebsrat (§ 85 BetrVG)** angebracht werden. Hält der Betriebsrat die Beschwerde für berechtigt, kann er seinerseits mit dem Arbeitgeber verhandeln. Bereits erwähnt wurde die Möglichkeit, zur Beschwerde beim Arbeitgeber ein Betriebsratsmitglied zur Unterstützung und Vermittlung hinzuzuziehen, § 84 Abs. 1 Satz 2 BetrVG. **359**

Welche der Verfahrensvarianten der Arbeitnehmer wählt, steht ihm völlig offen. Insbesondere kann er sich sowohl an den Arbeitgeber (bzw. die zuständige Stelle des Betriebs) als auch an den Betriebsrat wenden. Es existiert auch **keine Rangfolge** in der Weise, dass erst der Arbeitge-

---

[7] *Bieler/Heilmann* ArbuR 1996, 430 (433); *Fitting* BetrVG § 84 Rn. 8; *Grünwald/Hille,* Mobbing im Betrieb, S. 220; ErfKomm/*Hanau/Kania,* § 84 BetrVG Rn. 5; *Hartmann* AuA-Personal-Profi 11/2003, 8 (12f.); Hess/Schlochauer/Worzalla/Glock/*Hess* BetrVG § 84 Rn. 5; *Hüske-Wagner/Wagner* AiB 2004, 89 (94); *Kollmer* AR-Blattei SD, 1215 Mobbing Rn. 52; *ders.,* Mobbing im Arbeitsverhältnis, Rn. 115ff.; *Reiserer/Lemke* MDR 2002, 249 (250); Richardi/*Thüsing* BetrVG § 84 Rn. 6; *Wolmerath,* Mobbing im Betrieb, Rn. 241ff.

[8] *Fitting* BetrVG § 84 Rn. 4; Hess/Schlochauer/Worzalla/Glock/*Hess* BetrVG § 84 Rn. 4.

[9] ErfKomm/*Hanau/Kania,* § 84 BetrVG Rn. 4; *Nebendahl/Lunk* NZA 1990, 676 (677).

[10] Zu den Verfahrensvarianten: *Grünwald/Hille,* Mobbing im Betrieb, S. 220; *Reiserer/Lemke* MDR 2002, 249 (250).

ber und dann der Betriebsrat Adressat der Beschwerde sein soll; in der Praxis ist das aber oft der zweckmäßigste Weg. Zuletzt kann der Arbeitnehmer sich auch dann noch an den Arbeitgeber halten, wenn der Betriebsrat seine Beschwerde für unbegründet hält.[11]

360 **bb)** Weitere **Variationsmöglichkeiten** ergeben sich aus § 86 BetrVG. Nach dieser Norm können die Einzelheiten des Beschwerdeverfahrens durch Tarifvertrag oder Betriebsvereinbarung geregelt werden. Derartige Regelungen können beispielsweise die „zuständige Stelle" nach § 84 Abs. 1 BetrVG im Einzelnen regeln, außerdem einen möglichen innerbetrieblichen Instanzenzug vor der Entscheidung der Einigungsstelle. Es kann eine „Beschwerdeordnung" erlassen werden, in der z.B. Form und Frist einer Beschwerde oder Anhörungsrechte geregelt werden können.[12]

Ausdrücklich vorgesehen ist in § 86 Satz 2 BetrVG die Möglichkeit, für die letzte Entscheidung über Beschwerden anstelle der Einigungsstelle eine **betriebliche Beschwerdestelle** einzurichten. Anders als die Einigungsstelle kann diese als ständige Instanz bestehen, wird also nicht nur bei Bedarf gebildet.[13] Die Beschwerdestelle muss paritätisch besetzt werden. Umstritten ist, ob sie einen neutralen Vorsitzenden haben muss.[14] Ebenfalls streitig ist, ob auch das Verfahren der Beschwerdestelle im Einzelnen geregelt werden kann.[15]

Ungeklärt ist, ob auch Beschwerdestellen von besonderer Zuständigkeit geschaffen werden können, beispielsweise in Form einer **„Mobbing-Stelle"**. Bedenken bestehen dagegen nicht: § 86 BetrVG setzt eine weitgehende Autonomie der Betriebs- und Tarifpartner voraus, und in der Praxis könnten solche Stellen durch Spezialisierung die Beschwerdeverfahren erleichtern und beschleunigen. Besteht eine Beschwerdestelle, ist allerdings ein Anrufen der Einigungsstelle nicht mehr möglich, da ihre Entscheidung „an die Stelle der Einigungsstelle" tritt.[16]

361 **c) Verfahrensgang und Entscheidung über die Beschwerde. aa) Entscheidung über die Beschwerde.** Der Verfahrensgang und die Entscheidung über die Beschwerde richtet sich danach, welche **Verfahrens-**

---

[11] Hess/Schlochauer/Worzalla/Glock/*Hess* BetrVG § 84 Rn. 5; s. auch *Reiserer/Lemke* MDR 2002, 249 (251).

[12] *Fitting* BetrVG § 86a Rn. 3f.

[13] Richardi/*Thüsing* BetrVG § 86 Rn. 8.

[14] Dazu Richardi/*Thüsing* BetrVG § 86 Rn. 10 m.w.N.

[15] Dafür Hess/Schlochauer/Worzalla/Glock/*Hess* BetrVG § 84 Rn. 4; dagegen Richardi/*Thüsing* BetrVG § 86 Rn. 11 m.w.N.

[16] *Grünwald/Hille*, Mobbing im Betrieb, S. 220. Ebenso *Reiserer/Lemke* MDR 2002, 249 (250), die das allerdings auch bereits auf die Entscheidung eines „Mobbingbeauftragten" beziehen. Wie erwähnt, muß eine Beschwerdestelle aber paritätisch besetzt sein, damit sie an die Stelle der Einigungsstelle treten kann. Es sind also mindestens zwei Mitglieder erforderlich; nach einem Teil der Literatur auch ein neutraler Vorsitzender; vgl. o.

art vom Arbeitnehmer gewählt wurde.[17] Die Beschwerde beim **Arbeitgeber** oder den zuständigen Stellen des Betriebs ist form- und fristlos möglich. Der Arbeitgeber ist nach § 84 Abs. 2 BetrVG verpflichtet, die Beschwerde zu prüfen und zu bescheiden. Die Information an den Arbeitnehmer nach § 84 Abs. 2 BetrVG kann mündlich oder schriftlich erfolgen. Sie muss zumindest bei Ablehnung eine Begründung enthalten.[18] Erkennt der Arbeitgeber die Beschwerde an, folgt daraus eine Selbstbindung.[19] Lehnt er die Beschwerde ab, ist es dem Arbeitnehmer allein nicht möglich, die Einigungsstelle anzurufen.

Anders ist es bei der Beschwerde an den **Betriebsrat** gemäß § 85 **362**
BetrVG: Sie kann mit einer Entscheidung der Einigungsstelle enden. Auch hier schreibt das Gesetz dem betroffenen Arbeitnehmer weder Form noch Frist vor. Der Betriebsrat ist zur Entgegennahme der Beschwerde verpflichtet. Hält er die Beschwerde nicht für berechtigt, teilt er das dem Arbeitnehmer mit; umstritten ist, ob eine Begründung erforderlich ist.[20] Hält er die Beschwerde für berechtigt, hat er nach § 85 Abs. 1 BetrVG beim Arbeitgeber auf Abhilfe hinzuwirken.

bb) Entscheidung der Einigungsstelle. Wenn Arbeitgeber und Be- **363**
triebsrat sich über die Berechtigung der Beschwerde nicht einigen können, kann der Betriebsrat nach § 85 Abs. 2 Satz 1 BetrVG die **Einigungsstelle** anrufen.[21] Eine Zustimmung des betroffenen Arbeitnehmers ist dafür nicht erforderlich.[22] Die Entscheidung der Einigungsstelle ersetzt nach § 85 Abs. 2 Satz 2 BetrVG die Einigung zwischen Arbeitgeber und Betriebsrat. Das gilt gemäß § 85 Abs. 2 Satz 3 BetrVG allerdings nicht, wenn Gegenstand der Beschwerde ein Rechtsanspruch des Arbeitnehmers ist.

Die Regelung des § 85 Abs. 2 Satz 3 BetrVG schränkt das Beschwerderecht in vielen Mobbingfällen ein. Ihr Grund liegt darin, dass die Einigungsstelle grundsätzlich nicht für Rechtsstreitigkeiten, sondern nur für **Regelungsstreitigkeiten** zuständig ist.[23] Der Begriff des Rechtsan-

---

[17] Zum Verfahrensgang bei §§ 84, 85 BetrVG speziell in Mobbingfällen: *Hartmann* AuA-Personal-Profi 11/2003, 8 (12 f.); *Hüske-Wagner/Wagner* AiB 2004, 89 (94); *Kollmer* AR-Blattei SD, 1215 Mobbing Rn. 52 ff.; *ders.*, Mobbing im Arbeitsverhältnis, Rn. 116 ff.; *Reiserer/Lemke* MDR 2002, 249 (250); *Wolmerath,* Mobbing im Betrieb, Rn. 241 ff., 333 f.

[18] *Bieler/Heilmann* ArbuR 1996, 430 (433); *Fitting* BetrVG § 84 Rn. 16; Richardi/*Thüsing* BetrVG § 84 Rn. 21.

[19] Im Einzelnen Richardi/*Thüsing* BetrVG § 84 Rn. 23 ff.

[20] Dafür *Fitting* BetrVG § 85 Rn. 3; anders offenbar Hess/Schlochauer/Worzalla/Glock/*Hess* BetrVG § 85 Rn. 7.

[21] Speziell zu Mobbingfällen *Grünwald/Hille,* Mobbing im Betrieb, S. 220; auch zum weiteren Verfahren *Reiserer/Lemke* MDR 2002, 249 (252).

[22] *Fitting* BetrVG § 85 Rn. 4.

[23] *Fitting* BetrVG § 85 Rn. 6.

spruchs erfasst nicht nur vermögenswerte Ansprüche, sondern auch beispielsweise Ansprüche aus Nebenpflichtverletzungen des Arbeitgebers.[24] Umstritten ist, ob in solchen Fällen ein freiwilliges Einigungsstellenverfahren möglich ist.[25]

364 **Zusammensetzung** und **Verfahren** der Einigungsstelle richten sich nach der allgemeinen Regelung des § 76 BetrVG. Die Einigungsstelle ist paritätisch besetzt mit einem neutralen Vorsitzenden und entscheidet nach mündlicher Beratung durch Beschluss mit Stimmenmehrheit. Bei Entscheidungen über eine Beschwerde ist der betroffene Arbeitnehmer von ihr zu hören.[26] Die Entscheidung der Einigungsstelle ersetzt nach § 85 Abs. 2 BetrVG nur die fehlende Einigung zwischen Arbeitgeber und Betriebsrat über die Berechtigung der Beschwerde; sie schreibt aber nicht dem Arbeitgeber verbindlich vor, wie ihr abzuhelfen ist.[27]

365 **d) Rechtsfolgen.** Die **Rechtsfolgen des Beschwerdeverfahrens** hängen von dem jeweiligen Verfahrensgang und seinem Ausgang ab. Erkennt der Arbeitgeber die Beschwerde an oder ersetzt die Einigungsstelle die Einigung von Arbeitgeber und Betriebsrat, ist der Arbeitgeber im Rahmen seiner Möglichkeiten zur **Abhilfe** verpflichtet.[28] Wie erwähnt, steht dem Arbeitgeber über die Art der Abhilfe Ermessensfreiheit zu. Die Anerkennung der Beschwerde führt zu einem Anspruch des betroffenen Arbeitnehmers auf Abhilfe, der vor den Gerichten im Urteilsverfahren durchgesetzt werden kann.[29]

Umstritten ist die Rechtsnatur des **Einigungsstellenspruchs.** Nach einem Teil der Literatur hat er die Wirkung einer Betriebsvereinbarung nach § 77 Abs. 4 Satz 1 BetrVG.[30] Wäre das der Fall, hätte der Einigungsstellenspruch normative Wirkung und der Betriebsrat könnte auf Einhaltung des Spruches klagen. Dem steht jedoch die individuelle Natur der Beschwerde entgegen: Da es im Beschwerdeverfahren lediglich um die Ansprüche eines einzelnen Arbeitnehmers geht, hat der Betriebsrat kein Interesse an der Durchsetzung des Einigungsstellenspruches. Der Abhilfeanspruch hat also auch bei einer Entscheidung der Einigungs-

---

[24] Hess/Schlochauer/Worzalla/Glock/*Hess* BetrVG § 85 Rn. 11; *Nebendahl/Lunk* NZA 1990, 676 (678 f.).

[25] Richardi/*Thüsing* BetrVG § 85 Rn. 18; zur Abgrenzung Rn. 19 ff.

[26] *Fitting* BetrVG § 85 Rn. 4; BAG 28. 6. 1984 – 6 ABR 5/83, AP BetrVG 1972 § 85 Nr. 1 = NZA 1985, 189.

[27] Richardi/*Thüsing* BetrVG § 85 Rn. 31.

[28] *Fitting* BetrVG § 85 Rn. 9; ErfKomm/*Hanau/Kania,* § 85 BetrVG Rn. 6; Richardi/*Thüsing* BetrVG § 85 Rn. 36.

[29] *Fitting* BetrVG § 85 Rn. 9; ErfKomm/*Hanau/Kania,* § 85 BetrVG Rn. 6; GK/*Wiese* § 85 Rn. 25.

[30] DKK/*Buschmann* BetrVG § 85 Rn. 19; differenzierend GK/*Wiese* § 85 Rn. 21 ff.

stelle nur obligatorische Wirkung und kann nur vom Arbeitnehmer im Urteilsverfahren eingeklagt werden.[31]

In jedem Fall entstehen als Folge einer Beschwerde **Informationsansprüche.** Wie erwähnt, ist der Arbeitnehmer im Fall einer Beschwerde beim Arbeitgeber gemäß § 84 Abs. 2 BetrVG zu bescheiden. Für die Beschwerde beim Betriebsrat gilt § 85 Abs. 3 Satz 1 BetrVG, wonach der Arbeitgeber den Betriebsrat zu unterrichten hat. In der Literatur ist umstritten, ob aus § 85 Abs. 3 Satz 2 BetrVG auch eine Pflicht zur Information des Arbeitnehmers folgt.[32] **366**

Für Mobbingopfer kann vor allem das **Benachteiligungsverbot** des § 84 Abs. 3 BetrVG von taktischer Bedeutung sein, weil ihm die Beschwerde auf diese Weise eine Handhabe gegen weitere Mobbingmaßnahmen geben kann. Das Benachteiligungsverbot gilt als besondere Ausprägung des allgemeinen Maßregelungsverbots gemäß § 612a BGB auch für die Beschwerde beim Betriebsrat und auch dann, wenn die Beschwerde unbegründet ist.[33] Daraus folgt auch, dass keine Gehaltskürzungen zulässig sind, wenn der Arbeitnehmer wegen der Beschwerde Arbeitszeit versäumt hat.[34] **367**

Jedoch macht § 84 Abs. 3 BetrVG nicht „unverwundbar“: Das Benachteiligungsverbot erfasst nicht die Folgen, wenn beispielsweise die Beschwerde eine Verleumdung enthielt oder zur Aufdeckung eigener Machenschaften des Beschwerdeführers führt.[35] Daher wird § 84 Abs. 3 BetrVG in der Regel auch keine Vorteile für **Mobbingtäter** haben, die ihren Opfern mit der Beschwerde zuvorkommen.

2. Sonstige Möglichkeiten

Neben dem formellen Beschwerdeverfahren steht es den Mitgliedern des Betriebsrats und dem Betriebsrat als Gremium frei, sich **informell** für Mobbingopfer einzusetzen, indem sie Klagen und Beschwerden der Betroffenen anhören, die Vermittlung mit dem Mobbingtäter versuchen, den Arbeitgeber oder die Belegschaft über konkrete Fälle oder die Mobbingproblematik allgemein informieren. Dabei können die unterschiedli- **368**

---

[31] So die wohl überwiegende Auffassung: *Fitting* BetrVG § 85 Rn. 9; ErfKomm/*Hanau/Kania,* § 85 BetrVG Rn. 6; Richardi/*Thüsing* BetrVG § 85 Rn. 36; grundlegend *Dütz* DB 1972, 383 (387f.).

[32] Dafür Galperin/Löwisch/*Löwisch* BetrVG § 85 Rn. 4; *Fitting* BetrVG § 85 Rn. 10; ErfKomm/*Hanau/Kania,* § 85 BetrVG Rn. 7; GK/*Wiese* § 85 Rn. 29; dagegen Richardi/*Thüsing* BetrVG § 85 Rn. 36.

[33] Vgl. *Fitting* BetrVG § 85 Rn. 11; Richardi/*Thüsing* BetrVG § 84 Rn. 18ff.; § 85 Rn. 37.

[34] Richardi/*Thüsing* BetrVG § 84 Rn. 19; GK/*Wiese* § 84 Rn. 20.

[35] Galperin/Löwisch/*Löwisch* BetrVG § 84 Rn. 9; Richardi/*Thüsing* BetrVG § 84 Rn. 18.

chen Foren der Kommunikation zwischen Betriebsrat, Belegschaft, einzelnen Arbeitnehmern und Arbeitgeber genutzt werden.

369 a) **Zuständigkeit des Betriebsrats für Mobbing.** Voraussetzung der – auch informellen – Beschäftigung des Betriebsrats mit Mobbing ist seine **Zuständigkeit** für Mobbing im Betrieb. Sie ist im Grundsatz allgemein anerkannt. In aller Regel folgt die Zuständigkeit bereits aus § 75 BetrVG. § 75 BetrVG konkretisiert die Wertentscheidungen des Grundgesetzes für die Tätigkeit der Betriebspartner im Verhältnis zu den im Betrieb tätigen Personen.[36] Aus den Pflichten des § 75 BetrVG für Betriebsrat und Arbeitgeber ergibt sich auch ihre Zuständigkeit.

§ 75 Abs. 1 BetrVG enthält ein **Überwachungsgebot:** Arbeitgeber und Betriebsrat haben darauf zu achten, dass die im Betrieb tätigen Personen nach Recht und Billigkeit behandelt werden und dass Diskriminierung unterbleibt. Auch wenn das Überwachungsgebot sich nur an Arbeitgeber und Betriebsrat richtet, erfasst die Norm auch unbillige Behandlung und Diskriminierung durch andere Arbeitnehmer.[37] Somit ergibt sich aus § 75 Abs. 1 BetrVG die Zuständigkeit des Betriebsrats, soweit in Mobbinghandlungen eine Diskriminierung durch den Arbeitgeber oder Kollegen liegt. Geschützt sind auch Leiharbeiter, nicht jedoch leitende Angestellte.[38]

370 Eine Art Auffangregel für die Zuständigkeit des Betriebsrats in Mobbingfällen enthält § 75 Abs. 2 BetrVG. Nach dieser Norm haben Arbeitgeber und Betriebsrat die freie Entfaltung der **Persönlichkeit** zu schützen und zu fördern. Auch dieses Gebot erfasst nicht nur Maßnahmen des Arbeitgebers und des Betriebsrats, sondern den Schutz der Persönlichkeit im Betrieb allgemein. Es soll insbesondere rechtswidrige Verletzungen des Persönlichkeitsrechts verhindern.[39] Mobbing muss zwar nicht unbedingt diskriminierend wirken, bringt aber zumindest die Gefährdung einer rechtswidrigen Verletzung des Persönlichkeitsrechts mit sich. Daher folgt aus § 75 Abs. 2 BetrVG regelmäßig die Zuständigkeit des Betriebsrats für Mobbing im Betrieb.[40]

Darüber hinaus kann Mobbing mehrere der **allgemeinen Aufgaben** des Betriebsrats nach § 80 Abs. 1 BetrVG betreffen. So greift § 80 Abs. 1 Nr. 1 BetrVG ein, wenn Mobbing Gesetze zugunsten der Arbeit-

---

[36] ErfKomm/*Hanau/Kania,* § 75 BetrVG Rn. 1.

[37] Richardi/*Richardi* BetrVG § 75 Rn. 5, 9 ff.

[38] ErfKomm/*Hanau/Kania,* § 75 BetrVG Rn. 3; Richardi/*Richardi* BetrVG § 75 Rn. 6 ff.

[39] Ausführlich GK/*Kreutz* § 75 Rn. 88 ff.

[40] *Hartmann* AuA-Personal-Profi 11/2003, 8 (12); *Kollmer* AR-Blattei SD, 1215 Mobbing Rn. 50 f.; *ders.,* Mobbing im Arbeitsverhältnis, Rn. 112 f. Darüber hinaus kann sich aus § 75 Abs. 2 BetrVG ein subjektives Abwehrrecht des Betroffenen ergeben; dazu unten Rn. 377 ff.

nehmer einschließlich des Grundsatzes von Recht und Billigkeit verletzt.[41] Bei diskriminierendem Mobbing können die allgemeinen Aufgaben des § 80 Abs. 1 Nrn. 2a, 4, 6, 7 BetrVG betroffen sein. Weitere allgemeine Aufgaben folgen aus den Antragsrechten in § 80 Abs. 1 Nrn. 2, 3 BetrVG.

b) Foren des Gesprächs über Mobbing. Der Betriebsrat und seine Mitglieder können sich also in beliebiger informeller Weise in Mobbingfällen engagieren. Es können aber auch die **formellen Institutionen** der Kommunikation zwischen Betriebsrat und einzelnem Arbeitnehmer, Betriebsrat und Belegschaft und Betriebsrat und Arbeitgeber genutzt werden. 371

Seit 2001 ist in § 86a BetrVG das Individualrecht der Arbeitnehmer geregelt, dem Betriebsrat Themen zur Beratung **vorzuschlagen.** Dieses Recht kann auch von Mobbingopfern genutzt werden und wird ihnen in der Literatur empfohlen.[42] Unter den Voraussetzungen des § 86a Satz 2 BetrVG können 5% der im Betrieb beschäftigten Arbeitnehmer eine Beschäftigung des Betriebsrats mit einem Thema erzwingen. Allerdings besteht kein Rechtsanspruch auf ein bestimmtes Handeln des Betriebsrats.[43]

Zwischen Betriebsrat und Belegschaft kann das Thema „Mobbing" bei 372
der **Betriebsversammlung** gemäß §§ 42ff. BetrVG zur Sprache gebracht werden.[44] Ein Forum der Kommunikation zwischen Arbeitgeber und Betriebsrat ist schließlich das sog. **Monatsgespräch** gemäß § 74 Abs. 1 BetrVG. In allen Fällen können keine konkreten Entscheidungen erzwungen werden. Das Monatsgespräch ermöglicht es aber, den Arbeitgeber über Mobbingfälle zu informieren mit der Folge, dass dieser sich bei der Geltendmachung von Schadensersatzansprüchen der betroffenen Arbeitnehmer nicht mehr auf seine Unkenntnis berufen kann.

II. Rechte von Arbeitnehmern gegen den Betriebsrat in Mobbingfällen

Die Ausführungen zur Hilfestellung des Betriebsrats in Mobbingfällen 373
gingen von einem Betriebsrat aus, der willens und in der Lage ist, Mobbing zu verhindern und gegen Mobbingfälle vorzugehen. Aus dem Betriebsverfassungsgesetz folgen aber auch Ansprüche bei **Pflichtverlet-**

---

41 *Bieler/Heilmann* ArbuR 1996, 430 (432); *Kollmer* AR-Blattei SD, 1215 Mobbing Rn. 60d; *ders.,* Mobbing im Arbeitsverhältnis, Rn. 114; zum Grundsatz von Recht und Billigkeit BAG 11. 7. 1972 – 1 ABR 2/72, AP BetrVG 1972 § 80 Nr. 1.

42 *Kollmer* AR-Blattei SD, 1215 Mobbing Rn. 60f; *ders.,* Mobbing im Arbeitsverhältnis, Rn. 118a f.

43 *Fitting* BetrVG § 86a Rn. 8.

44 *Bieler/Heilmann* ArbuR 1996, 430 (432f.).

zungen des Betriebsrats und seiner Mitglieder. In Mobbingfällen liegt in der Regel eine Pflichtverletzung vor, wenn Mitglieder des Betriebsrats selbst Mobbingtäter sind. Pflichtverletzungen können aber auch in der Untätigkeit des Betriebsrats liegen, wenn das Gremium oder seine Mitglieder trotz Kenntnis Hilfestellung oder andere Tätigkeit in Mobbingfällen verweigern. Derartige Pflichtverletzungen des Betriebsrats können kollektivrechtliche und individualrechtliche Folgen haben.

1. Kollektivrechtliche Sanktionen

374 **§ 23 BetrVG** trifft eine Sonderregelung für die Verletzung gesetzlicher Pflichten durch den Betriebsrat. Nach § 23 Abs. 1 BetrVG kann für den Fall der Pflichtverletzung beim Arbeitsgericht der **Ausschluss** eines Mitglieds aus dem Betriebsrat oder die **Auflösung** des Betriebsrats beantragt werden. In der Literatur wird oft recht pauschal behauptet, dieser Antrag erfasse grundsätzlich das Mobbing von Betriebsratsmitgliedern und auch das „Übersehen von Mobbingfällen“.[45]

Dabei darf jedoch nicht übersehen werden, dass die Voraussetzungen des § 23 Abs. 1 BetrVG eng sind. Das gilt bereits für die **Antragsvoraussetzungen,** da der Antrag nach § 23 Abs. 1 BetrVG nur von einem Viertel der wahlberechtigten Arbeitnehmer, dem Arbeitgeber oder einer im Betrieb vertretenen Gewerkschaft gestellt werden kann; der Antrag auf Ausschluss eines Mitglieds auch vom Betriebsrat selbst. Hat das Mobbingopfer – wie oft – eine Außenseiterstellung im Betrieb, wird ein solcher Antrag in der Praxis kaum möglich sein.

375 Darüber hinaus muss die **Pflichtverletzung,** die zu Ausschluss oder Auflösung führt, **grob und schwerwiegend** sein. Rechtsprechung und Literatur haben derartige grobe Verletzungen beispielsweise bei Verstößen gegen die Schweigepflicht, Beleidigungen und Handgreiflichkeiten gegenüber anderen Betriebsratsmitgliedern und bei schwerwiegender Ausländerdiskriminierung anerkannt.[46] Es sind keine Fälle ersichtlich, in denen die Rechtsprechung das bloße Nichteinschreiten bei Verstößen gegen § 75 BetrVG als Grund für eine Maßnahme gemäß § 23 Abs. 1 BetrVG angesehen hat. Bei aktiven Mobbinghandlungen ist es eine Frage des Einzelfalles, ob sie die von § 23 Abs. 1 BetrVG vorausgesetzte Intensität haben.

376 Sieht das Arbeitsgericht den Antrag auf Ausschluss eines Mitglieds aus dem Betriebsrat als begründet an, tritt der **Verlust des Amtes** mit Rechtskraft der Entscheidung ein. Gemäß § 25 BetrVG rückt ein Er-

---

[45] *Kollmer* AR-Blattei SD, 1215 Mobbing Rn. 57a; *ders.,* Mobbing im Arbeitsverhältnis, Rn. 127f.; ausführlich *Wolmerath,* Mobbing im Betrieb, Rn. 256, 314ff.

[46] *Fitting* BetrVG § 23 Rn. 19; DKK/*Trittin* BetrVG § 23 Rn. 19; jeweils mit weiteren Nachweisen.

satzmitglied nach. Der Ausschluss verhindert nicht die erneute Wahl des ausgeschlossenen Mitglieds in einen neuen Betriebsrat.[47] Bei Auflösung des Betriebsrats setzt das Arbeitsgericht nach § 23 Abs. 2 BetrVG unverzüglich einen Wahlvorstand für die Neuwahl ein.

2. Individualrechtliche Sanktionen

Individualrechtlich gelten für **Mitglieder des Betriebsrats** die gleichen Sanktionen und Regelungen, die auch sonst im Fall des Kollegenmobbings eingreifen. Es stellt sich aber die Frage, ob sich die Sonderrolle und die besonderen Pflichten des Betriebsrats und seiner Mitglieder auch haftungsrechtlich niederschlagen in der Weise, dass bei eigenem Mobbing oder Untätigkeit der Betriebsratsmitglieder besondere Anspruchsnormen greifen. 377

a) Rechtsfolgen des Verstoßes gegen § 75 Abs. 2 BetrVG. Ansatzpunkt ist § 75 Abs. 2 BetrVG. Wie bereits ausgeführt, schützt § 75 Abs. 2 BetrVG das allgemeine **Persönlichkeitsrecht** der Beschäftigten des Betriebes.[48] Da Mobbing – wie ebenfalls erwähnt – regelmäßig eine Verletzung des Persönlichkeitsrechts des Betroffenen mit sich bringt,[49] liegt zumindest im Fall des aktiven Mobbings durch Betriebsratsmitglieder grundsätzlich eine Verletzung des § 75 Abs. 2 BetrVG durch die Betroffenen vor. Bei Untätigkeit muss aber zumindest die Einschränkung gemacht werden, dass ein Betriebsratsmitglied nur dann seine gesetzlichen Pflichten verletzt, wenn es überhaupt die Möglichkeit gehabt hätte, mit einiger Erfolgsaussicht gegen das Mobbing vorzugehen. 378

Die **Rechtsfolgen** einer Verletzung von § 75 Abs. 2 BetrVG sind umstritten. Nach einem Teil der Literatur und einigen untergerichtlichen Entscheidungen folgt aus § 75 Abs. 2 BetrVG ein Recht auf Unterlassung von Persönlichkeitsrechtsverletzungen. Dabei sehen einige einen Anspruch von Betriebsrat und Arbeitgeber gegen den jeweils anderen,[50] andere ein subjektives Recht des einzelnen Arbeitnehmers sowohl gegen Betriebsrat als auch gegen Arbeitgeber, beispielsweise Schikanemaßnahmen zu unterlassen.[51] 379

Das BAG geht in einer Entscheidung aus dem Jahr 2002 davon aus, es gebe keinen Anspruch des **Betriebsrats** gegen den Arbeitgeber, persönlichkeitsverletzende Maßnahmen gegenüber den betroffenen Arbeitnehmern zu verlangen. Zur Begründung wird ausgeführt, § 75 Abs. 2 Satz 1

---

47 Hess/Schlochauer/Worzalla/Glock/*Schlochauer* BetrVG § 23 Rn. 31 ff.

48 Dazu oben Rn. 370.

49 Oben Rn. 106 ff.

50 DKK/*Berg* BetrVG § 75 Rn. 42 mit Nachweisen auf untergerichtliche Entscheidungen; GK/*Kreutz* § 75 Rn. 136.

51 *Kollmer* AR-Blattei SD, 1215 Mobbing Rn. 50 f.; *ders,* Mobbing im Arbeitsverhältnis, Rn. 113.

BetrVG beschränke die Regelungsbefugnis der Betriebsparteien, normiere aber keine wechselseitigen Rechte und Pflichten bei jeweils einseitigen Maßnahmen.[52] Aus der Begründung kann umgekehrt geschlossen werden, dass auch Arbeitgeber gegen Betriebsräte keinen entsprechenden Anspruch haben sollen.

380 Im Beschluss des BAG bleibt offen, ob den betroffenen Arbeitnehmern ein **subjektiver Anspruch** auf Unterlassung von Persönlichkeitsrechtsverletzungen aus § 75 Abs. 2 BetrVG zustehen soll. Nach dem überwiegenden Teil der Literatur ist das nicht der Fall, da sich aus § 75 Abs. 2 BetrVG als kollektivrechtlicher Norm keine individualrechtlichen Ansprüche ergeben könnten.[53] Für diese Auffassung spricht auch die Systematik des Betriebsverfassungsgesetzes, das Sanktionen in § 23 BetrVG geregelt hat und an einschränkende Voraussetzungen knüpft.

381 **b) § 75 Abs. 2 BetrVG als Schutzgesetz gemäß § 823 Abs. 2 BGB.** Auf Grundlage der Rechtsprechung des BAG ist eine unmittelbare Anwendung von § 75 Abs. 2 BetrVG auch nicht erforderlich, weil § 75 BetrVG nach einem Beschluss des Zweiten Senats aus dem Jahr 1984 ein **Schutzgesetz gemäß § 823 Abs. 2 BGB** ist, und daher die Vorschrift „auch dem einzelnen Arbeitnehmer das individuelle Recht" einräume, „nach diesen Grundsätzen behandelt zu werden".[54] Der überwiegende Teil der Literatur sieht § 75 Abs. 2 BetrVG ebenfalls als Schutzgesetz an.[55]

Der **individualrechtliche Anspruch** aus §§ 823 Abs. 2 BGB, 75 Abs. 2 BetrVG kann nicht gegen den Betriebsrat als Gremium, sondern nur gegen die einzelnen Mitglieder geltend gemacht werden.[56] Er richtet sich nach den allgemeinen Voraussetzungen des § 823 Abs. 2 BGB, insbesondere ist Verschulden erforderlich.[57] Daher werden in vielen Fällen bereits die Voraussetzungen eines anderen individualrechtlichen Schadensersatzanspruchs vorliegen, beispielsweise von § 823 Abs. 1 BGB.

382 Eine selbständige Bedeutung der Anspruchsgrundlage ist aber bei **Persönlichkeitsrechtsverletzungen** möglich. Wie oben erörtert, ist die

---

[52] BAG 28. 5. 2002 – 1 ABR 32/01, AP BetrVG 1972 § 87 Ordnung des Betriebes Nr. 39 = NZA 2003, 166 (169).

[53] DKK/*Berg* BetrVG § 75 Rn. 42; GK/*Kreutz* § 75 Rn. 137; Hess/Schlochauer/Worzalla/Glock/*Worzalla* BetrVG § 75 Rn. 15; Richardi/*Richardi* BetrVG § 75 Rn. 42.

[54] BAG 5. 4. 1984 – 2 AZR 513/82, AP BBiG § 17 Nr. 2 = NZA 1985, 329.

[55] DKK/*Berg* BetrVG § 75 Rn. 44; *Fitting* BetrVG § 75 Rn. 98, der § 75 Abs. 2 BetrVG außerdem für ein Verbotsgesetz gemäß § 134 BGB hält; Galperin/Löwisch/*Löwisch* BetrVG § 75 Rn. 38; *Reiserer/Lemke* MDR 2002, 249 (251). Anders GK/*Kreutz* § 75 Rn. 138; wohl auch Richardi/*Richardi* BetrVG § 75 Rn. 42.

[56] Galperin/Löwisch/*Löwisch* BetrVG § 75 Rn. 38.

[57] Dazu oben Rn. 117f.

Rechtswidrigkeit einer Verletzung des Persönlichkeitsrechts als „offenes Recht“ durch Abwägung der betroffenen Interessen positiv festzustellen.[58] Verstößt ein Mitglied des Betriebsrats gegen § 75 Abs. 2 BetrVG, sind aus seiner Sicht keine schutzwürdigen Interessen ersichtlich, die Rechtswidrigkeit daher regelmäßig gegeben.

Schließlich können auf Grundlage der §§ 823 Abs. 2 BGB, 75 Abs. 2 BetrVG auch **Vermögensschäden** ersetzt werden, die beispielsweise bei Verlust des Arbeitsplatzes entstehen. Diese Erweiterung der Haftung von Betriebsratsmitgliedern gegenüber der allgemeinen Haftung von Kollegen ist auch sachgerecht. Die Wahl in ein Betriebsratsamt bringt besondere Pflichten gegenüber den Kollegen mit sich, zumal Betriebsratsmitglieder auch besondere Schutzrechte genießen. „Mobbing im Amt“ kann daher auch strengere Folgen haben.

Liegt ein Verstoß gegen §§ 823 Abs. 2 BGB, 75 Abs. 2 BetrVG vor, ist Rechtsfolge ein **Schadensersatzanspruch** gemäß § 249 BGB, der auch beispielsweise auf Widerruf ehrkränkender Äußerungen gerichtet sein kann.[59] Aus § 1004 BGB folgt außerdem ein Anspruch aus Beseitigung oder Unterlassung.[60]

---

[58] Oben Rn. 106 ff., 156 ff.
[59] Dazu oben Rn. 126 ff.
[60] Palandt/*Bassenge* § 1004 Rn. 4, 27 ff.

K. Verhältnis des Betriebsrats zum Arbeitgeber

383 Im Verhältnis von Betriebsrat und Arbeitgeber kann das Thema „Mobbing" in ganz unterschiedlicher Hinsicht eine Rolle spielen. Zu unterscheiden sind dabei die freiwillige Zusammenarbeit und diejenigen Gebiete, auf denen sich der Betriebsrat auch gegen den Willen des Arbeitgebers durchsetzen kann. Die **freiwillige Beteiligung** des Betriebsrats in Mobbingfällen ist grundsätzlich unproblematisch: Arbeitgeber und Betriebsrat können sich – beispielsweise im Rahmen des Monatsgesprächs – beraten, der Arbeitgeber kann Mitglieder des Betriebsrats bei Besprechungen mit Mobbingbeteiligten hinzuziehen oder beide können allgemeine Regeln für den Umgang mit Mobbing aufstellen.

Von besonderer praktischer Bedeutung sind **Betriebsvereinbarungen** zum Thema „Mobbing im Betrieb". Wie erwähnt, sind freiwillige Betriebsvereinbarungen unbestritten möglich und in der Praxis verbreitet. Noch nicht höchstrichterlich geklärt ist dagegen, ob und in welchen Grenzen Mobbing-Betriebsvereinbarungen einseitig durch den Betriebsrat erzwungen werden können.

Unter der Überschrift **„Weitere Handlungsmöglichkeiten"** sind verschiedene juristische Ansätze zusammengefasst, aufgrund derer der Betriebsrat in konkreten Mobbingfällen seine Vorstellungen gegenüber dem Arbeitgeber durchsetzen kann. Für **Sanktionen** gegen den Arbeitgeber enthält § 23 Abs. 3 BetrVG eine Parallelvorschrift zu § 23 Abs. 1 BetrVG. Umstritten sind Ansprüche aus § 75 BetrVG.

Weitere Einflussmöglichkeiten ergeben sich aus den **Beteiligungsrechten** des Betriebsrats. So kann dieser nach § 104 BetrVG die Entfernung betriebsstörender Arbeitnehmer verlangen – diese Vorschrift kann auch Mobbingtäter erfassen. Aber auch im Rahmen der allgemeinen Beteiligungsrechte kann Mobbing eine Rolle spielen, wenn beispielsweise der Arbeitgeber Mobbingopfer oder -täter versetzt oder kündigt.

Eine Sonderrolle spielen **Schulungen** des Betriebsrats zum Thema „Mobbing". Sie sind zwar ohne unmittelbare Bedeutung für konkrete Mobbingfälle, führen aber in der Praxis besonders oft zu Auseinandersetzungen zwischen Arbeitgeber und Betriebsrat um Teilnahme und Kosten.

I. Betriebsvereinbarungen zum Thema „Mobbing"

1. Freiwillige und erzwingbare Betriebsvereinbarungen

a) Rechtsnatur und Wirkung der Betriebsvereinbarung. Betriebsvereinbarungen sind schriftliche, privatrechtliche Verträge zwischen Arbeitgeber und Betriebsrat, die für den Betrieb geschlossen werden und Normen enthalten, die unmittelbar auf die Arbeitsverhältnisse einwirken.[1] Abschluss, Wirksamkeitsvoraussetzungen und Wirkung der Betriebsvereinbarung ist in § 77 BetrVG geregelt. Wie Tarifverträge haben Betriebsvereinbarungen in der Regel einen schuldrechtlichen Teil, der die Rechte und Pflichten zwischen den Vertragsparteien regelt, und immer einen normativen Teil. Der Inhalt des normativen Teils gilt nach § 77 Abs. 4 Satz 1 BetrVG für die Arbeitnehmer und ihre Arbeitsverhältnisse unmittelbar und zwingend, wirkt also wie ein auf den Betrieb beschränktes Gesetz.[2] 384

Nach § 77 Abs. 2 BetrVG sind Betriebsvereinbarungen **schriftlich** 385
niederzulegen und zu unterzeichnen. Der schriftlichen Fassung muss eine wirksame vertragliche **Einigung** nach §§ 145 ff. BGB zugrunde liegen, die wiederum auf einem wirksamen Beschluss des Betriebsrats beruht. Betriebsvereinbarungen dürfen nicht gegen Grundrechte oder das Gesetz verstoßen. Ihr Verhältnis zu Tarifverträgen regelt § 77 Abs. 3 BetrVG.[3] Ein Verzicht auf Ansprüche aus einer Betriebsvereinbarung ist nur mit Zustimmung des Betriebsrats möglich, die Verwirkung ist ausgeschlossen, § 77 Abs. 4, Satz 2, 3 BetrVG. Nach § 77 Abs. 5 BetrVG **enden** Betriebsvereinbarungen durch Kündigung; weitere Beendigungsgründe können Fristablauf, Aufhebungsverträge, neue, ablösende Betriebsvereinbarungen oder der Untergang einer der Parteien sein.[4]

In der Literatur werden allgemein die Vorteile von Betriebsvereinbarungen zur Verhinderung von Mobbing hervorgehoben. Insbesondere ist hier nicht nur eine Reaktion auf bereits aktuelle Fälle möglich, sondern Betriebsvereinbarungen haben aufgrund ihrer normativen Wirkung bereits **präventiven Charakter,**[5] können also durch Regeln über das Miteinander im Betrieb vorbeugend wirken und u. U. auch abschreckenden Inhalt haben. Allerdings gelten im BetrVG keine Sonderregeln für Mobbing. Betriebsvereinbarungen zu diesem Thema müssen sich also an die allgemeinen Grenzen für Betriebsvereinbarungen halten. Insbesondere

---

[1] *Brox/Rüthers/Henssler* Arbeitsrecht Rn. 1017; GK/*Kreutz* § 77 Rn. 7; Hess/Schlochauer/Worzalla/Glock/*Worzalla* BetrVG § 77 Rn. 3.

[2] *Dütz* Arbeitsrecht Rn. 817.

[3] DKK/*Berg* BetrVG § 77 Rn. 9 ff.

[4] Ausführlich GK/*Kreutz* § 77 Rn. 351 ff.

[5] *Gamerschlag/Perband* VersR 2002, 287 (291).

gelten keine Besonderheiten für die Erzwingbarkeit von Betriebsvereinbarungen.

386 **b) Erzwingbarkeit von Betriebsvereinbarungen.** Die oben genannten Voraussetzungen und Grenzen der Betriebsvereinbarung gemäß § 77 BetrVG gelten in gleicher Weise für freiwillige Betriebsvereinbarungen gemäß § 88 BetrVG und für sogenannte erzwingbare Betriebsvereinbarungen. Der Unterschied folgt lediglich aus dem **Beteiligungsrecht des Betriebsrats,** das dem Inhalt der Betriebsvereinbarung zugrunde liegt.

Erzwingbar sind Betriebsvereinbarungen über diejenigen Angelegenheiten, bei denen der Betriebsrat ein volles Mitbestimmungsrecht hat, über die der Arbeitgeber also nicht ohne Beteiligung des Betriebsrats entscheiden kann. Kennzeichnend für die erzwingbare Mitbestimmung ist das letzte Entscheidungsrecht, das hier einer Schlichtungsstelle übertragen ist. Dabei handelt es sich meist um die paritätisch besetzte Einigungsstelle gemäß § 76 BetrVG.[6] In der Regel hat der Betriebsrat in den Angelegenheiten der vollen Mitbestimmung auch ein **Initiativrecht,** kann also von sich aus dem Arbeitgeber Maßnahmen vorschlagen.

Hat der Betriebsrat ein erzwingbares Mitbestimmungsrecht und ein Initiativrecht, kann er also von sich aus eine Betriebsvereinbarung ausarbeiten und an den Arbeitgeber herantreten. Ist der mit dem Inhalt der Betriebsvereinbarung nicht einverstanden, kann der Betriebsrat eine Entscheidung der **Einigungsstelle** herbeiführen. Der Arbeitgeber ist an diese Entscheidung auch dann gebunden, wenn er mit ihr nicht einverstanden ist. Umgekehrt kann der Arbeitgeber eigene Initiativen in den Angelegenheiten der erzwingbaren Mitbestimmung ebenfalls nicht ohne den Betriebsrat durchsetzen.

387 **Freiwillige Betriebsvereinbarungen** kommen dagegen nur zustande, wenn Arbeitgeber und Betriebsrat sich einigen, also ein vertraglicher Konsens im Sinne der §§ 145 ff. BGB besteht. Die Regelung der freiwilligen Betriebsvereinbarungen in § 88 BetrVG findet sich im Abschnitt über die Mitbestimmung in sozialen Angelegenheiten und zählt auch nur soziale Angelegenheiten auf. Diese Aufzählung ist jedoch, wie sich aus dem einleitenden Wort „insbesondere“ ergibt, nicht abschließend. Freiwillige Betriebsvereinbarungen können über alle Angelegenheiten geschlossen werden, die zum gesetzlichen Aufgabenbereich des Betriebsrats gehören.[7] Es gelten jedoch die allgemeinen Grenzen des § 77 BetrVG, insbesondere der Vorrang von Gesetz und Tarifvertrag. Im BPersVG sowie einigen Landespersonalvertretungsgesetzen sind keine freiwilligen Dienstvereinbarungen vorgesehen.

---

[6] Besonderheiten gelten bei personellen Einzelmaßnahmen, §§ 99 ff. BetrVG.

[7] DKK/*Berg* BetrVG § 88 Rn. 1 ff.; GK/*Wiese* § 88 Rn. 7 ff.; Hess/Schlochauer/Worzalla/Glock/*Worzalla* BetrVG § 77 Rn. 15, § 88 Rn. 4.

c) Grenzen der betrieblichen Regelungsbefugnisse. Daneben unterliegen auch freiwillige Betriebsvereinbarungen den Grenzen des § 75 BetrVG. Das bedeutet insbesondere, dass sie nicht über die **Privat- und Individualsphäre** der Arbeitnehmer bestimmen können. So wird in der Literatur eine Betriebsvereinbarung als unwirksam angesehen, die gegenseitige Anrede der Arbeitnehmer mit „Du" und Vornamen vorschreibt.[8] In ähnlicher Weise ist es grundsätzlich nicht möglich, durch Betriebsvereinbarungen beispielsweise konkrete Umgangsformen unter Kollegen wie das Grüßen vorzuschreiben. **388**

Besondere Wirkung haben Betriebsvereinbarungen über Mobbing, wenn sie eine betriebsinterne **Bußordnung** mit Strafen für nachgewiesene Mobbinghandlungen enthalten. Bußordnungen sind als Angelegenheiten der Ordnung des Betriebs und des Verhaltens der Arbeitnehmer im Betrieb mitbestimmungspflichtig gemäß § 87 Abs. 1 BetrVG, können also nur mit Zustimmung des Betriebsrats erlassen werden. Aber auch die Zulässigkeit von Bußordnungen, die auf Betriebsvereinbarungen beruhen, ist umstritten. **389**

Nach der Rechtsprechung des BAG und der wohl überwiegenden Literatur sind Betriebsbußordnungen durch Betriebsvereinbarung wegen der umfassenden Regelungskompetenz der Betriebspartner grundsätzlich **zulässig.**[9] Untergerichte und ein Teil der Literatur äußern dagegen Bedenken oder halten Bußordnungen generell für unzulässig, da keine Rechtsgrundlage dafür bestehe.[10]

Auch diejenigen, die die Zulässigkeit von Bußordnungen generell bejahen, machen jedoch **Einschränkungen.** So sind Geldbußen maximal bis zur Höhe eines Tagesverdienstes zulässig, eine Anprangerung durch Aushang oder ähnliches ist nicht gestattet. Bereits durch den Kündigungsschutz untersagt ist eine Entlassung oder Rückgruppierung als Betriebsbuße.[11] Auch Betriebsbußen für Mobbinghandlungen müssen sich an diese Grenzen halten.

---

[8] GK/*Wiese* § 87 Rn. 232; anders LAG Hamm 29. 7. 1998 – 14 Sa 145/98, LAGE § 611 BGB Persönlichkeitsrecht Nr. 10.

[9] BAG 12. 9. 1967 – 1 AZR 34/66, AP BetrVG 1972 § 56 Betriebsbuße Nr. 1; BAG 5. 12. 1975 – 1 AZR 94/74, AP BetrVG 1972 § 87 Betriebsbuße Nr. 1; BAG 17. 10. 1989 – 1 ABR 100/88, AP BetrVG 1972 § 87 Betriebsbuße Nr. 12 = NZA 1990, 193; *Fitting* BetrVG § 87 Rn. 76ff.; Galperin/Löwisch/*Löwisch* BetrVG § 87 Rn. 71ff.; GK/*Wiese* § 87 Rn. 236 mit zahlreichen weiteren Nachweisen.

[10] So *Kollmer* AR-Blattei SD, 1215 Mobbing Rn. 58f.; *ders.*, Mobbing im Arbeitsverhältnis, Rn. 122; DKK/*Klebe* BetrVG § 87 Rn. 56; Richardi/*Richardi* BetrVG § 87 Rn. 215ff.; Hess/Schlochauer/Worzalla/Glock/*Worzalla* BetrVG § 87 Rn. 126ff.

[11] DKK/*Klebe* BetrVG § 87 Rn. 57 mit Nachweisen.

390 **d) Mögliche Regelungen in Mobbing-Betriebsvereinbarungen.** Seit den 1990er Jahren wurden in zahllosen Betrieben und Verwaltungen **freiwillige Betriebs- und Dienstvereinbarungen** zum Thema „Mobbing" erstellt. Einige dieser Vereinbarungen erfassen ebenfalls und mitunter auch vorrangig den Schutz vor sexueller Belästigung oder anderen Formen der Diskriminierung. Beispiele lassen sich der Literatur[12] und in reicher Zahl dem Internet entnehmen.[13]

Elemente einer solchen Betriebsvereinbarung können beispielsweise die Benennung eines Mobbingbeauftragten oder einer entsprechenden Stelle und die Normierung von Rechten des Gremiums sein, außerdem Normierung der Rechte der von Mobbing Betroffenen, Regeln für die Zuziehung externer Schlichter, Regelung der Befugnisse des Betriebsrats im Einzelnen, Regeln für die Schulung von Betriebsratsmitgliedern und ihren Vorgesetzten.[14]

2. Erzwingbarkeit und Initiativrecht bei Betriebsvereinbarungen zum Thema „Mobbing"

391 **a) Grundlagen.** Wie erwähnt, richten sich die Erzwingbarkeit und das Initiativrecht des Betriebsrats bei Betriebsvereinbarungen zum Thema „Mobbing" nach dem **zugrundeliegenden Beteiligungsrecht** des Betriebsrats. Daher kann keine Betriebvereinbarung erzwungen werden, die Einzelheiten zum Beschwerdeverfahren der §§ 84, 85 BetrVG wie die Bestellung einer Schlichtungsstelle vorsieht:[15] Zwar kann die Einigungsstelle nach § 85 Abs. 2 BetrVG über die Berechtigung einer Beschwerde entscheiden, nicht jedoch über das Beschwerdeverfahren.

Bei den übrigen Angelegenheiten der erzwingbaren Mitbestimmung liegen Ansatzpunkte für eine Betriebsvereinbarung zum Thema „Mobbing" nur bei § 87 Abs. 1 BetrVG vor, der Regelung der Mitbestimmung in **sozialen Angelegenheiten.** Bereits erwähnt wurde der Tatbestand der Ordnung des Betriebs in § 87 Abs. 1 Nr. 1 BetrVG. Da Mobbing oft zu Gesundheitsschäden führt, kann daneben der Tatbestand des Gesundheitsschutzes in § 87 Abs. 1 Nr. 7 BetrVG eingreifen. In diesen Fällen ist auch ein Initiativrecht des Betriebsrats gegeben.[16]

---

[12] Beispielsweise *Esser/Wolmerath,* Mobbing, S. 133ff., 328ff.; *Kollmer,* Mobbing im Arbeitsverhältnis, Rn. 121; *Wolmerath,* Mobbing im Betrieb, Rn. 339f., 341f.

[13] Eine „Google"-Suche nach „Mobbing+Betriebsvereinbarung" ergibt ungefähr 7000 Treffer. Hinzuweisen ist beispielsweise auf www.sozialnetz.de oder www.igmetall.de/betriebsraete/betriebsvereinbarungen; eine Musterbetriebsvereinbarung findet sich unter www.mobbing-am-arbeitsplatz.de.

[14] Dazu *Hüske-Wagner/Wagner* AiB 2004, 89 (94f.).

[15] Ebenso *Grünwald/Hille,* Mobbing im Betrieb, S. 219f.

[16] *Wolmerath* AiB 2002, 374 (375); dazu auch ErfKomm/*Hanau/Kania,* § 85 BetrVG Rn. 5 m.w.N.

b) Anwendbarkeit von § 87 BetrVG in Mobbingfällen. Voraussetzung ist aber, dass die Beteiligungsrechte des § 87 BetrVG in Mobbingfällen überhaupt eingreifen können. Nach einer Entscheidung des LAG Hamburg aus dem Jahr 1998 ist das nicht der Fall. In der Begründung wird ausgeführt, das Procedere der angestrebten Konfliktlösung habe in den §§ 82ff. BetrVG, insbesondere dem Beschwerderecht der §§ 84, 85 BetrVG seinen Niederschlag gefunden. Aus diesem Grund greife der **Gesetzesvorbehalt** des § 87 Eingangssatz BetrVG, wonach das Bestehen einer gesetzlichen Regelung die Mitbestimmung des Betriebsrats ausschließt.[17] 392

Zwei weitere untergerichtliche Entscheidungen gehen allerdings in eine andere Richtung. Nach einem Beschluss des ArbG Köln aus dem Jahr 2000 unterliegt der Schutz der Persönlichkeitsrechte der Mitarbeiter vor Mobbing und sexueller Belästigung dem Mitbestimmungstatbestand des § 87 Abs. 1 Nr. 1 BetrVG.[18] Nach einer Entscheidung des LAG Düsseldorf aus dem Jahr 2004 besteht jedenfalls keine offensichtliche Unzuständigkeit der Einigungsstelle hinsichtlich des Themas „Mobbing", denn es erscheine nicht undenkbar, dass dem Betriebsrat ein erzwingbares Mitbestimmungsrecht zusteht; und zwar nach § 87 Abs. 1 Nr. 1 BetrVG.[19]

In der Tat ist die Rechtsauffassung des LAG Hamburg nicht haltbar. 393
Durch §§ 84, 85 BetrVG sollen nicht die Rechte des Betriebsrats eingeschränkt werden, sondern den Arbeitnehmern **zusätzliche Rechte** gegeben werden. Da fast jede Angelegenheit des § 87 Abs. 1 BetrVG auch Gegenstand einer Beschwerde sein kann, hätte diese Norm sonst kaum einen Anwendungsbereich. Dagegen spricht bereits, dass das Mitbestimmungsrecht des § 87 BetrVG erheblich weiter ist als die Individualrechte der §§ 84, 85 BetrVG.[20] Ein systematisches Argument folgt auch aus § 86 BetrVG: Wenn der Gesetzgeber den Betriebsparteien die Möglichkeit überlässt, Einzelheiten des Beschwerdeverfahrens zu regeln, kann nicht auf der anderen Seite die Möglichkeit der Beschwerde die Mitbestimmung ausschließen.[21]

c) Mitbestimmung gemäß § 87 BetrVG in Mobbingfällen. Grundsätzlich sind also Mitbestimmung und erzwingbare Betriebsvereinbarungen in Mobbingfällen möglich. Fraglich und von der Rechtsprechung 394

---

[17] LAG Hamburg 15. 7. 1998 – 5 Sa BV 4/98, AiB 1999, 102 m. Anm. *Wolmerath;* dazu *Kollmer* AR-Blattei SD, 1215 Mobbing Rn. 51 a.

[18] ArbG Köln 21. 11. 2000 – 12 BV 227/00, AiB 2002, 374 m. Anm. *Wolmerath.*

[19] LAG Düsseldorf 22. 7. 2004 – 5 TaBV 38/04, AiB 2005, 122; dazu *Wolmerath* PersR 2004, 331.

[20] *Hüske-Wagner/Wagner* AiB 2004, 89.

[21] *Wolmerath,* Mobbing im Betrieb, Rn. 338.

noch nicht geklärt ist aber, inwieweit Tatbestände des § 87 Abs. 1 BetrVG tatsächlich eingreifen. Wie erwähnt, kommen von den Tatbeständen des § 87 Abs. 1 BetrVG vor allem Nr. 1 (**Ordnung des Betriebs**) und in zweiter Linie Nr. 7 (**Gesundheitsschutz**) in Betracht.[22]

395 **aa) Ordnung des Betriebs, § 87 Abs. 1 Nr. 1 BetrVG.** Gegenstand des Mitbestimmungsrechts nach § 87 Abs. 1 Nr. 1 BetrVG ist das betriebliche Zusammenleben und Zusammenwirken der Arbeitnehmer, das der Arbeitgeber kraft seines Direktionsrechts oder seiner Organisationsbefugnis beeinflussen oder koordinieren kann.[23] Die Rechtsprechung trennt bei § 87 Abs. 1 Nr. 1 BetrVG zwischen einem mitbestimmungsfreien **Arbeitsverhalten** und einem mitbestimmungspflichtigen **Ordnungsverhalten.**[24] Das Arbeitsverhalten betrifft Maßnahmen, mit denen die Arbeitspflicht unmittelbar konkretisiert werden soll, einschließlich der Reaktionen auf ein Fehlverhalten des Arbeitnehmers.[25] Zum Arbeitsverhalten gehören beispielsweise Arbeitsanweisungen, die Einführung oder Änderung von Führungsrichtlinien sowie die Ausarbeitung von Formulararbeitsverträgen und ähnlichen Formularen.[26]

Diese Grenze des Beteiligungsrechts wirkt sich auch auf die Erzwingbarkeit von Betriebsvereinbarungen zum Thema „Mobbing" aus. Der Arbeitgeber kann auch über das Initiativrecht nicht zu Anordnungen gezwungen werden, die **mitbestimmungsfrei** sind.[27] So kann gegenüber dem Arbeitgeber keine Änderung der Arbeitsorganisation oder der Übermittlung von Weisungen erzwungen werden. Je mehr das Mobbing mit der beruflichen Sphäre zusammenhängt – besonders beim Vorgesetztenmobbing – desto weniger kann es durch erzwingbare Betriebsvereinbarungen erfasst werden.

396 Eine weitere Grenze der Beteiligung des Betriebsrats, die auch durch freiwillige Betriebsvereinbarungen nicht überschritten werden kann, ist die **private Lebensführung** der Arbeitnehmer.[28] Daraus ergeben sich Grenzen für die Befugnisse der Betriebsparteien, den Umgang mit Kol-

---

[22] Zu Nr. 1: ArbG Köln 21. 11. 2000 – 12 BV 227/00, AiB 2002, 374 m. Anm. *Wolmerath;* LAG Düsseldorf 22. 7. 2004 – 5 TaBV 38/04, n.v.; dazu *Wolmerath* PersR 2004, 331; *Bieler/Heilmann* ArbuR 1996, 430 (433); *Hüske-Wagner/Wagner* AiB 2004, 89 (95); zu Nr. 7: *Wolmerath,* Mobbing im Betrieb, Rn. 339f.

[23] *Fitting* BetrVG § 87 Rn. 63; ähnlich GK/*Wiese* § 87 Rn. 175.

[24] Grundlegend BAG 18. 4. 2000 – 1 ABR 22/99, AP BetrVG 1972 § 87 Überwachung Nr. 33.

[25] *Fitting* BetrVG § 87 Rn. 64ff.; Richardi/*Richardi* BetrVG § 87 Rn. 177ff.; Hess/Schlochauer/Worzalla/Glock/*Worzalla* BetrVG § 87 Rn. 107ff.

[26] ErfKomm/*Hanau/Kania,* § 87 BetrVG Rn. 21.

[27] Richardi/*Richardi* BetrVG § 87 Rn. 201.

[28] BAG 28. 5. 2002 – 1 ABR 32/01, AP BetrVG 1972 § 87 Ordnung des Betriebes Nr. 39 = NZA 2003, 166; s. bereits oben Rn. 388.

legen zu regeln. Die bereits existierenden freiwilligen Betriebsvereinbarungen schreiben entweder sehr allgemein die Achtung des Persönlichkeitsrechts vor oder erwähnen nur Mobbinghandlungen, die ohnehin verboten sind – z. B. Verleumdung, Drohung und Diskriminierung – oder eine Verletzung des Arbeitsvertrags enthalten, wie das Zurückhalten wichtiger Informationen.[29] Verletzende Handlungen wie das Wegsetzen in der Kantine können grundsätzlich weder vom Arbeitgeber allein noch durch eine freiwillige oder erzwingbare Betriebsvereinbarung verboten werden.[30]

bb) Gesundheitsschutz, § 87 Abs. 1 Nr. 7 BetrVG. Beteiligungs- **397**
rechte des Betriebsrats nach § 87 Abs. 1 Nr. 7 BetrVG können vor allem an den **Gesundheitsschutz** anknüpfen, da Schäden durch Mobbing, wie bereits erwähnt, grundsätzlich weder Berufskrankheiten noch Arbeitsunfälle darstellen. Der gesetzlich nicht definierte Begriff „Gesundheitsschutz" ist weit zu verstehen.[31] Das Beteiligungsrecht besteht jedoch nur im Rahmen der gesetzlichen Vorschriften, beschränkt sich also auf konkretisierende Maßnahmen des Arbeitgebers und die Ausübung seines Ermessens, soweit die Vorschrift ihm Ermessen gewährt.[32] Auch das Initiativrecht setzt eine ausfüllungsbedürftige Rahmenvorschrift voraus.[33]

Wegen des eng geknüpften Netzes an öffentlich-rechtlichen **Schutzvorschriften,** die kaum einen Ermessensspielraum lassen, ist der Anwendungsbereich des § 87 Abs. 1 Nr. 7 BetrVG nicht sehr groß.[34] Ausfüllungsbedürftige Vorschriften zum Gesundheitsschutz vor Mobbing existieren nicht. Einen Ansatzpunkt kann allenfalls das ArbSchG geben, das 1996 in Umsetzung mehrerer EG-Richtlinien in Kraft getreten ist. Es enthält etliche ausfüllungsbedürftige Vorschriften und in § 3 ArbSchG eine Generalklausel. Jedoch liefert auch § 87 Abs. 1 Nr. 7 BetrVG keine Kompetenz für eine konkrete Betriebsvereinbarung zum Thema „Mobbing", sondern ermöglicht es allenfalls, Mobbingfolgen in den allgemeinen Gesundheitsschutz einzubeziehen.

---

[29] So beispielsweise die bereits erwähnte VW-Betriebsvereinbarung; oben Rn. 340.

[30] Vgl. bereits oben Rn. 245.

[31] *Fitting* BetrVG § 87 Rn. 262; Hess/Schlochauer/Worzalla/Glock/*Worzalla* BetrVG § 87 Rn. 341.

[32] *Fitting* BetrVG § 87 Rn. 279 ff.; Richardi/*Richardi* BetrVG § 87 Rn. 549 ff.; GK/*Wiese* § 87 Rn. 591 ff.

[33] Richardi/*Richardi* BetrVG § 87 Rn. 560.

[34] ErfKomm/*Hanau/Kania* § 87 BetrVG Rn. 64.

II. Weitere Handlungsmöglichkeiten

1. Sanktionen gegen den Arbeitgeber

398 a) **§ 75 BetrVG.** Wie bereits oben erwähnt, folgt aus § 75 Abs. 1 BetrVG und vor allem aus § 75 Abs. 2 BetrVG das Recht und die Pflicht der Betriebsparteien, im Rahmen ihrer Möglichkeiten gegen Diskriminierung und Verletzung des **Persönlichkeitsrechts** durch Mobbing vorzugehen. Die Pflichten aus § 75 BetrVG treffen Arbeitgeber und Betriebsrat in gleicher Weise, so dass auch für mögliche Sanktionen bei Verletzung von § 75 BetrVG das Gleiche gilt.

Nach der Rechtsprechung des BAG beschränkt § 75 Abs. 2 Satz 1 BetrVG zwar die Regelungsbefugnis der Betriebsparteien, normiert aber keine wechselseitigen Rechte und Pflichten, also auch keinen Anspruch des Betriebsrats gegen den Arbeitgeber, konkrete Persönlichkeitsverletzungen zu unterlassen.[35] Jedoch sehen Rechtsprechung und überwiegende Literatur in § 75 BetrVG ein **Schutzgesetz** gemäß § 823 Abs. 2 BGB, so dass aus Verletzungen ein Schadensersatzanspruch des betroffenen Arbeitnehmers selbst folgt.[36] Wie oben erwähnt, ist diese Erweiterung der Haftung wegen der besonderen Pflichten der Betriebsparteien auch sachgerecht.[37] Für die Haftung des Arbeitgebers hat die Anspruchsgrundlage §§ 823 Abs. 2 BGB, 75 Abs. 2 BetrVG allerdings neben den Anspruchsgrundlagen wegen Verletzung der Fürsorgepflicht wenig selbständige Bedeutung.[38]

399 b) **§ 23 Abs. 3 BetrVG.** Der Betriebsrat kann **Sanktionen** gegen den Arbeitgeber daher nur unter den Voraussetzungen des § 23 Abs. 3 BetrVG durchsetzen. Die Vorschrift § 23 Abs. 3 BetrVG soll gemeinsam mit § 23 Abs. 1, 2 BetrVG sicherstellen, dass Arbeitgeber wie Betriebsrat ein Mindestmaß gesetzmäßigen Verhaltens bewahren.[39]

400 aa) **Voraussetzungen.** Nach § 23 Abs. 3 BetrVG können der Betriebsrat oder eine im Betrieb vertretene Gewerkschaft bei groben Verstößen

---

[35] BAG 28. 5. 2002 – 1 ABR 32/01, AP BetrVG 1972 § 87 Ordnung des Betriebes Nr. 39 = NZA 2003, 166 (169); ausführlich auch zu Gegenauffassungen oben Rn. 377 ff.

[36] BAG 5. 4. 1984 – 2 AZR 513/82, AP BBiG § 17 Nr. 2 = NZA 1985, 329; DKK/*Berg* BetrVG § 75 Rn. 44; *Fitting* BetrVG § 75 Rn. 98, der § 75 Abs. 2 BetrVG außerdem für ein Verbotsgesetz gemäß § 134 BGB hält; Galperin/Löwisch/*Löwisch* BetrVG § 75 Rn. 38; *Reiserer/Lemke* MDR 2002, 249 (251). Ausführlich mit Nachweisen zur Gegenauffassung oben Rn. 381.

[37] Oben Rn. 387 zur Haftung des Betriebsrats.

[38] Zur Verletzung der Fürsorgepflicht oben Rn. 137 ff.

[39] BAG 20. 8. 1991, 1 ABR 85/90, AP BetrVG 1972 § 77 Tarifvorbehalt Nr. 2; ErfKomm/*Eisemann,* § 23 BetrVG Rn. 1.

des Arbeitgebers gegen seine Pflichten aus dem BetrVG beim Arbeitsgericht einen Antrag gegen den Arbeitgeber auf **Unterlassung, Duldung oder Vornahme einer Handlung** stellen. Handelt der Arbeitgeber der durch eine gerichtliche Entscheidung auferlegten Verpflichtung zuwider, kann er zu einem Ordnungsgeld oder Zwangsgeld von maximal € 10.000,– verurteilt werden. Im BPersVG und den meisten Ländergesetzen fehlt eine entsprechende Vorschrift, hier erfüllt aber die Möglichkeit der Dienstaufsichtsbeschwerde gegen den Dienststellenleiter eine entsprechende Funktion.

Berechtigte für den **Antrag** nach § 23 Abs. 3 BetrVG sind weder ein betroffener Arbeitnehmer noch einzelne Mitglieder des Betriebsrats, sondern nur der Betriebsrat als Gremium und jede im Betrieb vertretene Gewerkschaft. Dafür genügt es, wenn ein Arbeitnehmer – der nicht genannt werden muss – Mitglied dieser Gewerkschaft ist; Vertretung im Betriebsrat ist nicht erforderlich.[40] Mobbingopfer, die beim Betriebsrat keine Unterstützung finden, können sich daher an ihre Gewerkschaft wenden.

Der Antrag nach § 23 Abs. 3 BetrVG setzt eine grobe **Pflichtverletzung** des Arbeitgebers voraus. Entgegen dem Gesetzeswortlaut erfasst § 23 Abs. 3 BetrVG nicht nur Pflichten aus dem BetrVG selbst, sondern alle Pflichten, die sich aus der betriebsverfassungsrechtlichen Stellung des Arbeitgebers ergeben (auch z.B. § 17 Abs. 2 KSchG). Ebenfalls erfasst sind Pflichten gegenüber dem einzelnen Arbeitnehmer aus §§ 75, 81ff. BetrVG; nicht dagegen Pflichten, die ihre Grundlage nur im Einzelarbeitsvertrag haben.[41] **401**

Verschulden des Arbeitgebers ist nicht erforderlich.[42] Voraussetzung ist aber eine **grobe** Pflichtverletzung, sie muss also objektiv erheblich und offensichtlich schwerwiegend sein.[43] Solche groben Pflichtverletzungen können in der beharrlichen Missachtung der Beteiligungsrechte des Betriebsrats liegen, in der Behinderung der Betriebsratsarbeit, aber auch in einem Verstoß gegen das Persönlichkeitsrecht einzelner Arbeitnehmer gemäß § 75 Abs. 2 BetrVG.[44]

bb) Pflichtverletzungen im Einzelnen. In Mobbingfällen können Pflichtverletzungen des Arbeitgebers in unterschiedlicher Hinsicht be- **402**

---

[40] DKK/*Trittin* BetrVG § 23 Rn. 89.

[41] ErfKomm/*Eisemann,* § 23 BetrVG Rn. 24; Richardi/*Thüsing* BetrVG § 23 Rn. 91.

[42] *Fitting* BetrVG § 23 Rn. 64; DKK/*Trittin* BetrVG § 23 Rn. 76f.; anders *Wolmerath,* Mobbing im Betrieb, Rn. 330.

[43] BAG 29. 2. 2000 – 1 ABR 4/99, AP BetrVG 1972 § 87 Lohngestaltung Nr. 105; ErfKomm/*Eisemann,* § 23 BetrVG Rn. 25; *Fitting* BetrVG § 23 Rn. 62.

[44] ErfKomm/*Eisemann,* § 23 BetrVG Rn. 26; *Fitting* BetrVG § 23 Rn. 66; DKK/*Trittin* BetrVG § 23 Rn. 81ff. (Rn. 83 zu Individualrechten); *Wolmerath,* Mobbing im Betrieb, Rn. 329.

gründet werden: durch **Mobbinghandlungen** des Arbeitgebers selbst, durch **Dulden** von Mobbing und durch Behinderung des Betriebsrats, wenn dieser versucht, dem Mobbingopfer zu helfen.

Wenn Arbeitgeber selbst **Mobbinghandlungen** vornehmen, ermöglicht es § 23 Abs. 3 BetrVG dem Betriebsrat, **Sanktionen** gegen den Arbeitgeber zu erwirken. Praktische Bedeutung kann das vor allem in den Fällen haben, in denen das Mobbingopfer selbst – meist aus Furcht – nichts gegen das Mobbing unternimmt. Wie erwähnt, verstößt ein Arbeitgeber, der Mobbing betreibt, in aller Regel zumindest gegen § 75 Abs. 2 BetrVG. Ob der Verstoß grob ist, hängt vom Einzelfall ab. Rechtsprechung zu Mobbingfällen existiert noch nicht. Allerdings hat das LAG Köln einen groben Verstoß gegen § 75 Abs. 2 BetrVG gesehen, wenn in Schreiben an erkrankte Arbeitnehmer Druck ausgeübt und an der Ernsthaftigkeit der Erkrankung gezweifelt wird.[45] Leichtere Verstöße können durch ihre Wiederholung zu einem groben Verstoß werden.[46]

403 Demgegenüber ist kein Fall ersichtlich, in dem die Rechtsprechung einem Antrag nach § 23 Abs. 3 BetrVG stattgegeben hat, nur weil ein Arbeitgeber nichts gegen Persönlichkeitsrechtsverletzungen anderer unternommen hat.[47] Erstens wäre es kaum möglich, im Antrag eine konkrete Handlung zu benennen, durch die der Arbeitgeber das Mobbing beenden könnte. Bei personellen Maßnahmen wie der Versetzung billigt die Rechtsprechung dem Arbeitgeber grundsätzlich Ermessensfreiheit zu.[48] Zweitens wird das **bloße Dulden** nur selten die Stufe eines „groben" Verstoßes erreichen. Vorstellbar ist eine Anwendung von § 23 Abs. 3 BetrVG bei Mobbing durch Dritte allenfalls dann, wenn der Arbeitgeber Mobbinghandlungen angeregt hat, unterstützt oder fördert.

404 Nur am Rande für Mobbingfälle von Bedeutung sind die **Unterlassungs- und Beseitigungsansprüche** des Betriebsrats bei Verstößen des Arbeitgebers gegen die Beteiligungsrechte. Hier gibt es mehrere Streitigkeiten. So hat das BAG 1994 einen allgemeinen Unterlassungsanspruch des Betriebsrats bei Verstößen gegen die Mitbestimmung anerkannt.[49] Das Verhältnis dieses Anspruchs zu § 23 Abs. 3 BetrVG ist umstritten.[50] Umstritten ist außerdem, ob der Unterlassungsanspruch Wiederholungsgefahr voraussetzt. Nach überwiegender Ansicht ist das nicht der Fall, da es sich um eine Reaktion auf grobe Verstöße des Ar-

---

[45] LAG Köln 19. 2. 1988 – 10 TaBV 69/87, DB 1989, 1341.

[46] *Fitting* BetrVG § 23 Rn. 62; DKK/*Trittin* BetrVG § 23 Rn. 74.

[47] Ähnliches gilt für Anträge gegen den Betriebsrat nach § 23 Abs. 1 BetrVG, dazu oben Rn. 374ff.

[48] Dazu oben Rn. 299.

[49] BAG 3. 5. 1994 – 1 ABR 24/93, BAGE 76, 364.

[50] Zum Meinungsstand ErfKomm/*Eisemann,* § 23 BetrVG Rn. 25; *Fitting* BetrVG § 23 Rn. 54; Richardi/*Thüsing* BetrVG § 23 Rn. 80ff.

beitgebers handelt.[51] In diesem Bereich gelten für Mobbingfälle keine Besonderheiten.

cc) Verfahren gegen den Arbeitgeber. Das Verfahren gegen den Arbeitgeber gliedert sich in zwei Stufen: das Erkenntnisverfahren nach § 23 Abs. 3 Satz 1 BetrVG und das **Vollstreckungsverfahren** nach § 23 Abs. 3 Satz 2 BetrVG.[52] Antragsberechtigt für das **Erkenntnisverfahren** sind, wie erwähnt, nur die im Betrieb vertretenen Gewerkschaften und der Betriebsrat selbst, auch nicht ein Ausschuss des Betriebsrats. Der Antrag auf Unterlassung, Duldung oder Vornahme einer Handlung muss hinreichend bestimmt sein. Mit dem Antrag kann ein Antrag auf Androhung eines Ordnungsgeldes verbunden werden. Die Durchsetzung mittels einer einstweiligen Verfügung ist möglich. Das Gericht entscheidet im Beschlussverfahren nach §§ 2a Abs. 1 Nr. 1, 80ff. ArbGG. 405

Bei den **Zwangsmitteln** des § 23 Abs. 3 BetrVG unterscheidet das Gesetz das Ordnungsgeld, das repressive Rechtsfolge für einen vergangenen Rechtsverstoß ist, und das Zwangsgeld, das als Beugemittel dient.[53] Bei rechtskräftiger Verpflichtung des Arbeitgebers zur Unterlassung oder Duldung einer Handlung kann dieser zu einem **Ordnungsgeld** verurteilt werden, wenn er der Verpflichtung nicht nachkommt. Das Ordnungsgeld muss zuvor im Beschluss des Arbeitsgerichts angedroht werden. 406

Das **Zwangsgeld** dient der Durchsetzung, wenn der Arbeitgeber rechtskräftig dazu verurteilt worden ist, eine Handlung vorzunehmen. Kommt er dieser Verpflichtung nicht nach, erkennt das Arbeitsgericht auf Antrag von Betriebsrat oder im Betrieb vertretener Gewerkschaft, dass der Arbeitgeber zur Vornahme der Handlung durch ein Zwangsgeld anzuhalten ist. Nach § 23 Abs. 3 Satz 5 BetrVG darf das im Einzelfall zu verhängende Ordnungs- oder Zwangsgeld 10.000 Euro nicht übersteigen. Das Geld fällt an die Staatskasse.

2. Entfernung betriebsstörender Arbeitnehmer, § 104 BetrVG

Eine Sanktion gegen Mobbingtäter, die gegenüber dem Arbeitgeber auch gegen dessen Willen durchgesetzt werden kann, ermöglicht der Anspruch auf **Entfernung betriebsstörender Arbeitnehmer** gemäß § 104 BetrVG.[54] Antragsberechtigt ist hier nur der Betriebsrat als Gremium 407

---

[51] *Fitting* BetrVG § 23 Rn. 65; Richardi/*Thüsing* BetrVG § 23 Rn. 93; DKK/*Trittin* BetrVG § 23 Rn. 78; anders ErfKomm/*Eisemann,* § 23 BetrVG Rn. 25.

[52] ErfKomm/*Eisemann,* § 23 BetrVG Rn. 27ff.; *Fitting* BetrVG § 23 Rn. 67ff.

[53] GK/*Oetker,* § 23 Rn. 194, 219.

[54] *Grünwald/Hille,* Mobbing im Betrieb, S. 222; *Hartmann* AuA-Personal-Profi 11/2003, 8 (13); *Kollmer* AR-Blattei SD, 1215 Mobbing Rn. 56f.; *ders.,* Mobbing im Arbeitsverhältnis, Rn. 119f.; *Reiserer/Lemke* MDR 2002, 249 (252); *Wolmerath,* Mobbing im Betrieb, Rn. 217ff.

oder ein dazu ermächtigter Ausschuss (§§ 27, 28 BetrVG).[55] Für Mobbingfälle ist von besonderer Bedeutung, dass § 104 BetrVG nicht die leitenden Angestellten erfasst. Da das SprAuG keine entsprechende Regelung enthält, bleibt dem Betriebsrat beim Mobbing durch leitende Angestellte nur das allgemeine Antragsrecht des § 80 BetrVG.[56] Auch das BPersVG enthält keine entsprechende Regelung.

408 **a) Voraussetzungen des Entfernungsverlangens.** Die **Voraussetzungen** des Entfernungsverlangens sind eng:[57] Erforderlich ist ein gesetzwidriges Verhalten des betroffenen Arbeitnehmers oder eine grobe Verletzung der Grundsätze des § 75 Abs. 1 BetrVG. Im Jahr 2001 wurde das Beispiel der rassistischen oder fremdenfeindlichen Betätigung eingeführt, das an der bisherigen Rechtslage nichts verändert hat.[58] Ein **gesetzwidriges Verhalten** des betroffenen Arbeitnehmers liegt vor allem bei einem Verstoß gegen Strafgesetze vor, beispielsweise bei Verleumdung, Beleidigung, Tätlichkeiten, Diebstählen und Nötigung.[59]

Im Übrigen verweist § 104 BetrVG nur auf die Diskriminierungsverbote in § 75 Abs. 1 BetrVG, nicht auf den Schutz des Persönlichkeitsrechts in § 75 Abs. 2 BetrVG. Die Verletzung muss **grob,** also schwer sein. Das ist vor allem dann gegeben, wenn ein Arbeitnehmer andere Arbeitnehmer in besonders auffälliger Weise diskriminiert; ein Teil der Kommentarliteratur nennt dabei Schikane und Mobbing ausdrücklich als Beispiele.[60] Das Verhalten des Arbeitnehmers muss außerdem **kausal** gewesen sein für eine ernstliche Störung des Betriebsfriedens, eine Gefährdung genügt nicht. Die ernstliche Störung muss wiederholt, also mindestens zweimal erfolgt sein. Außerdem ist Verschulden erforderlich, dafür genügt aber eine fahrlässige Störung des Betriebsfriedens.[61]

409 **b) Verfahren.** Für das **Verfahren** zur Entfernung betriebsstörender Arbeitnehmer gilt im Grundsatz: Der Betriebsrat kann vom Arbeitgeber nach seinem Ermessen Entlassung oder Versetzung verlangen, der Ar-

---

[55] *Fitting,* BetrVG, § 104 Rn. 9.

[56] *Hartmann* AuA-Personal-Profi 11/2003, 8 (13); *Kollmer* AR-Blattei SD, 1215 Mobbing Rn. 56; *ders.,* Mobbing im Arbeitsverhältnis, Rn. 119; Hess/Schlochauer/Worzalla/Glock/*Schlochauer,* BetrVG, § 104 Rn. 5.

[57] *Wolmerath,* Mobbing im Betrieb, Rn. 217.

[58] Hess/Schlochauer/Worzalla/Glock/*Schlochauer,* BetrVG, § 104 Rn. 3; Richardi/*Thüsing,* BetrVG, § 104 Rn. 1.

[59] *Fitting* BetrVG § 104 Rn. 4; Hess/Schlochauer/Worzalla/Glock/*Schlochauer* BetrVG § 104 Rn. 3.

[60] So *Fitting* BetrVG § 104 Rn. 5; Hess/Schlochauer/Worzalla/Glock/*Schlochauer* BetrVG § 104 Rn. 2.

[61] *Fitting* BetrVG § 104 Rn. 7f.; *Hartmann* AuA-Personal-Profi 11/2003, 8 (13); Hess/Schlochauer/Worzalla/Glock/*Schlochauer* BetrVG § 104 Rn. 3ff.; Richardi/*Thüsing* BetrVG § 104 Rn. 3ff.; DKK/*Trittin* BetrVG § 104 Rn. 2ff.; *Wolmerath,* Mobbing im Betrieb, Rn. 217, 232.

beitgeber prüft in eigener Verantwortung, welche der Maßnahmen er durchführt.[62] Allerdings gilt für die Entscheidung des Betriebsrats der Grundsatz der Verhältnismäßigkeit in der Weise, dass keine Entlassung, sondern nur eine Versetzung verlangt werden kann, wenn zu erwarten ist, dass dadurch bereits die Störung des Betriebsfriedens beendet wird.[63]

Der Arbeitgeber hat bei seiner Entscheidung zu beachten, dass das Verlangen des Betriebsrats allein kein Kündigungs- oder Versetzungsgrund ist, sondern einen solchen voraussetzt.[64] Allerdings können die Voraussetzungen einer **Druckkündigung** vorliegen.[65] Betroffene Arbeitnehmer können gegen Kündigung oder Versetzung individualrechtlich vorgehen, insbesondere Kündigungsschutzklage erheben.

Kommt der Arbeitgeber dem Verlangen des Betriebsrats auf Kündi- **410**
gung oder Versetzung nicht nach, so liegt das letzte Entscheidungsrecht beim **Arbeitsgericht.**[66] Gibt das Arbeitsgericht dem Antrag des Betriebsrats statt und führt der Arbeitgeber die verlangte personelle Maßnahme dennoch nicht durch, kann ihm auf Antrag des Betriebsrats ein Zwangsgeld auferlegt werden, § 104 Satz 2 BetrVG. Nach § 104 Satz 3 BetrVG beträgt das Höchstmaß des Zwangsgeldes für jeden Tag der Zuwiderhandlung 250 Euro.

3. Einfluss durch Beteiligungsrechte

Wie sich gezeigt hat, haben die Sanktionen, die der Betriebsrat bei **411**
Mobbinghandlungen gegen Arbeitgeber oder mobbende Kollegen erzwingen kann, enge Voraussetzungen. Insbesondere ist grundsätzlich ein grober Verstoß gegen die Rechte des Mobbingopfers oder andere Pflichten erforderlich. Aber auch dann, wenn die Schwelle zur Sanktion nicht überschritten ist, kann der Betriebsrat durchsetzbaren Einfluss in Mobbingfällen haben: Das ist der Fall, wenn seine **Mitwirkungs- und Mitbestimmungsrechte** nach §§ 74 ff. BetrVG eingreifen.

Das BetrVG räumt dem Betriebsrat verschiedene Beteiligungsrechte an Entscheidungen des Arbeitgebers ein, die sich auf den Betrieb und seine Beschäftigten auswirken. Die Rechte des Betriebsrats sind dabei sehr unterschiedlich ausgestaltet. Sie können nur die Information oder Anhörung des Betriebsrats vorsehen **(Mitwirkungsrechte),** können aber

---

[62] GK/*Raab* § 104 Rn. 12 ff.; Richardi/*Thüsing* BetrVG § 104 Rn. 14; 15; *Wolmerath,* Mobbing im Betrieb, Rn. 234.

[63] DKK/*Kittner* BetrVG § 104 Rn. 8; *Fitting* BetrVG § 104 Rn. 9; Hess/Schlochauer/Worzalla/Glock/*Schlochauer* BetrVG § 104 Rn. 9; Richardi/*Thüsing* BetrVG § 104 Rn. 14.

[64] *Galperin/Löwisch* BetrVG § 104 Rn. 8; Hess/Schlochauer/Worzalla/Glock/*Schlochauer* BetrVG § 104 Rn. 11; GK/*Raab* § 104 Rn. 13.

[65] Dazu oben Rn. 263 ff.

[66] *Kollmer* AR-Blattei SD, 1215 Mobbing Rn. 57; *ders.,* Mobbing im Arbeitsverhältnis, Rn. 120; DKK/*Kittner* BetrVG § 104 Rn. 11 ff.

auch zu einer vollen **Mitbestimmung** des Betriebsrats führen. Die Mitbestimmung des Betriebsrats ist dadurch gekennzeichnet, dass der Arbeitgeber in den mitbestimmungspflichtigen Angelegenheiten nicht ohne den Betriebsrat entscheiden kann. Die letzte Entscheidung trifft eine unabhängige Stelle; in der Regel die Einigungsstelle gemäß § 76 BetrVG, in personellen Angelegenheiten nach §§ 99ff. BetrVG das Arbeitsgericht.

412 Die Beteiligungsrechte des Betriebsrats werden vom Gesetz in **soziale Angelegenheiten** (§§ 87ff. BetrVG), **personelle Angelegenheiten** (§§ 92ff. BetrVG) und **wirtschaftliche und organisatorische Angelegenheiten** (§§ 90f., 106ff. BetrVG) eingeteilt. Wie bereits deutlich geworden ist, beschäftigt sich keiner der Tatbestände der Beteiligung des Betriebsrats konkret mit Mobbing.[67] Im Folgenden werden daher vorrangig Ansätze für taktisches Vorgehen des Betriebsrats aufgezeigt: Einige Beteiligungsrechte geben ihm die Möglichkeit, Mobbingakte zu verhindern, bei anderen kann die abstrakte und konkrete Mobbingprävention im Rahmen des Ermessens des Betriebsrats berücksichtigt werden.

413 **a) Personelle Angelegenheiten.** Die Beteiligungsrechte bei **personellen Einzelmaßnahmen** geben dem Betriebsrat weitgehende Einflussmöglichkeiten auf das berufliche Schicksal von Mobbingopfer und Mobbingtäter. Nach § 99 BetrVG hat der Betriebsrat ein Mitbestimmungsrecht bei Einstellung, Eingruppierung, Umgruppierung und Versetzung, nach § 102 BetrVG ein Anhörungsrecht bei Kündigungen. Diese Beteiligungsrechte können sowohl zugunsten des Mobbingopfers als auch zu Lasten des Täters und ggf. auch präventiv eingesetzt werden.

414 **aa)** Das gilt besonders für die personellen Einzelmaßnahmen des § 99 Abs. 1 BetrVG.[68] Die §§ 99–101 BetrVG normieren hier ein eingeschränktes Mitbestimmungsrecht in der Weise, dass der Arbeitnehmer die Maßnahmen zwar nicht ohne den Betriebsrat vornehmen darf, der Betriebsrat seine Zustimmung jedoch nur aus einem der in § 99 Abs. 2 BetrVG abschließend normierten Gründe verweigern kann. Das letzte Entscheidungsrecht liegt nicht bei der Einigungsstelle, sondern nach § 99 Abs. 4 BetrVG beim **Arbeitsgericht.** § 100 BetrVG regelt die Möglichkeit vorläufiger personeller Maßnahmen, § 101 BetrVG die Durchsetzung gegenüber dem Arbeitgeber.

Durch sein Mitbestimmungsrecht kann der Betriebsrat verhindern, dass personelle Einzelmaßnahmen von Arbeitgeber oder Vorgesetztem als Mobbingmittel eingesetzt werden. Das gilt vor allem für die **Versetzung** des Mobbingopfers auf einen weniger attraktiven Arbeitsplatz.[69] Der Be-

---

[67] Zu § 87 Abs. 1 Nrn. 1, 7 BetrVG oben Rn. 395ff.
[68] *Kollmer,* Mobbing im Arbeitsverhältnis, Rn. 114.
[69] *Hüske-Wagner/Wagner* AiB 2004, 89 (94).

griff der Versetzung in § 95 Abs. 3 BetrVG ist weit: Er kann auch eine rein quantitative Änderung der Arbeitsaufgabe erfassen, also beispielsweise sowohl den Entzug von Arbeitsaufgaben als auch eine größere Arbeitsbelastung.[70] Als **Widerspruchsgrund** des Betriebsrats kann dann § 99 Abs. 2 Nr. 4 BetrVG eingreifen, die Benachteiligung des Arbeitnehmers durch die personelle Maßnahme. Danach kann der Widerspruch des Betriebsrats sowohl auf die Verschlechterung der materiellen als auch der äußerlichen Arbeitsbedingungen (Lärm, Schmutz) gestützt werden.[71]

bb) Durch sein Mitbestimmungsrecht bei Versetzungen kann der Betriebsrat aber auch verhindern, dass Personen eingestellt oder versetzt werden, von denen Mobbing zu befürchten ist. In diesem Fall kommt als Widerspruchsgrund § 99 Abs. 2 Nr. 6 BetrVG in Betracht, die Störung des **Betriebsfriedens** durch den Bewerber oder Arbeitnehmer. Die Voraussetzungen des Widerspruchsgrundes sind allerdings eng: Die Gefahr für den Betriebsfrieden muss auf Tatsachen gründen und schwerwiegend sein; die Anforderungen an die schwerwiegende Störung entsprechen § 104 BetrVG.[72] **415**

cc) Bei der **Kündigung** sind die Beteiligungsrechte des Betriebsrats nach § 102 BetrVG schwächer. Zwar ist nach § 102 Abs. 1 Satz 3 BetrVG eine ohne Anhörung des Betriebsrats ausgesprochene Kündigung unwirksam, der Betriebsrat kann die Kündigung jedoch nicht verhindern. Nach § 102 Abs. 3, 5 BetrVG besteht allerdings ein Weiterbeschäftigungsanspruch bis zum Ende des Kündigungsschutzprozesses, wenn der Betriebsrat einer ordentlichen Kündigung nach § 102 Abs. 3 BetrVG widersprochen und der Arbeitnehmer Kündigungsschutzklage erhoben hat. Der Entlassung eines Mobbingtäters kann der Betriebsrat ausdrücklich zustimmen und damit die Anhörungsfrist des § 102 Abs. 2 BetrVG abkürzen.[73] **416**

b) Soziale Angelegenheiten. Der Haupttatbestand der Mitbestimmung in sozialen Angelegenheiten, § 87 BetrVG, gibt – wie erwähnt – Anknüpfungspunkte für allgemeine Regelungen zum Thema „Mobbing“ in Betriebsvereinbarungen.[74] Unter den Voraussetzungen des § 87 Abs. 1 Nr. 1, 7 BetrVG können solche Regelungen auch über ein Initiativrecht erzwungen werden, die letzte Entscheidung trifft die Einigungsstelle.[75] **417**

---

[70] Richardi/*Thüsing* BetrVG § 99 Rn. 100; speziell zum Entzug von Arbeitsaufgaben *Fischer* ArbuR 2004, 253.

[71] ErfKomm/*Kania* § 99 BetrVG Rn. 32.

[72] DKK/*Kittner* BetrVG § 99 Rn. 202; *Fitting* BetrVG § 99 Rn. 212 nennt auch hier Mobbing ausdrücklich als Beispiel. Zu § 104 BetrVG oben Rn. 407 ff.

[73] Vgl. *Kollmer* AR-Blattei SD, 1215 Mobbing Rn. 60.

[74] Dazu oben Rn. 391 ff.

[75] *Bieler/Heilmann* ArbuR 1996, 430 (433).

Demgegenüber erfasst § 87 Abs. 1 BetrVG nur selten einzelne Mobbingfälle, da die meisten seiner Tatbestände einen **kollektiven Bezug** haben.[76] Existiert eine Betriebsbußenordnung, ist nach Rechtsprechung und herrschender Lehre nicht nur die Bußordnung als solche, sondern auch die Verhängung jeder einzelnen Buße von der Zustimmung des Betriebsrats abhängig.[77] Auf diese Weise kann der Betriebsrat einen Missbrauch von Betriebsbußen zu Mobbingzwecken verhindern.

418 Zu den sozialen Angelegenheiten gehört auch der **Arbeitsschutz** nach § 89 BetrVG. Bei der Bekämpfung von Unfall- und Gesundheitsgefahren hat der Betriebsrat verschiedene Informations- und Teilnahmerechte. Im Rahmen dieser Rechte kann er konkrete Mobbingfälle, aber auch Gesichtspunkte der Prävention zur Sprache bringen.[78]

419 **c) Wirtschaftlich-organisatorische Angelegenheiten.** Bei den wirtschaftlichen Angelegenheiten der §§ 106ff. BetrVG ist ein Bezug zur Mobbingproblematik nicht ersichtlich. Allerdings hat der Betriebsrat nach § 90 BetrVG Informations- und Beratungsrechte zur **Gestaltung von Arbeitsplätzen** und Arbeitsverfahren, unter den Voraussetzungen des § 91 BetrVG auch ein Mitbestimmungsrecht. Diese Beteiligungsrechte werden selten in konkreten Mobbingfällen eingreifen, jedoch kann der Betriebsrat bei der Beratung mit dem Arbeitgeber den Gesichtspunkt der Mobbingprävention einfließen lassen.[79]

III. Schulungen des Betriebsrats zum Thema „Mobbing"

420 Die Ansprüche des Betriebsrats auf Teilnahme an **Schulungs- und Bildungsveranstaltungen** zum Thema „Mobbing" haben die Gerichte wesentlich häufiger beschäftigt als die Beteiligungsrechte zu diesem Thema. Wie bereits angedeutet, wird der Grund vor allem darin liegen, dass die Teilnahme von Mitgliedern des Betriebsrats an Schulungs- und Bildungsveranstaltungen für Arbeitgeber mit erheblichen Aufwendungen und Kosten verbunden ist.

---

[76] *Fitting* BetrVG § 87 Rn. 14ff.

[77] BAG 5. 12. 1975 – 1 AZR 94/74, AP BetrVG 1972 § 87 Betriebsbuße Nr. 1; BAG 17. 10. 1989 – 1 ABR 100/88, AP BetrVG 1972 § 87 Betriebsbuße Nr. 12 = NZA 1990, 193; *Fitting* BetrVG § 87 Rn. 92; Richardi/*Richardi* BetrVG § 87 Rn. 226.

[78] *Kollmer* AR-Blattei SD, 1215 Mobbing Rn. 60e; *ders.,* Mobbing im Arbeitsverhältnis, Rn. 114b f.

[79] Zu § 90 BetrVG und Mobbing *Bieler/Heilmann* ArbuR 1996, 430 (432); *Kollmer,* Mobbing im Arbeitsverhältnis, Rn. 114.

1. Ansprüche des Betriebsrats bei Schulungsveranstaltungen

In § 37 Abs. 6 und 7 BetrVG regelt das Gesetz den Anspruch von Mitgliedern des Betriebsrats auf **Arbeitsbefreiung** für Schulungs- und Bildungsveranstaltungen. Hintergrund der gesetzlichen Regelung ist die Einsicht, dass die Aufgaben des Betriebsrats so unterschiedliche und umfassende Kenntnisse erfordern, dass sie ohne eine entsprechende Schulung nicht sachgerecht erfüllt werden können.[80] 421

Es sind zwei Arten der Arbeitsbefreiung für Schulungsveranstaltungen zu unterscheiden: Gemäß § 37 Abs. 7 BetrVG hat jedes Mitglied des Betriebsrats einen Anspruch auf **bezahlte Freistellung** von insgesamt drei Wochen für die Teilnahme an Schulungs- und Bildungsveranstaltungen, die von der obersten Arbeitsbehörde des Landes nach Beratung mit den Spitzenorganisationen der Gewerkschaft und der Arbeitgeberverbände als **geeignet** anerkannt sind. Unabhängig davon besteht unter den Voraussetzungen des § 37 Abs. 2, 6 BetrVG ein Anspruch auf bezahlte Freistellung zur Teilnahme an Schulungs- und Bildungsveranstaltungen, soweit diese Kenntnisse vermitteln, die für die Arbeit des Betriebsrats **erforderlich** sind.

Der Arbeitgeber muss also jedem Mitglied des Betriebsrats mindestens drei Wochen Lohnfortzahlung für Schulungsveranstaltungen gewähren. Die Freistellung für Veranstaltungen nach § 37 Abs. 6 BetrVG kommt dazu noch hinzu. Der Anspruch nach § 37 Abs. 6 BetrVG ist allerdings **kein Individualanspruch,** sondern steht dem Betriebsrat als Kollektivorgan zu. Daher ist bei Schulungen nach § 37 Nr. 6 BetrVG in der Regel nicht die Teilnahme aller Mitglieder erforderlich.[81]

Daneben kann sich aus § 40 BetrVG auch die Pflicht des Arbeitgebers ergeben, die **Kosten der Schulung** einschließlich der Reisekosten und der sonstigen Aufwendungen zu tragen. Die Kostentragungspflicht entsteht regelmäßig bei Schulungen gemäß § 37 Abs. 6 BetrVG, da diese bereits die Vermittlung von erforderlichen Kenntnissen voraussetzen. Umstritten ist, ob bei Veranstaltungen gemäß § 37 Abs. 7 BetrVG bereits ihre Anerkennung als „geeignet" für die Kostentragungspflicht genügt oder ob die dort vermittelten Kenntnisse zusätzlich erforderlich im Sinne von § 37 Abs. 6 BetrVG sein müssen. Nach der Rechtsprechung setzt die Kostentragungspflicht stets die Erforderlichkeit voraus.[82] 422

---

[80] ErfKomm/*Eisemann* § 37 BetrVG Rn. 15; *Fitting* BetrVG § 37 Rn. 136; Hess/Schlochauer/Worzalla/Glock/*Glock* BetrVG § 37 Rn. 97ff.; Richardi/*Thüsing* BetrVG § 37 Rn. 80ff. Die „intellektuelle Waffengleichheit" ist nach heute h.M. dagegen nicht Ziel des Rechts auf Schulung.

[81] DKK/*Wedde* BetrVG § 37 Rn. 91, 92ff.; GK/*Wiese/Weber* § 37 Rn. 135.

[82] BAG 6. 11. 1973 – 1 ABR 26/73, AP BetrVG 1972 § 37 Nr. 6; BAG 25. 4. 1978 – 6 ABR 22/75, AP BetrVG 1972 § 37 Nr. 33; ebenso *Fitting* BetrVG § 40 Rn. 70; anders Richardi/*Thüsing* BetrVG § 40 Rn. 32f.

2. Schulungs- und Bildungsveranstaltungen zum Thema „Mobbing"

423 Der Anspruch des Betriebsrats nach § 37 Abs. 7 BetrVG wirft nur selten Rechtsfragen auf, weil er unmittelbar an die ausdrückliche Anerkennung als **„geeignet"** anknüpft. Bislang sind Schulungsveranstaltungen zum Thema „Mobbing" noch nicht als „geeignet" im Sinne von § 37 Abs. 7 BetrVG anerkannt worden. Für die Zukunft ist das aber nicht ausgeschlossen, da beispielsweise auch Schulungsveranstaltungen zum Thema „Stellung der Frauen und der Ausländer in Gesellschaft und Beruf" anerkannt wurden.[83] Für die Praxis ist jedoch vor allem die Frage von Bedeutung, ob die vermittelten Erkenntnisse **„erforderlich"** im Sinne von § 37 Abs. 6 BetrVG sind. Wie erwähnt, hängt davon nach der Rechtsprechung auch die Pflicht des Arbeitgebers zur Kostentragung ab.

424 **a) Erforderlichkeit von Schulungs- und Bildungsveranstaltungen.** Nach der Rechtsprechung und dem überwiegenden Teil der Literatur ist die Vermittlung von Kenntnissen durch eine Schulungs- und Bildungsveranstaltung **erforderlich** im Sinne von § 37 Abs. 6 BetrVG, wenn die Kenntnisse unter Berücksichtigung der konkreten Verhältnisse im Betrieb und im Betriebsrat notwendig sind, damit der Betriebsrat seine gegenwärtigen oder in naher Zukunft anstehenden Aufgaben sach- und fachgerecht erfüllen kann.[84] Wie erwähnt, können nach einer Entscheidung des BAG aus dem Jahr 1997 Schulungsveranstaltungen zum Thema „Mobbing" grundsätzlich erforderlich sein.[85] In diese Richtung gehen auch mehrere untergerichtliche Entscheidungen. Einige von ihnen betrafen außer Mobbing auch Diskriminierung als Schulungsthema.[86]

---

[83] Auch zu weiteren anerkannten Veranstaltungen DKK/*Wedde* BetrVG § 37 Rn. 143; Richardi/*Thüsing* BetrVG § 37 Rn. 145ff.

[84] BAG 9. 10. 1973 – 1 ABR 6/73, AP BetrVG 1972 § 37 Nr. 4; BAG 15. 2. 1995 – 7 AZR 670/94, AP BetrVG 1972 § 37 Nr. 106 = NZA 1995, 1036; BAG 19. 7. 1995 – 7 ABR 49/94, AP BetrVG 1972 § 37 Nr. 110 = NZA 1996, 442; *Fitting,* BetrVG, § 37 Rn. 141; Hess/Schlochauer/Worzalla/Glock/*Glock* BetrVG § 37 Rn. 106; Richardi/*Thüsing* BetrVG § 37 Rn. 86; GK/*Wiese/Weber* § 37 Rn. 156.

[85] BAG 15. 1. 1997 – 7 ABR 14/96, AP BetrVG 1972 § 37 Nr. 118 = NZA 1997, 781.

[86] ArbG Oldenburg 29. 6. 1995 – 1 BVGa 5/95, AiB 1998, 700; ArbG Kiel 27. 2. 1997 – H 5d BV 41/96, AiB 1997, 410; ArbG Detmold 30. 4. 1998 – 3 BV Ga 3/98, AiB 1998, 405 m. Anm. *Wolmerath;* ArbG Frankfurt a.M. 4. 5. 1999 – 18 BVGa 20/99, n.v.; Kurzdarstellung *Wolmerath* PersR 2004, 327 (332f.); auch zu Diskriminierung ArbG Frankfurt 31. 1. 1996 – 7 BV 298/95, AiB 1996, 557 m. Anm. *Wolmerath;* ArbG Bremen 17. 12. 2003 – 9 BV 81/03, NZA-RR 2004, 538. Überblick über die Rechtsprechung bei *Kollmer,* Mobbing im Arbeitsverhältnis, Rn. 126; *Wolmerath,* Mobbing im Betrieb, Rn. 336f.

Umstritten ist innerhalb der Rechtsprechung, welche Anforderungen an die konkreten Verhältnisse im Betrieb zu stellen sind. Nach der Entscheidung des BAG setzt der Anspruch nach § 37 Abs. 6 BetrVG voraus, dass eine **konkrete betriebliche Konfliktlage** dargestellt wird, aus der sich ein Handlungsbedarf zur Wahrnehmung der gesetzlichen Aufgaben ergibt und zu deren Erledigung das auf der Schulung vermittelte Wissen erforderlich sei. Der allgemeine Hinweis, der Betriebsrat sei bereits mit Mobbingfällen konfrontiert worden, genüge nicht; ebenfalls nicht die geplante Einführung neuer Arbeitsmethoden und Entlohnungsgrundsätze.[87] 425

Einige Untergerichte sehen Schulungsveranstaltungen zum Thema „Mobbing" auch unterhalb dieser Schwelle als „erforderlich" an. Nach zwei Entscheidungen der Arbeitsgerichte Kiel und Detmold genügen bereits **erste Anzeichen** für eine systematische Schikane.[88] Am weitesten geht eine Entscheidung des Arbeitsgerichts Bremen aus dem Jahr 2003. Danach genügt es, wenn der Betriebsrat den Beschluss fasst, sich inhaltlich mit der Problematik von Mobbing und Diskriminierung auseinandersetzen zu wollen. In ausdrücklicher Abkehr von der Auffassung des BAG sei nicht erforderlich, über die Darlegung vergangener Konfliktfälle hinaus noch aktuellen Handlungsbedarf darzulegen.[89]

Die Begründung der Entscheidung des Arbeitsgerichts Bremen lässt sich vereinfacht dahingehend zusammenfassen, dass **Prävention** sei ein wesentlicher Faktor zur Verhinderung von Mobbing sei und dass daher Betriebsräte nicht erst das Eintreten entsprechender Fälle abwarten könnten. Ungeachtet der Bedeutung der Prävention geht diese Auffassung jedoch zu weit, da sie die Erforderlichkeit einer Schulung allein in das Ermessen des Betriebsrats stellt. In einem kleineren Betrieb mit hervorragendem Betriebsklima, in dem niemand an Mobbing denkt, ist es nicht interessengerecht, dem Arbeitgeber die Kosten für Freistellung und Schulungsveranstaltungen aufzubürden. 426

Zu folgen ist demgegenüber den Entscheidungen der Arbeitsgerichte Kiel und Detmold, die weniger eine Abweichung von der Rechtsprechung des BAG als vielmehr eine Präzisierung enthalten. Besteht eine aktuelle Konfliktlage, muss der Betriebsrat mit seiner Schulung nicht abwarten, bis sich der Konflikt verschärft hat.

b) Weitere Voraussetzungen. Außer nach dem Thema der Veranstaltung bestimmt sich ihre Erforderlichkeit nach ihrer **Dauer** und nach der 427

87 BAG 15. 1. 1997 – 7 ABR 14/96, AP BetrVG 1972 § 37 Nr. 118 = NZA 1997, 781; in diese Richtung auch ArbG Oldenburg 29. 6. 1995 – 1 BVGa 5/95, AiB 1998, 700; ArbG Frankfurt a.M. 4. 5. 1999 – 18 BVGa 20/99, n.v.; Kurzdarstellung *Wolmerath* PersR 2004, 327 (332f.).

88 ArbG Kiel 27. 2. 1997 – H 5d BV 41/96, AiB 1997, 410; ArbG Detmold 30. 4. 1998 – 3 BV Ga 3/98, AiB 1998, 405 m. Anm. *Wolmerath.*

89 ArbG Bremen 17. 12. 2003 – 9 BV 81/03, NZA-RR 2004, 538.

Zahl der teilnehmenden Mitglieder des Betriebsrats. Die Kriterien für die Dauer einer Schulungsveranstaltung nach § 37 Abs. 6 BetrVG sind umstritten; nach der Rechtsprechung und einem Teil der Literatur gilt das Prinzip der Verhältnismäßigkeit.[90] Die bisher veröffentlichten Entscheidungen beschäftigten sich mit Veranstaltungen zum Thema „Mobbing" mit einer Dauer von drei bis fünf Tagen.

428 Die Zahl der **teilnehmenden Mitglieder** hängt ebenfalls von der Erforderlichkeit ab. Rechtskenntnisse sind grundsätzlich für alle Mitglieder des Betriebsrats erforderlich; bei Spezialkenntnissen genügt die Teilnahme derjenigen Mitglieder, die innerhalb des Betriebsrats mit der fraglichen Aufgabe betraut sind. Hinsichtlich der Zahl der Teilnehmer hat der Betriebsrat einen Beurteilungsspielraum.[91] Feste Grenzen lassen sich nicht nennen. In der Entscheidung des ArbG Kiel zur Schulung in Fragen des Mobbings wurde die Teilnahme eines Mitglieds bei einem fünfköpfigen Betriebsrat als erforderlich angesehen, in der Entscheidung des Arbeitsgerichts Detmold ging es ebenfalls um ein Mitglied; in der eben erwähnten Entscheidung des ArbG Bremen wurde die Teilnahme von zwei Mitgliedern des Betriebsrats als erforderlich angesehen, drei seien dagegen zu viele.[92]

Gemäß § 37 Abs. 6 Satz 3 BetrVG hat der Betriebsrat bei der **zeitlichen Lage** der Teilnahme an Schulungs- und Bildungsveranstaltungen die betrieblichen Notwendigkeiten zu berücksichtigen. Hält der Arbeitgeber die betrieblichen Notwendigkeiten für nicht hinreichend berücksichtigt, kann er die Einigungsstelle anrufen. Diese hat das letzte Entscheidungsrecht.

---

[90] BAG 8. 2. 1977 – 1 ABR 124/74, AP BetrVG 1972 § 37 Nr. 26; ErfKomm/*Eisemann* § 37 BetrVG Rn. 20; Richardi/*Thüsing* BetrVG § 37 Rn. 100; GK/*Wiese/Weber* § 37 Rn. 185; anders *Fitting* BetrVG § 37 Rn. 171 f.; DKK/*Wedde* BetrVG § 37 Rn. 117 f.

[91] *Fitting* BetrVG § 37 Rn. 161 ff.; 174 ff.

[92] ArbG Kiel 27. 2. 1997 – H 5d BV 41/96, AiB 1997, 410; ArbG Detmold 30. 4. 1998 – 3 BV Ga 3/98, AiB 1998, 405 m. Anm. *Wolmerath;* ArbG Bremen 17. 12. 2003 – 9 BV 81/03, NZA-RR 2004, 538.

4. Teil: Fazit und Ausblick

L. Fazit: Mobbing und das Arbeits- und Haftungsrecht

Wie haben also **Arbeits- und Haftungsrecht** auf die neuen Herausforderungen durch das keineswegs so neue Problem des Mobbings reagiert? Nach dem Paukenschlag, den die Entscheidungen der Landesarbeitsgerichte Thüringen und Rheinland-Pfalz aus dem Jahr 2001 für die Praxis bedeuteten, ist wieder etwas mehr Ruhe eingekehrt. Auch wenn Mobbing kaum vermindert die Gerichte beschäftigt, endet die wohl überwiegende Zahl der bekanntgewordenen Verfahren nicht im Sinne der – vermeintlichen – Mobbingopfer. 429

I. Individualrechtliche Ansprüche

1. Rechtliche Bewertung von Mobbing durch die Praxis

Als herrschende Rechtsprechung – der auch die Literatur überwiegend folgt – hat sich herauskristallisiert, dass für Mobbing **keine juristischen Sonderregelungen** gelten und überwiegend auch nicht für erforderlich gehalten werden. Im Einzelnen bedeutet das: 430

a) Keine besonderen Anspruchsgrundlagen oder besonderen Analogieschlüsse.

b) Keine besonderen Rechtsfolgen, insbesondere keine Sonderregeln für den Ersatz des immateriellen Schadens.

c) Keine Beweiserleichterungen im Prozess.

a) Der deutsche **Gesetzgeber** hat ungeachtet der zwischenzeitlich lebhaften Diskussion bislang darauf verzichtet, den Bereich „Mobbing" gesetzgeberisch zu regeln. Dabei hätte es dazu durchaus Gelegenheit gegeben, beispielsweise die Reform des Schadensrechts aus dem Jahr 2002. Auch in den Entwürfen zur Umsetzung der Antidiskriminierungsrichtlinien taucht der Begriff „Mobbing" nicht auf.[1] Es steht daher nicht zu erwarten, dass der deutsche Gesetzgeber dem Beispiel des französischen folgen wird. So hat auch das französische Gesetz gegen „harcèlement moral au travail" zwar nach seinem Erlass große Aufmerksamkeit gefunden, aber bislang nur wenig praktische Bedeutung erlangt. 431

---

[1] Dazu oben Rn. 82; unten Rn. 445ff.

Auch die **Rechtsprechung** zeigt sich überwiegend nicht geneigt, Sonderregelungen für Mobbingfälle aufzustellen. So ist bislang noch kein Gericht den Vorschlägen aus der Literatur gefolgt, bestehende Anspruchsgrundlagen analog anzuwenden. Das betrifft § 618 BGB, dessen analoge Anwendung auf Verletzung oder Gefährdung des Persönlichkeitsrechts besonders für die Ebene der Beweislast von Bedeutung wäre. Eine analoge Anwendung beispielsweise des Beschäftigtenschutzgesetzes wurde ebenfalls von der Rechtsprechung nicht erwogen und würde auch am eindeutigen Geltungsbereich des Gesetzes scheitern.

432 **b)** Nach wie vor auch innerhalb der Rechtsprechung unterschiedlich beurteilt werden die Ansprüche von Mobbingopfern auf Ersatz ihres **immateriellen Schadens,** vor allem bei Verletzung des Persönlichkeitsrechts. Das betrifft weniger die Anspruchsgrundlage, für die keine Sonderregeln gilt, als vielmehr die Anspruchshöhe. Hier kommt hinzu, dass die Rechtsprechung zu den Rechtsfolgen immateriellen Schadens durch die „Caroline-von-Monaco"-Entscheidungen ohnehin in Bewegung geraten ist. Eine vorsichtige Bilanz lässt sich dahingehend ziehen, dass das Argument „Mobbing" allein jedenfalls nicht genügt, um eine besondere Folge – vor allem erhöhte Ersatzansprüche – zu begründen. Entscheidend ist vielmehr der zugrundeliegende Sachverhalt im Einzelnen.

433 **c)** Auch auf dem Gebiet des **Beweisrechts** ist keine weitere Gerichtsentscheidung den Grundsätzen der Fünften Kammer des LAG Thüringen aus dem Jahr 2001 gefolgt. Es gelten daher in Mobbingfällen keine Beweiserleichterungen. Im Gegenteil sind Gerichte besonders zurückhaltend bei der Kausalität von Mobbinghandlungen für Gesundheitsschäden von Betroffenen. Es fällt auf, dass viele Klagen vorgeblicher Mobbingopfer nicht an der Beweislast scheitern, sondern bereits auf der Ebene der Darlegungslast, da Mobbinghandlungen oft nur vage beschrieben werden.

2. Bewertung

434 **a)** Die 2001 erhobene Forderung der Fünften Kammer des LAG Thüringen, Gerichte müßten gegenüber Mobbing ein „klares Stop-Signal" setzen,[2] ist nicht erfüllt worden oder jedenfalls nur soweit, als Gerichte in Mobbingfällen das Recht nicht anders als in andern anwenden. In den meisten Fällen führt dieser Ansatz auch zum richtigen Ergebnis. Mobbing darf nicht zu einem juristischen Totschlagsargument werden in der Weise, dass derjenige, der sich auf Mobbing beruft, grundsätzlich Recht erhält. Im Gegenteil sind in diesen Fällen der **Interessenausgleich** und

[2] LAG Thüringen 15. 2. 2001 – 5 Sa 102/00, NZA-RR 2001, 577.

die Gleichberechtigung der Parteien im Prozess als Kennzeichen des Zivilrechts und des Zivilprozesses in besonderer Weise gefragt.

Ein typisches Beispiel bildet die **Abmahnung,** die grundsätzlich einer verhaltensbedingten Kündigung voranzugehen hat. Sie dient dem Zweck, dem Arbeitnehmer die Chance zu einer Änderung seines Verhaltens zu geben und zu verhindern, dass er von der Kündigung überrascht wird. Wer behauptet, gegenüber Mobbingtätern sei eine Abmahnung nicht erforderlich, nimmt einem Arbeitnehmer diesen Schutz, nur weil jemand anders behauptet, gemobbt worden zu sein. Ähnliches gilt für die Regeln der Darlegungs- und Beweislast, die einen Ausgleich zwischen den Parteien des Zivilprozesses schaffen sollen und durch die Forderung nach Beweiserleichterung für Mobbingopfer nicht leichtfertig beiseite geschoben werden können. Insgesamt ist Mobbing kein so ungewöhnliches Vorgehen, dass es nicht mit dem geltenden Recht erfasst werden könnte.[3]

b) Dennoch war die Debatte der letzten Jahre zum Thema „Mobbing" **435**
nicht überflüssig, da sie zu einem wichtigen Ergebnis führte: einer genaueren Definition und Abgrenzung des **Begriffs „Mobbing".** Auch wenn sie notwendig vage bleiben muss, ist sie jedoch in zweierlei Hinsicht weiterführend. Erstens kann sie zumindest Sachverhalte ausscheiden, bei denen Mobbing von vornherein nicht in Betracht kommt, beispielsweise reine Einzelakte. Zweitens und insbesondere ermöglicht es der Mobbingbegriff, verschiedene Handlungen zu einem Dauertatbestand zusammenzufassen, wenn bestimmte Voraussetzungen – insbesondere ein systematisches Vorgehen – gegeben sind. Damit wird juristisch fassbar, dass Mobbing ein Prozess ist in Gestalt der Zusammenfassung mehrerer Handlungen, die als solche möglicherweise folgenlos sind.

Ungeachtet der Kritik, die *Dörner* vor kündigungsschutzrechtlichem Hintergrund vorgebracht hat, ist daran auch festzuhalten.[4] In Mobbingfällen kommt es – ähnlich wie beim ebenfalls aktuell diskutierten „Stalking"[5] – nicht auf die Einzelakte an, sondern auf die Wirkung, die ihr **Andauern** und ihre Fortsetzung auf den Betroffenen hat. Mobbing ist daher besonders wirkungsvoll, wenn das Opfer mit dem Täter regelmäßig und über einen längeren Zeitraum zusammentrifft – beides ist für das Arbeitsverhältnis typisch. Beim Mobbing am Arbeitsplatz kommt noch die besondere materielle und emotionale Bedeutung hinzu, die der Beruf für fast alle Beschäftigten hat.

---

[3] Hinzu kommt die Flexibilität in weiten Teilen des Arbeitsrechts, insbesondere in denjenigen Teilen, die nur gewohnheitsrechtlich geregelt sind. Ein Beispiel bildet die Arbeitnehmerhaftung, dazu oben Rn. 277ff.

[4] Ascheid/Preis/Schmidt/*Dörner* Kündigungsrecht § 626 BGB Rn. 238f; dazu bereits oben Rn. 25ff.

[5] Der Begriff umschreibt die hartnäckige Verfolgung eines anderen Menschen trotz dessen eindeutiger Ablehnung, meist vor dem Hintergrund, eine Liebesbeziehung eingehen oder fortsetzen zu wollen.

3. Praktische Folgen

436 Die Zusammenfassung der Mobbingakte im Wege der **Gesamtbetrachtung** wirkt sich rechtlich in mehrfacher Hinsicht aus:

a) Betrachtung des Gesamtkomplexes bei der Frage der Rechtsgutsverletzung, insbesondere der Gesundheit oder des Persönlichkeitsrechts;
b) ebenfalls Gesamtbetrachtung bei der Frage einer Verletzung von Vertragspflichten, was sich sowohl auf Schadensersatzansprüche als auch auf Kündigungen auswirken kann;
c) der Ablauf von Fristen z.B. für Kündigung oder Verjährung richtet sich nach den Grundsätzen des Dauertatbestands.

437 **a)** Deliktische Schadensersatz- und Abwehransprüche kommen in jedem Mobbingfall in Betracht, auch dann, wenn zwischen den Beteiligten kein Vertragsverhältnis besteht. Sie setzen in der Regel die Verletzung eines **Rechtsguts** voraus, bei Mobbingfällen kommt es meist auf Gesundheit oder Persönlichkeitsrecht an. Für die Verletzung ist dann nicht die Intensität der einzelnen Mobbingakte entscheidend, sondern der Gesamtkomplex. Das bedeutet kein bloßes „Zusammenrechnen" der Einzelakte, sondern kann insbesondere auch die Fälle erfassen, in denen sich die Verletzung des Rechtsguts erst aus dem Andauern der Einzelakte ergibt, beispielsweise bei ständigem Ignorieren.

438 **b)** Ähnliches gilt für die Verletzung von **Vertragspflichten,** die Voraussetzung für Schadensersatzansprüche nach § 280 Abs. 1 BGB ist und zu einer verhaltensbedingten Kündigung führen kann. Auch hier kommt es nicht darauf an, ob die einzelnen Akte, sondern inwieweit das Mobbing insgesamt die Fürsorge- oder Treuepflicht verletzt. Das führt nicht nur dazu, dass auch Einzelakte erfasst werden, die allein keine besonderen Rechtsfolgen haben können. Durch die Gesamtbetrachtung kann auch beispielsweise eine außerordentliche Kündigung begründet werden, wenn die Einzelakte nur eine ordentliche Kündigung tragen würden.

439 **c)** Bislang kaum beachtet, aber für die Praxis nicht unwichtig sind die Folgen, die sich aus der Anerkennung von Mobbing als Dauertatbestand für den Ablauf von **Fristen** ergeben. In Betracht kommen vor allem Verjährungsfristen sowie die Fristen aus dem Kündigungsrecht, vor allem die Kündigungserklärungsfrist des § 626 Abs. 2 BGB. Die Anwendung der allgemeinen Grundsätze für Dauertatbestände führt dazu, dass Mobbinghandlungen praktisch nicht verjähren können, solange sie andauern. Das ist auch erforderlich, da eine außerordentliche Kündigung eines Mobbingtäters sonst kaum möglich wäre, wenn die Einzelakte gerade unterhalb dieser Grenze bleiben und gelegentlich ein Abstand von zwei Wochen eingehalten wird.

II. Rolle des Betriebsrats

Im Vergleich zum individualrechtlichen Bereich sind die Prozesse, die zur Rolle des **Betriebsrats** in konkreten Mobbingfällen und bei der Mobbingprävention geführt werden, eher spärlich und haben auch nicht deutlich zugenommen. Die veröffentlichten Entscheidungen befassen sich vor allem mit den Ansprüchen des Betriebsrats im Zusammenhang mit Schulungs- und Bildungsveranstaltungen, einige noch mit der Erzwingbarkeit von Betriebsvereinbarungen. **440**

1. Auch auf dem Gebiet des Betriebsverfassungsrechts lässt die Rechtsprechung für Mobbing **keine Sonderregeln** gelten, sondern entscheidet jeweils im Einzelfall nach den allgemeinen Regeln. Auch danach gibt das Betriebsverfassungsrecht Mobbingopfern und Betriebsrat verschiedene Möglichkeiten, gegen Mobbing vorzugehen. Das betrifft vor allem das Beschwerderecht gemäß §§ 84, 85 BetrVG; Sanktionen gemäß § 23 Abs. 1, 3 BetrVG oder Schadensersatzansprüche wegen Verletzung von § 75 Abs. 2 BetrVG, die sich sowohl gegen den Arbeitgeber als auch gegen Mitglieder des Betriebsrats richten können und die Befugnisse des Betriebsrats nach §§ 104, 99 Abs. 2 Nr. 6 BetrVG. Keine dieser Rechtsgrundlagen greift jedoch bei Mobbing automatisch ein, sondern es ist jeweils eine Entscheidung im Einzelfall erforderlich. Insbesondere werden Ansprüche nach dem BetrVG wegen reinen Duldens von Mobbing nur selten entstehen. **441**

2. Auf dem Gebiet der Mobbingprävention spielen vor allem **Betriebsvereinbarungen** zu diesem Thema eine Rolle. Da es keinen Mitbestimmungstatbestand „Mobbing" gibt, ist auch ihre Erzwingbarkeit von ihrem jeweiligen Inhalt abhängig. Entsprechende Betriebsvereinbarungen sind also nicht grundsätzlich erzwingbar, aber auch nicht grundsätzlich ausgeschlossen; die Entscheidung des LAG Hamburg aus dem Jahr 1998 ist eine Einzelmeinung geblieben.[6] Auch für freiwillige Betriebsvereinbarungen zum Thema „Mobbing" gelten die allgemeinen Regeln. Problematisch wirkt sich auf diesem Gebiet aus, dass die Personalvertretungsgesetze des Bundes und einiger Länder keine freiwilligen Dienstvereinbarungen ermöglichen. **442**

Für **Schulungs- und Bildungsveranstaltungen** des Betriebsrats zu Mobbing kommt es vor allem darauf an, ob diese im Sinne von § 37 Abs. 6 BetrVG „für die Arbeit des Betriebsrats erforderlich" sind. Auch hier kommt man durch Anwendung der allgemeinen Regeln zum richtigen Ergebnis: Es liegt nicht im Ermessen des Betriebsrats, ob dieser sich zu Mobbing fortbilden möchte, sondern es muss einen aktuellen betrieblichen Anlass geben. Allerdings muss der Betriebsrat hier nicht die Es- **443**

---

[6] Dazu oben Rn. 392 f.

kalation abwarten, sondern die Erforderlichkeit seiner Schulung ergibt sich bereits zu einem frühen Zeitpunkt.

444 3. Auch auf dem Gebiet des Betriebsverfassungsrechts hat sich die zurückhaltende Linie der Rechtsprechung bewährt, die Mobbingfälle nach den allgemeinen Regeln betrachtet und Sonderregelungen ablehnt. Das gilt vor allem für den Bereich der **Sanktionen.** Weder kann jedes Mitglied des Betriebsrats, das des Mobbings bezichtigt wird, automatisch nach § 23 Abs. 1 BetrVG ausgeschlossen werden, noch kann mit dieser Behauptung grundsätzlich die Entlassung des Betroffenen nach § 104 BetrVG erzwungen werden. Die allgemeinen Regeln des Betriebsverfassungsgesetzes bieten Anhaltspunkte, gegen „Mobbing im Amt" vorzugehen, so beispielsweise § 75 Abs. 2 BetrVG als Schutzgesetz gemäß § 823 Abs. 2 BGB.[7]

Insgesamt gilt: Mobbing erfordert keine neuen und besonderen Regeln. Es genügt, die vorhandenen anzuwenden. Erforderlich ist aber dafür eine besondere **Sensibilität** für die Methoden und die Wirkungsweise des Mobbings. Es ist das Verdienst der gegenwärtigen Diskussion, diese Sensibilität in der Rechtspraxis angestoßen und verstärkt zu haben.

---

[7] Dazu oben Rn. 381 f.

M. Anhang: Mobbing und Antidiskriminierungsrecht

I. Einführung

Für das Jahr 2005 plant die Bundesregierung den Erlass eines Gesetzes zum Schutz vor Diskriminierung, das der Umsetzung mehrerer EG-Richtlinien dienen soll. Bei Fertigstellung dieses Buches im Februar 2005 war ein entsprechendes Gesetz noch nicht verabschiedet, so dass das Antidiskriminierungsrecht in den bisherigen Ausführungen, die sich dem geltenden Recht widmen, noch nicht berücksichtigt werden konnte. Die gesetzgeberische Richtung zeigt indes ein Entwurf für ein **Antidiskriminierungsgesetz (ADG)** aus dem Jahr 2004.[1] **445**

Wie bereits mehrfach erwähnt, werden praktische Mobbingfälle durch die Verabschiedung des ADG-Entwurfs nicht auf eine neue Rechtsgrundlage gestellt. Entgegenstehende Aussagen beruhen oft auf einem Missverständnis, indem **Mobbing und Diskriminierung** gleichgestellt werden. Jedoch ist Mobbing zwar meist eine Form der Diskriminierung im Sinne des allgemeinen Sprachgebrauchs, die Richtlinien erfassen aber wie der ADG-Entwurf nur solche Diskriminierungen, die auf bestimmte, abschließend aufgezählte Gründe zurückzuführen sind. **446**

Daneben enthält der Entwurf wenig Berührungspunkte zur Mobbingproblematik. Der Begriff „Mobbing" ist in dem ADG-Entwurf ebensowenig erwähnt wie in anderen arbeits- und haftungsrechtlichen Gesetzen. Insbesondere findet sich in den vorgesehenen Regelungen keine besondere Handhabe für einen Umgang mit dem mobbingtypischen **systematischen Vorgehen.** Der Entwurf kann damit vor allem Einzelakte des Mobbings erfassen. Wenn das der Fall ist, kann die Rechtslage für die Betroffenen jedoch erheblich günstiger sein als de lege lata. Daher soll der ADG-Entwurf im Folgenden vorgestellt werden. **447**

II. Der Weg zu einem Antidiskriminierungsrecht

1. Historische Entwicklung

Anlass und zumindest einer der Gründe für die gesetzgeberische Aktivität zur Antidiskriminierung ist die Umsetzung mehrerer **EG-Richtlinien.** Bei einigen von ihnen ist die Umsetzung bereits überfällig, andere **448**

---

[1] BT-Drucks. 15/4538 vom 16. 12. 2004; abrufbar unter www.spdfraktion.de/rs_datei/0,,4395,0.pdf sowie unter http://dip.bundestag.de/btd/15/045/1504538.pdf.

sind noch nicht verabschiedet. Im Einzelnen handelt es sich um die Antirassismus-Richtlinie,[2] der Rahmenrichtlinie Beschäftigung[3] (beide stammen bereits aus dem Jahr 2000), die Gleichstellungs-Richtlinie aus dem Jahr 2002[4] sowie die kurz vor der Verabschiedung stehenden Gleichbehandlungsrichtlinie wegen des Geschlechts außerhalb der Arbeitswelt.[5]

449 Seit dem Erlass der ersten Antidiskriminierungsrichtlinien im Jahr 2000 gab es zu ihrer Umsetzung mehrere **Vorschläge,** die lebhaft und oft auch emotional diskutiert wurden. Ihren bisherigen Höhepunkt erreichte die Diskussion in den Jahren 2001/02. Im Dezember 2001 wurde ein Diskussionsentwurf des Bundesjustizministeriums veröffentlicht, der wegen der geplanten weitgehenden Rechtsfolgen entsetzte bis hämische Kommentare in Literatur und Tagespresse hervorrief.[6] Der Entwurf sah damals ein separates arbeitsrechtliches Antidiskriminierungsgesetz vor und wollte die übrigen zivilrechtlichen Regeln in das BGB integrieren. Inhaltlich unterschied er sich wenig vom vorliegenden Entwurf, allerdings wurde 2004 bei der Entschädigungsregelung das Erfordernis weggelassen, die Entschädigung müsse abschreckenden Charakter haben.[7]

Der Entwurf von 2001 wurde später aufgrund der allgemeinen Ablehnung zurückgezogen. Das änderte jedoch nichts daran, dass das geltende deutsche Recht den Anforderungen der Richtlinien nicht genügte.[8] Ein weiterer Entwurf des Bundesfamilienministeriums vom Mai 2004 war ebenfalls wieder zurückgezogen worden.[9] Diese **Gesetzgebungsgeschichte** lässt erwarten, dass auch zu dem gegenwärtigen Entwurf der Bundestagsfraktionen von SPD und Bündnis 90/Die Grünen noch nicht das letzte Wort gesprochen ist.

---

[2] Richtlinie 2000/43/EG des Rates vom 29. 6. 2000 zur Anwendung des Gleichbehandlungsgrundsatzes ohne Unterschied der Rasse und der ethnischen Herkunft (ABl. EG Nr. L 180 S. 22).

[3] Richtlinie 2000/78/EG vom 27. 11. 2000 zur Festlegung eines allgemeinen Rahmens für die Verwirklichung der Gleichbehandlung in Beschäftigung und Beruf (ABl. EG Nr. L 303 S. 16).

[4] Richtlinie 2002/73/EG des Europäischen Parlaments und des Rates vom 23. 9. 2002 zur Änderung der Richtlinie 76/207/EWG des Rates zur Verwirklichung des Grundsatzes der Gleichbehandlung von Männern und Frauen hinsichtlich des Zugangs zur Beschäftigung, zur Berufsbildung und zum beruflichen Aufstieg sowie in Bezug auf die Arbeitsbedingungen (ABl. EG Nr. L 269 S. 15).

[5] Richtlinie zur Gleichbehandlung von Frauen und Männern auch bei Zugang zu Versorgung mit Gütern und Dienstleistungen, verabschiedet durch den Rat am 13. 12. 2004.

[6] Dazu nur: *Adomeit* NJW 2002, 1622.

[7] Dazu *v. Steinau-Steinrück/Schneider/Wagner* NZA 2005, 28 (29).

[8] Ausführlich *Schiek* NZA 2004, 873; s. auch *Belling* NZA 2004, 885.

[9] Dazu *Bauer/Thüsing/Schunder* NZA 2005, 32.

2. Der ADG-Entwurf von 2004

Anders als vorherige Entwürfe sieht der aktuelle keine Änderungen des BGB vor, sondern ein eigenständiges „Gesetz zum Schutz vor Diskriminierungen **(Antidiskriminierungsgesetz – ADG)“.** Außerdem ist ein „Gesetz zum Schutz der Soldatinnen und Soldaten vor Diskriminierung (Soldatinnen und Soldaten-Antidiskriminierungsgesetz – SADG)“ vorgesehen. Änderungen in anderen Gesetzen finden sich nur vereinzelt.[10] 450

Der ADG-Entwurf ist in sieben **Abschnitte** von unterschiedlichem Geltungsbereich eingeteilt. Einen allgemeinen Teil enthält der Abschnitt 1 (§§ 1–5). Die arbeitsrechtlichen Vorschriften finden sich im zweiten Abschnitt (§§ 6–19). Der dritte Abschnitt (§§ 20–22) enthält Regelungen für das allgemeine Zivilrecht. Im vierten Abschnitt (§§ 23, 24) finden sich prozessuale Regelungen, die wie der allgemeine Teil für Arbeitsrecht und allgemeines Zivilrecht gelten. Abschnitt 5 (§ 25) betrifft öffentlich-rechtliche Dienstverhältnisse, Abschnitt 6 (§§ 26–31) sieht die Einrichtung einer Antidiskriminierungsstelle vor und Abschnitt 7 (§§ 32–34) enthält die Schlußvorschriften.

Nach ersten Bewertungen des ADG-Entwurfs lassen sich **keine Umsetzungsdefizite** ausmachen. Im Gegenteil geht der Entwurf in mehrfacher Hinsicht über die Richtlinien hinaus.[11] So sehen die Richtlinien nur für den Bereich der Beschäftigung einen umfassenden Diskriminierungsschutz vor; im übrigen Zivilrecht erfasst er nur die Merkmale der Rasse und ethnischen Herkunft. Einzelne Rechte der Beschäftigten wie Beschwerde- und Leistungsverweigerungsrecht sind in den Richtlinien ebenfalls nicht vorgesehen. Besonderheiten finden sich im Bereich der Sanktionen für diskriminierendes Verhalten; hier sind die Vorgaben der Richtlinien nur allgemein gehalten.[12] 451

III. Der Entwurf zu einem Antidiskriminierungsrecht im Einzelnen

1. Schutzrichtung des Entwurfs

Die Schutzrichtung des Entwurfs bestimmt sich durch seinen **Geltungsbereich.** In § 1 ADG-Entwurf findet sich eine abschließende Aufzählung derjenigen Kriterien, die nicht Grund für eine Benachteiligung sein dürfen. Der personelle Geltungsbereich – also die Regelung der ge- 452

---

10 BT-Drucks. 15/4538 vom 16. 12. 2004, S. 14ff.

11 Im Einzelnen unten Rn. 468ff.

12 *Bauer/Thüsing/Schunder* NZA 2005, 32 (35f.); *v. Steinau-Steinrück/Schneider/Wagner* NZA 2005, 28 (28f.); dazu unten Rn. 474ff.

schützten Personen – ist für den zweiten und den dritten Abschnitt unterschiedlich. Hier soll vor allem auf diejenigen Personen eingegangen werden, die von dem arbeitsrechtlichen zweiten Abschnitt des Entwurfs erfasst werden.

453 **a) Diskriminierungskriterien. aa)** Als Ziel des Gesetzes nennt § 1 ADG-Entwurf den Schutz vor einer Benachteiligung aus bestimmten Kriterien, die im Gesetz aufgezählt werden: Rasse oder ethnische Herkunft, Geschlecht, Religion oder Weltanschauung, Behinderung, Alter oder sexuelle Identität. Aus deutscher Sicht ist hier insbesondere der Begriff der **Rasse** problematisch, da er an die nationalsozialistische Ideologie erinnert und nach heutigem humanbiologischem Stand menschliche Rassen nicht nachweisbar sind. Der Entwurf übersetzt die Vorgaben der Antirassismus-Richtlinie dennoch wörtlich, da er sich gerade gegen rassistisches Verhalten wenden soll. Sowohl die Begriffe „Rasse" als auch „ethnische Herkunft" sind weit auszulegen.[13]

454 Der Begriff der Behinderung soll der sozialrechtlich geprägten Definition aus § 2 Abs. 1 Satz 1 SGB IX entsprechen. Der Begriff der **„sexuellen Identität"** entspricht der Neufassung von § 75 BetrVG und erfasst nach der Gesetzesbegründung homosexuelle, bisexuelle, transsexuelle oder zwischengeschlechtliche Menschen. Unklar bleibt, ob der Gesetzgeber damit heterosexuellen Menschen die sexuelle Identität absprechen will oder ob er sie nicht für schutzwürdig hält. Demgegenüber wird ausdrücklich erwähnt, dass mit dem Merkmal „Alter", also dem Lebensalter, zwar vorrangig, aber nicht allein ältere Menschen geschützt werden sollen.[14]

455 **bb)** Für **Mobbingfälle** ist von besonderer Bedeutung, welcher Zusammenhang zwischen dem Diskriminierungskriterium und der Mobbinghandlung bestehen muss, um das Gesetz eingreifen zu lassen. Nach dem Wortlaut des Entwurfs muss eine Benachteiligung „aus Gründen" der aufgezählten Kriterien erfolgen; in der Gesetzesbegründung ist von Benachteiligungen die Rede, „die an den in den Richtlinien genannten Merkmale anknüpfen".[15]

Dafür genügt nach § 3 Abs. 1 Satz 2 ADG-Entwurf, wenn eine weniger günstige Behandlung wegen eines Merkmals erfolgt, das mit einem der genannten Gründe im **Zusammenhang** steht; als Beispiel nennt das Gesetz Schwangerschaft oder Mutterschaft einer Frau. Eine weitere Prä-

[13] BT-Drucks. 15/4538 vom 16. 12. 2004, S. 28. Die Argumentation der Gesetzesbegründung ist wenig einleuchtend: Warum muß ein Gesetz, das sich ausdrücklich gegen den Rassismus (ein ebenfalls unklarer Begriff) wendet, ausgerechnet dessen vorgebliche Terminologie übernehmen?

[14] BT-Drucks. 15/4538 vom 16. 12. 2004, S. 28.

[15] BT-Drucks. 15/4538 vom 16. 12. 2004, S. 27.

zisierung erfolgt durch § 7 Abs. 1 ADG-Entwurf, nach dem es genügt, wenn die Person, die eine Benachteiligung begeht, das Vorliegen eines der genannten Gründe nur annimmt, also beispielsweise einen Arbeitnehmer für homosexuell hält, der es nicht ist.

Trotz dieser Erweiterungen des Anwendungsbereichs scheidet damit eine Anwendung des ADG-Entwurfs von vornherein aus, wenn ein Zusammenhang des Mobbings mit den aufgezählten Gründen nicht besteht. Nach Wortlaut und Entstehungsgeschichte des § 1 ADG-Entwurf ist die Aufzählung **abschließend,** eine Analogie ist ebenfalls nicht möglich. Insbesondere kommt es auch nicht auf die Intensität des Mobbings und der damit verbundenen Persönlichkeitsrechtsverletzungen und Diskriminierungen an, sondern nur auf die Anknüpfung an oder den Zusammenhang mit den in § 1 ADG-Entwurf genannten Kriterien. **456**

b) Geschützte Personen. § 6 ADG-Entwurf regelt den persönlichen Anwendungsbereich des arbeitsrechtlichen zweiten Abschnitts des Gesetzes. Nach § 6 Abs. 1 ADG-Entwurf werden zu den **Beschäftigten** außer Arbeitnehmerinnen und Arbeitnehmern auch Auszubildende gerechnet, außerdem arbeitnehmerähnliche Personen, in Heimarbeit beschäftigte, Bewerberinnen und Bewerber für ein Beschäftigungsverhältnis sowie Personen, deren Beschäftigungsverhältnis beendet ist. § 25 ADG-Entwurf ordnet eine entsprechende Anwendung für Personen im Beamtenverhältnis sowie „Richterinnen und Richter" an. Für Soldaten ist – wie erwähnt – ein eigenes Gesetz vorgesehen. **457**

Unklar ist, ob auch **Organmitglieder** einer Kapitalgesellschaft unter den Schutz der Beschäftigten fallen. Sie werden zwar in § 6 ADG-Entwurf nicht erwähnt; § 20 Abs. 3 Satz 2 ADG-Entwurf ordnet aber eine entsprechende Geltung der Bestimmungen des Abschnitts 2 „für andere zivilrechtliche Sachverhalte im Sinne von § 2 Abs. 1 Nr. 1 bis 4" an. Entscheidend ist, ob im Fall der Organmitglieder eine den Beschäftigten vergleichbare Interessenlage besteht oder ob das gesellschaftsrechtliche Vertrauensverhältnis im Vordergrund steht.[16] **458**

2. Erfasste Handlungen

Bei der Lektüre des Entwurfstextes fällt auf, dass das Gesetz zwar „Antidiskriminierungsgesetz" heißen soll, der Gesetzgeber den Begriff „Diskriminierung" in den gesetzlichen Tatbeständen aber nicht verwendet, sondern statt dessen an den Begriff der **„Benachteiligung"** anknüpft. Das soll darauf zurückzuführen sein, dass der Begriff der „Diskriminierung" im Sprachgebrauch grundsätzlich ein unberechtigtes Verhalten umschreibt, während eine „Benachteiligung" im Ausnahmefall **459**

---

[16] *Bauer/Thüsing/Schunder* NZA 2005, 32 (33); *v. Steinau-Steinrück/Schneider/Wagner* NZA 2005, 28 (30).

gerechtfertigt sein kann.[17] Demzufolge umschreibt § 3 ADG-Entwurf die Fälle der Benachteiligung, während §§ 5, 8–10 ADG-Entwurf Ausnahmen des Benachteiligungsverbots vorsehen.

460 **a) Fälle der Benachteiligung. aa)** § 3 ADG-Entwurf unterscheidet drei Unterfälle der Benachteiligung: die unmittelbare Benachteiligung, die mittelbare Benachteiligung und die Belästigung einschließlich der sexuellen Belästigung. Die **unmittelbare Benachteiligung** ist nach § 3 Abs. 1 ADG-Entwurf dadurch gekennzeichnet, dass die betroffene Person eine weniger günstige Behandlung als eine andere Person in einer vergleichbaren Situation erfährt; sie besteht also in einer Zurücksetzung. Nach der Gesetzesbegründung soll auch die Gefahr einer Benachteiligung genügen, es muss sich aber um eine konkrete, nicht nur abstrakte Gefahr handeln.[18]

461 Eine **mittelbare Benachteiligung** liegt nach § 3 Abs. 2 ADG-Entwurf vor, wenn „dem Anschein nach neutrale Vorschriften, Kriterien oder Verfahren Personen wegen eines in § 1 genannten Grundes gegenüber anderen Personen in besonderer Weise benachteiligen können" und das nicht ausnahmsweise gerechtfertigt ist. Da das ADG ein einfaches Gesetz werden soll, können damit nur Vorschriften gemeint sein, die hierarchisch unter dem Gesetz stehen, beispielsweise Betriebsvereinbarungen oder personelle Richtlinien. Ein – eher theoretisches – Beispiel wäre eine Beförderungsrichtlinie, die an die Körperkraft anknüpft und damit Frauen mittelbar benachteiligt.

462 **bb)** Der Begriff der **Belästigung** in § 3 Abs. 3 ADG-Entwurf scheint auf den ersten Blick auf Mobbingfälle zugeschnitten. Die Belästigung wird dann der Benachteiligung gleichgestellt, wenn „unerwünschte Verhaltensweisen" „bezwecken oder bewirken, dass die Würde der betreffenden Person verletzt wird, insbesondere wenn ein von Einschüchterungen, Anfeindungen, Erniedrigungen, Entwürdigungen oder Beleidigungen gekennzeichnetes Umfeld geschaffen wird". Dabei darf aber nicht übersehen werden, dass auch hier der Zusammenhang mit den Diskriminierungsgründen in § 1 ADG-Entwurf erforderlich ist, eine Anwendung auf Mobbingfälle also ausscheidet, wenn es an einem solchen Zusammenhang fehlt.

463 Daneben ist in der Literatur zu Recht kritisiert worden, dass die Definition durch eine Anhäufung unbestimmter Begriffe an Unklarheit kaum zu überbieten ist.[19] Unklar ist vor allem, ob bereits Einzelakte erfasst

---

[17] *V. Steinau-Steinrück/Schneider/Wagner* NZA 2005, 28 (29).

[18] So BT-Drucks. 15/4538 vom 16. 12. 2004, S. 30.

[19] So *v. Steinau-Steinrück/Schneider/Wagner* NZA 2005, 28 (30); bei *Bauer/Thüsing/Schunder* NZA 2005, 32 (32f.) wird ausdrücklich auf die Schwierigkeiten hingewiesen, die die Rechtsprechung bereits mit der Konkretisierung des Mobbingbegriffs hat.

werden sollen oder ob ein **kontinuierliches Handeln** erforderlich ist. Die Richtlinie verlangt ein „feindliches Umfeld", das typischerweise ein Andauern der Handlungen voraussetzt. Der deutsche Entwurfstext ist dagegen deutlich weiter formuliert, da das Umfeld hier nur ein Beispiel bildet.[20]

cc) § 3 Abs. 4 ADG-Entwurf definiert die sexuelle Belästigung als Unterfall der Belästigung. Zuletzt trifft § 3 Abs. 5 ADG-Entwurf eine allgemeine Regelung, die eine **Anweisung** zur Benachteiligung der Benachteiligung selbst gleichstellt. Hauptanwendungsbereich sind Weisungen, die Vorgesetze ihren Mitarbeitern erteilen. Dabei muss die Weisung als solche vorsätzlich erfolgen, jedoch muss die Widerrechtlichkeit der Weisung dem Vorgesetzen nicht unbedingt bewusst sein.[21] **464**

b) Rechtfertigung unterschiedlicher Behandlung. Für die Rechtfertigung einer Benachteiligung treffen §§ 4, 5 ADG-Entwurf allgemeine Regeln, während sich die §§ 8–10 ADG-Entwurf mit einzelnen Diskriminierungsgründen beschäftigen. Nach § 4 ADG-Entwurf ist die Rechtfertigung grundsätzlich auf den **jeweiligen Benachteiligungsgrund** bezogen. Wenn also eine Arbeitnehmerin sowohl wegen ihres Geschlechts als auch wegen ihrer Behinderung benachteiligt wird, bleibt das widerrechtlich, wenn nur die Benachteiligung wegen des Geschlechts gerechtfertigt ist. **465**

§ 5 ADG-Entwurf regelt sog. **„positive Maßnahmen".** Die Entwurfsformulierung ist schwer verständlich. Gemeint ist, dass eine Benachteiligung gerechtfertigt sein kann, wenn sie durch Maßnahmen erfolgt, die ihrerseits Nachteile wegen eines in § 1 ADG-Entwurf genannten Grundes ausgleichen sollen. Beispiele bilden die Nachteile von Männern durch Frauenförderprogramme und mögliche Nachteile Nichtbehinderter durch Integrationsprogramme zur Behindertenförderung. **466**

Die Rechtfertigung unterschiedlicher Behandlung insbesondere wegen des Geschlechts durch berufliche Anforderungen regelt § 8 ADG-Entwurf; §§ 9, 10 ADG-Entwurf sehen besondere Rechtfertigungsgründe für die Ungleichbehandlung wegen Religion und Weltanschauung und wegen des Alters vor. Die mit der **Altersdiskriminierung** verbundenen Fragen, beispielsweise bei Sozialauswahl und in Sozialplänen werden bereits als „Knackpunkt" des Gesetzesentwurfs angesehen.[22] In Mobbingfällen mit ihren meist zielgerichteten Diskriminierungen spielen die Fragen der Rechtfertigung dagegen praktisch keine Rolle. **467**

---

20 *Bauer/Thüsing/Schunder* NZA 2005, 32 (33).
21 BT-Drucks. 15/4538 vom 16. 12. 2004, S. 31.
22 *Bauer/Thüsing/Schunder* NZA 2005, 32 (34).

3. Rechtsfolgen widerrechtlicher Diskriminierung

468 Die Besonderheit des geplanten Antidiskriminierungsgesetzes liegt weniger in den in § 1 genannten Kriterien: In der Regel ist eine Diskriminierung aus den genannten Gründen bereits de lege lata verboten. Neu sind dagegen die weitgehenden **Rechtsfolgen,** die im Fall einer nicht gerechtfertigten Diskriminierung eintreten sollen. Sie ergeben sich aus dem allgemeinen Benachteiligungsverbot des § 7 ADG-Entwurf, den sog. Organisationspflichten des Arbeitgebers nach §§ 11, 12 ADG-Entwurf und aus den Rechten der Beschäftigten nach §§ 13 bis 17 ADG-Entwurf, insbesondere den Ansprüchen auf Entschädigung und Schadensersatz nach §§ 15, 16 ADG-Entwurf.

469 a) **Benachteiligungsverbot.** In § 7 ADG-Entwurf findet sich ein arbeitsrechtliches Benachteiligungsverbot. Nach § 7 Abs. 2 ADG-Entwurf sind individual- wie kollektivrechtliche Vereinbarungen, die gegen die Benachteiligungsverbote verstoßen, unwirksam. Diese Regelung wird in der Literatur als „überflüssig", vom Gesetzgeber als „deklaratorisch" bezeichnet.[23] In der Tat folgt diese Rechtsfolge auch aus § 134 BGB. Unklar bleibt die konkrete Folge der **Unwirksamkeit,** so geht der Gesetzgeber z.B. bei einer diskriminierenden Entgeltregelung offenbar von einer Anpassung „nach oben" aus. Vereinbarungen im Sinne der Vorschrift können wieder nur solche sein, die unter dem Gesetz stehen. Ein Beispiel bilden die Regeln einer Betriebsvereinbarung.

470 § 7 Abs. 3 ADG-Entwurf stellt klar, dass Benachteiligungen durch Arbeitgeber wie Beschäftigte eine Verletzung **vertraglicher Pflichten** darstellen. Nach der Gesetzesbegründung sollen damit die Regeln über die vertragliche Leistungsstörung anwendbar sein. Da zwischen den Beschäftigten kein Vertragsverhältnis besteht, können mit den „vertraglichen Pflichten" nur diejenigen aus dem Arbeitsvertrag gemeint sein. In Mobbingfällen ergeben sich dadurch kaum neue Rechtsfolgen, da Mobbing auch de lege lata grundsätzlich eine Verletzung des Arbeitsvertrags darstellt.

471 Besondere praktische Bedeutung hat der Diskriminierungsschutz im **Kündigungsschutzrecht.** Zusätzlich zu dem allgemeinen Kündigungsschutz durch KSchG und BGB ist jede Kündigung auf Diskriminierungsfreiheit zu prüfen.[24] Für Mobbingfälle ergeben sich damit zusätzliche Schranken für die Kündigung als Mobbingmittel. Der Diskriminierungsschutz kann aber auch die Kündigung des Mobbingtäters erschweren,

---

[23] *Bauer/Thüsing/Schunder* NZA 2005, 32 (33f.); BT-Drucks. 15/4538 vom 16. 12. 2004, S. 32.

[24] *Bauer/Thüsing/Schunder* NZA 2005, 32 (32); *v. Steinau-Steinrück/Schneider/Wagner* NZA 2005, 28 (29).

wenn dieser beispielsweise ein Behinderter ist, den seine Krankheit streitsüchtig und aggressiv gemacht hat.

472 **b) Organisationspflichten des Arbeitgebers.** § 12 ADG-Entwurf normiert umfangreiche **Pflichten des Arbeitgebers** zur Verhinderung von Diskriminierung und zum Schutz der Betroffenen. Absatz 1 verpflichtet ihn, die geeigneten Maßnahmen einschließlich vorbeugender Maßnahmen zum Schutz vor Diskriminierung zu treffen. Die Absätze 2 und 3 dehnen die Pflichten des Arbeitgebers auch auf die Diskriminierung durch andere Beschäftigte und durch Dritte – beispielsweise Kunden – aus. In diesen Fällen hat der Arbeitgeber die geeigneten, erforderlichen und angemessenen Maßnahmen zur Unterbindung der Benachteiligung und zum Schutz des Beschäftigten zu ergreifen. Die Formulierungen des Entwurfs sind recht vage. Nach der Gesetzesbegründung soll damit eine Einzelfallentscheidung ermöglicht werden.[25]

473 So weitgehend die Neuerungen durch den ADG-Entwurf sind, für **Mobbingfälle** ergeben sich daraus wenig neue Ansatzpunkte für Pflichten des Arbeitgebers, da Arbeitgeber bereits durch die allgemeine arbeitsrechtliche Fürsorgepflicht gehalten sind, Mobbing zu verhindern und ihre Arbeitnehmer zu schützen. Wenn Mobbing allerdings mit Diskriminierung einhergeht, können die Rechtsfolgen eines Verstoßes gegen die Pflichten des Arbeitgebers wesentlich weitergehen als in anderen Mobbingfällen. Das gilt insbesondere für den Anspruch der Betroffenen auf Entschädigung und Schadensersatz.

474 **c) Entschädigung und Schadensersatz. aa)** Die Richtlinien räumen dem nationalen Gesetzgeber in der Frage der **Sanktionen** diskriminierenden Verhaltens einen Gestaltungsspielraum ein. Sie müssen allerdings wirksam, verhältnismäßig und abschreckend sein. Der ADG-Entwurf wählt als Sanktion Ansprüche des Betroffenen auf Entschädigung und Schadensersatz. Entschädigung umschreibt dabei den Anspruch auf Ersatz des immateriellen Schadens, Schadensersatz den Anspruch auf Ersatz des materiellen Schadens.

475 Der Anspruch auf **Schadensersatz** nach § 15 Abs. 4 ADG-Entwurf ist wenig überraschend. Voraussetzung ist Kausalität zwischen dem Schaden und dem Verstoß gegen das Benachteiligungsverbot, außerdem muss der Arbeitgeber die Pflichtverletzung zu vertreten haben. Nach § 15 Abs. 5 ADG-Entwurf begründet der Verstoß gegen das Benachteiligungsverbot allein keinen Anspruch auf Einstellung oder beruflichen Aufstieg. § 15 Abs. 4 Satz 3 ADG-Entwurf erklärt Ansprüche aus anderen Rechtsvorschriften für unberührt und macht die Vorschrift damit weitgehend überflüssig, da sich der Schadensersatzanspruch in aller Re-

[25] BT-Drucks. 15/4538 vom 16. 12. 2004, S. 34.

gel bereits aus § 7 Abs. 3 ADG-Entwurf in Verbindung mit den allgemeinen Regeln der Leistungsstörungen ergibt, insbesondere aus § 280 Abs. 1 BGB.

476 **bb)** Demgegenüber hat der Anspruch auf **Entschädigung** nach §§ 15 Abs. 1 bis 3, 16 ADG-Entwurf bereits zu umfangreicher Kritik geführt; so werden Wertungswidersprüche und unverhältnismäßige Belastungen für den Arbeitgeber angeführt.[26] § 15 ADG-Entwurf regelt den Entschädigungsanspruch bei eigenem Verhalten des Arbeitgebers, § 16 ADG-Entwurf die Haftung des Arbeitgebers für Arbeitnehmer und Dritte.

477 Im Gegensatz zum Schadensersatzanspruch ist der Anspruch auf eine „angemessene Entschädigung" aus § 15 Abs. 1 ADG-Entwurf **verschuldensunabhängig** ausgestaltet; das Verschuldenserfordernis in § 15 Abs. 2 ADG-Entwurf bezieht sich nur auf die Anwendung kollektivrechtlicher Vereinbarungen. Da gleichzeitig Anhaltspunkte dafür fehlen, was als „angemessen" anzusehen ist und auch eine Obergrenze der Entschädigung nicht normiert worden ist, führt diese Regelung zu kaum absehbaren Belastungen des Arbeitgebers und schwerer Rechtsunsicherheit.

478 Diese Belastung wird noch verstärkt durch die weitgehende Haftung des Arbeitgebers für **Arbeitnehmer und Dritte** gemäß § 16 ADG-Entwurf. § 16 Nr. 1 ADG-Entwurf folgt dabei den Vertretungsregeln: Der Arbeitgeber haftet verschuldensunabhängig für Beschäftigte, die im Namen des Arbeitgebers anderen Beschäftigten Weisungen erteilen dürfen. Die Haftung für sonstige Beschäftigte und Dritte (z.B. Kunden) nach § 16 Nr. 2 ADG-Entwurf setzt voraus, dass der Arbeitgeber seine Pflichten aus § 12 Abs. 1 bis 3 ADG-Entwurf schuldhaft verletzt hat. In beiden Fällen ist damit eine strengere Haftung des Arbeitgebers als des eigentlich handelnden Dritten möglich.[27]

479 Es ist zu hoffen, dass hier im **Gesetzgebungsverfahren** noch Korrekturen vorgenommen werden. Die Behauptung in der Gesetzesbegründung, die Richtlinien verlangten eine „verschuldensunabhängig ausgestaltete Sanktion",[28] ist nicht zutreffend: Eine wirksame, verhältnismäßige und abschreckende Sanktion muss keineswegs verschuldensunabhängig sein. Wenn das Gesetz dagegen wie geplant in Kraft tritt, haben Diskriminierungsopfer ungleich weitergehende Möglichkeiten gegenüber ihrem Arbeitgeber als (andere) Mobbingopfer.

480 **d) Sonstige Rechte der Beschäftigten.** Als **weitere Rechte** der Beschäftigten finden sich in § 13 ADG-Entwurf ein Beschwerderecht, in

---

26 *Bauer/Thüsing/Schunder* NZA 2005, 32 (35); *v. Steinau-Steinrück/Schneider/Wagner* NZA 2005, 28 (31).

27 Dazu kritisch *Bauer/Thüsing/Schunder* NZA 2005, 32 (35).

28 BT-Drucks. 15/4538 vom 16. 12. 2004, S. 35.

§ 14 ADG-Entwurf ein Leistungsverweigerungsrecht und in § 17 ADG-Entwurf ein Maßregelungsverbot. Gegenüber dem geltenden Recht bringen diese Regelungen wenig neues, da das Beschwerderecht bereits in §§ 84, 85 BetrVG normiert ist,[29] ein Zurückbehaltungsrecht zumindest in Verbindung mit § 7 Abs. 3 ADG-Entwurf aus § 278 BGB folgt und ein allgemeines Maßregelungsverbot in § 612a BGB geregelt ist.

Bei dem **Leistungsverweigerungsrecht** des § 14 ADG-Entwurf stellt **481**
sich wie bei der entsprechenden Vorschrift § 278 BGB die Frage, wer das Risiko eines Irrtums über die Berechtigung des Zurückbehaltungsrechts trägt, da die unberechtigte Verweigerung der Arbeitsleistung ein Grund für eine Kündigung sein kann. Der Vergleich zu § 13 ADG-Entwurf zeigt, dass es für das Leistungsverweigerungsrecht auf objektive Umstände ankommt: Anders als in § 13 Abs. 1 Satz 1 ADG-Entwurf soll gerade nicht genügen, wenn Beschäftigte sich „benachteiligt fühlen". Damit tragen wie bei § 278 BGB die betroffenen Arbeitnehmer das Risiko unberechtigter Leistungsverweigerung.[30]

4. Prozessuale Besonderheiten

Die prozessualen Regelungen des ADG-Entwurfs finden sich im **482**
vierten Abschnitt. Sie gelten sowohl für die arbeitsrechtlichen Regeln der §§ 6ff. ADG-Entwurf als auch für den Bereich des allgemeinen Zivilrechts. Der **Rechtsschutz** von Diskriminierungsopfern soll erstens durch eine besondere Regelung der Beweislast und zweitens durch die „Unterstützung durch Antidiskriminierungsverbände" verbessert werden.

a) Beweislast. Die **Beweislastverteilung** in § 23 ADG-Entwurf ent- **483**
spricht der abgestuften Darlegungs- und Beweislast in § 611a Abs. 1 Satz 3 BGB.[31] So muss der Kläger zunächst darlegen und beweisen, dass er gegenüber einer vergleichbaren Person ungünstiger behandelt worden ist. Daneben hat er Tatsachen darzulegen und ggf. zu beweisen, aus denen sich ergibt, dass die ungleiche Behandlung im erforderlichen Zusammenhang mit einem Diskriminierungsgrund steht. Dabei genugt es, wenn das Gericht das Vorliegen dieser Tatsachen für überwiegend wahrscheinlich hält. Greift die Vermutung, ist es Sache des Arbeitgebers zu beweisen, dass kein Verstoß gegen ein Diskriminierungsverbot vorliegt. Auch die Voraussetzungen der Rechtfertigungsgründe §§ 5, 8 bis 10 ADG-Entwurf sind vom Arbeitgeber darzulegen und zu beweisen.

---

29 Dazu oben Rn. 355ff.

30 So auch *Bauer/Thüsing/Schunder* NZA 2005, 32 (34f.); *v. Steinau-Steinrück/Schneider/Wagner* NZA 2005, 28 (30f.).

31 *V. Steinau-Steinrück/Schneider/Wagner* NZA 2005, 28 (31); zu § 611a BGB ErfKomm/*Schlachter* § 611a BGB Rn. 26ff.

484 **b) Antidiskriminierungsverbände.** Eine Neuerung im deutschen Recht bringen demgegenüber die prozessualen Befugnisse sog. **Antidiskriminierungsverbände** nach § 24 ADG-Entwurf. Sie sind in der Literatur bereits als „Fremdkörper“ kritisiert worden; die Regelung bringe die Gefahr mit sich, dass der Betroffene zu einem Spielball für die Verbände würde.[32] Durch die Richtlinien ist die prozessuale Vertretung durch Verbände nicht zwingend vorgeschrieben, sondern es ist lediglich vorgesehen, die Interessen entsprechender Verbände an der Durchsetzung der Antidiskriminierungsregeln zu achten.[33]

§ 24 Abs. 1 ADG-Entwurf enthält eine Legaldefinition des Antidiskriminierungsverbandes und legt gleichzeitig die Anforderungen an diesen fest. Nach § 24 Abs. 2 und 3 ADG-Entwurf sind Antidiskriminierungsverbände zur Rechtsvertretung und zur Rechtsberatung befugt; nach Abs. 4 der Vorschrift können Forderungen Diskriminierter zum Einzug an den Verband abgetreten werden. Im arbeitsgerichtlichen Prozess haben die Antidiskriminierungsverbände damit gleiche und zum Teil weitergehende Befugnisse als die **Gewerkschaften.** Es ist damit ein erhebliches Konkurrenzverhältnis zwischen beiden Vertretungsorganisationen zu befürchten.

IV. Bedeutung des Gesetzentwurfs für Mobbingfälle

1. Anwendbarkeit in Mobbingfällen

485 Bei dem Überblick über das Gesetz ist mehrfach deutlich geworden, dass nicht jede Diskriminierung durch **Mobbing** auch gleichzeitig eine Diskriminierung im Sinne des ADG-Entwurfs ist. Im Gegenteil ist das Antidiskriminierungsrecht nur auf Benachteiligungen und Belästigungen anwendbar, die durch eines der in § 1 ADG-Entwurf abschließend aufgezählten Kriterien begründet ist oder zumindest im Zusammenhang mit ihnen stehen.

486 Die **praktische Bedeutung** des ADG-Entwurfs für Mobbingfälle muss danach vorsichtig beurteilt werden. In den bisher durch Gerichtsentscheidungen bekanntgewordenen Mobbingfällen ist kaum je ersichtlich, dass eines der im Entwurf geregelten Diskriminierungskriterien eine Rolle gespielt hätte. Das wird deutlich, wenn man die bisher wohl schwersten Fälle betrachtet, die von Landesarbeitsgerichten entschieden worden sind: die sog. Bankdirektor-Fälle und der Fall des Fleischergesellen in Thüringen. In allen Fällen waren die Opfer Männer mittleren

[32] *V. Steinau-Steinrück/Schneider/Wagner* NZA 2005, 28 (31).
[33] Vgl. BT-Drucks. 15/4538 vom 16. 12. 2004, S. 46.

Alters, offenbar weiße Deutsche, ohne Behinderung oder besondere Weltanschauung und sexuelle Orientierung.[34]

Auch wenn in den meisten Umfragen **Frauen** die überwiegende Zahl der Mobbingopfer bilden, muss sich daraus ebenfalls nicht schließen lassen, dass Mobbing regelmäßig eine Diskriminierung wegen des Geschlechts enthält. Möglichenfalls sind solche Umfragen auch nur darauf zurückzuführen, dass Frauen geringere Hemmungen als Männer haben, ihr Leiden unter Mobbing zuzugeben. Die einzige Ausnahme bilden Behinderte, die möglicherweise wirklich überproportional oft Angriffen auf das Persönlichkeitsrecht ausgesetzt sind. Allerdings geht es hier nicht immer um systematisches Mobbing. **487**

Die relativ geringe Bedeutung der Diskriminierungskriterien für Mobbingfälle lässt sich auch erklären. So ist den meisten Arbeitnehmern durchaus bewusst, dass z.B. frauenfeindliches oder rassistisches Auftreten ungesetzlich ist und außerdem zu Ärger mit dem Arbeitgeber führen kann. Der typische **Mobbingtäter** fühlt sich dagegen durchaus im Recht und meint oft, im Interesse des Betriebs und des Arbeitgebers zu handeln. Insgesamt hat Mobbing am Arbeitsplatz meist einen Grund, der nicht in Diskriminierungskriterien liegt, sondern in den konkreten Verhältnissen am Arbeitsplatz. Es wird daher in der Regel Zufall sein, ob Mobbing gleichzeitig auch eine Diskriminierung im Sinne des ADG-Entwurfs enthält. **488**

2. Konsequenzen der Anwendbarkeit

Wenn dagegen Mobbing ausnahmsweise gleichzeitig eine Diskriminierung mit sich bringt, haben die betroffenen Mobbingopfer nicht unerhebliche **Vorteile.** Diese betreffen vor allem die verschuldensunabhängigen Entschädigungsansprüche gegen den Arbeitgeber, in der Praxis noch verstärkt durch die Beweiserleichterungen im Prozess. Hinzu kommt der zusätzliche Kündigungsschutz. **489**

Führt man sich nun für Augen, dass es oft dem Zufall unterliegt, ob Mobbing gleichzeitig eine Diskriminierung enthält, kommt man auf diese Weise zwangsläufig zu einer **Zweiklassengesellschaft** von Mobbingopfern: Diskriminierte im Sinne des ADG-Entwurfs gegenüber und anderen Opfern von Persönlichkeitsrechtsverletzungen, die nicht unter ein Diskriminierungskriterium fallen. Diese Problematik ist dabei nicht auf Arbeitsrecht und Mobbing beschränkt, sondern wird sich auch in anderen Rechtsgebieten auswirken. Polemik gegenüber dem Gesetzgeber ist dabei allerdings zumindest soweit nicht begründet, als die Richtlinien nun **490**

---

[34] LAG Thüringen 15. 2. 2001 – 5 Sa 102/00, NZA-RR 2001, 577; LAG Thüringen 10. 4. 2001 – 5 Sa 403/00, NZA-RR 2001, 347; LAG Rheinland-Pfalz 16. 8. 2001 – 6 Sa 415/01, NZA-RR 2002, 121.

einmal effektive Umsetzung vorsehen. Dennoch relativieren diese Überlegungen die Absicht des deutschen Gesetzgebers, die Richtlinien nicht nur umzusetzen, sondern noch weitergehende Rechtsfolgen als verlangt vorzusehen.

Sachregister